Wem ist es nicht schon aufgefallen? Seit einigen Jahren sind immer mehr Bilder unscharf. Ob in Werbung, Bildjournalismus oder Kunstfotografie – kaum etwas ist so beliebt wie Weichzeichnung, Bewegungsunschärfe oder Überbelichtung. Doch die Effekte der Unschärfe sind nicht nur eine Mode; vielmehr haben sie eine Geschichte, die bis ins 19. Jahrhundert zurückreicht.

Wolfgang Ullrich beschreibt zum ersten Mal diese Geschichte, die ideologischen Begründungen und die Wirkungen der verschiedenen Formen von Unschärfe. Er nimmt sie zum Anlaß für Reflexionen über heutige Bildbegriffe – und antwortet auf die Frage, warum Bilder populär sein können, auf denen kaum etwas zu erkennen ist.

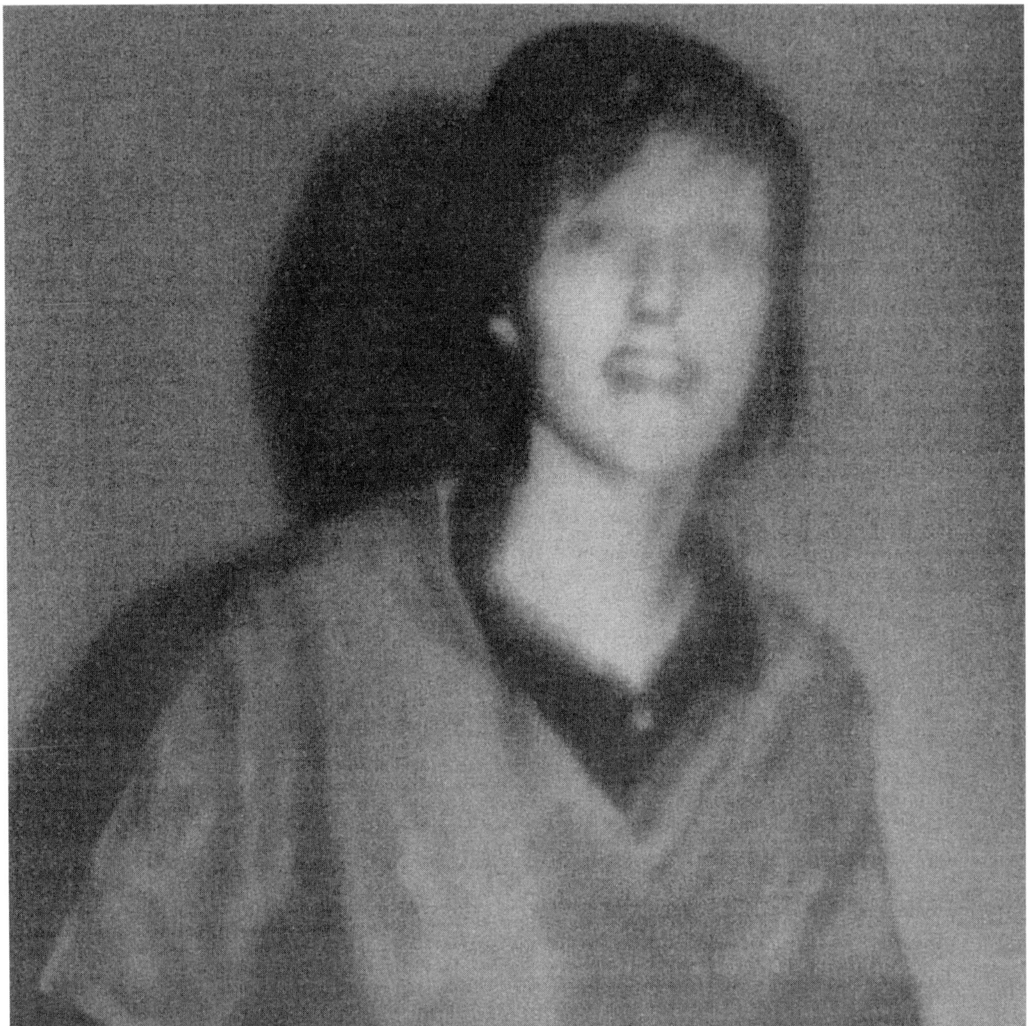

Wolfgang Ullrich

Die Geschichte der Unschärfe

Verlag Klaus Wagenbach Berlin

»Ist das unscharfe Bild nicht oft gerade das, was wir brauchen?«
(Ludwig Wittgenstein, Philosophische Untersuchungen § 71)

Inhalt

Vorwort *7*

1. Der romantische Blick in die Ferne *9*
2. Das Evangelium der Fotografie *19*
3. Aura, Medien, Okkultismus *30*
4. Kunstproduktion: Die Verschmelzung der Gattungen *40*
5. Ästhetik des Ausnahmezustands *51*
6. Die Wahrheit im Wahrnehmen *62*
7. Die Suche nach den inneren Bildern *70*
8. Metaphysik der Bewegung *80*
9. Authentisch *90*
10. Bildreflexion *99*
11. Im Plural *110*
12. Ikonographie des guten Lebens *118*

Anmerkungen *146*

Abbildungsnachweise *155*

Nachbemerkung *157*

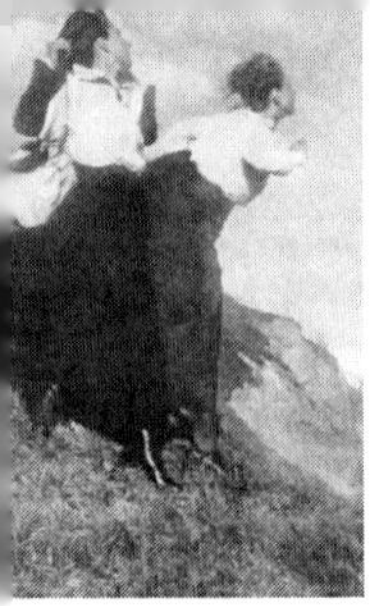

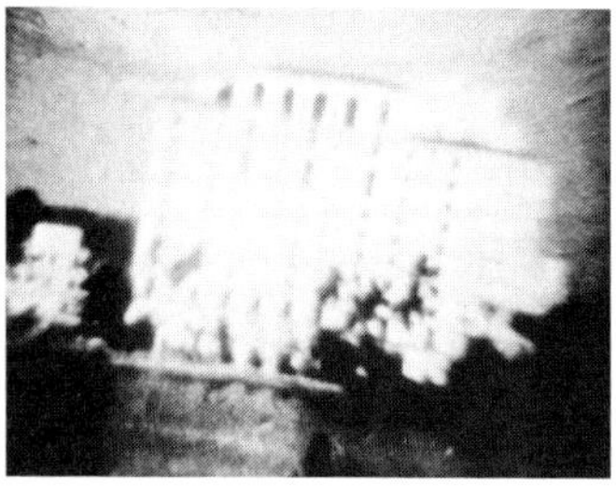

VORWORT

Einige der berühmtesten Bilder der letzten Jahre sind unscharf – und sie werden immer wieder reproduziert, obwohl nicht viel auf ihnen zu erkennen ist: Lady Diana an der Drehtür des Ritz in Paris oder Mohammed Atta beim Check-in in Portland. Jeweils passieren die Akteure gerade die letzte Überwachungskamera vor ihrem Tod, weshalb sich die Unschärfe wie ein Vorzeichen des Verschwindens ausnimmt und als Stilmittel einer Ikonographie der Katastrophe erscheint. Vor allem aber macht sie aus jedem Betrachter einen Detektiv, der davon träumt, auf dem Foto doch noch das entscheidende Indiz zu entdecken, das Aufschluß über das Unvorstellbare gibt, was kurz darauf eintreten wird. So sind es unscharfe Bilder, die die größte Faszination ausüben und zahllose neugierige Augen nicht mehr zur Ruhe kommen lassen.

Aber auch jenseits von Sensationen und insbesondere in der extrovertierten Event- und Fitneßkultur ist unscharf aktuell. Printmedien aller Art – vom Werbeprospekt bis zum Kunstkatalog – enthalten seit einigen Jahren immer häufiger unscharfe Bilder. Je höher der ästhetische Anspruch eines Lifestyle-Magazins ist, desto wahrscheinlicher ist sogar nur noch eine Minderheit der Fotos scharf. Selbst der Bildjournalismus zeigt seine Sujets oft durch Unschärfen verfremdet, womit sich die Grenze zu künstlerischen Experimenten auflöst. Schließlich versuchen Werbeagenturen am liebsten mit diesem Stilmittel, Markenprodukten eine Aura des Geheimnisvollen und Besonderen ›anzufotografieren‹. In all diesen Fällen ist ›unscharf‹ selbst kein scharfer Begriff, sondern umfaßt so unterschiedliche Effekte wie Weichzeichnung und großgezoomte Pixel, Verwischungen, pastelliges Verblassen, Überbelichtung und Grobkörnigkeit.

Dieser Trend verwundert, existiert doch andererseits noch immer die Vorstellung, Unschärfe sei ein Fehler: Ist das Abgebildete nur undeutlich zu sehen oder gar unkenntlich, lassen Amateurfotografen ihre Bilder bereits im Fotogeschäft als Ausschuß zurückgehen. In Fotohandbüchern finden sich bis heute standardmäßig Tips, wie man Unschärfen vermeiden kann. Warum also wird in den Medien akzeptiert und sogar als schick bewundert, was sonst als Fehler gilt? Oder gibt es ›gute‹ und ›schlechte‹ Unschärfen? Und wieso boomen unscharfe Bilder gerade jetzt?

Eigentlich gehört die Unschärfe bereits zu den großen Entdeckungen des 19. Jahrhunderts und war von Anfang an kein ideologisch neutrales Stilmittel; vielmehr dienten – meist fotografische – Varianten von Unschärfe der Artikulation von

Welthaltungen: Stand die Bewegungsunschärfe für Fortschrittsstolz, drückte die – weit verbreitete – Weichzeichnung den romantisch-antimodernen, später gerne als kitschig verrufenen Wunsch nach Idylle und Abgeschiedenheit aus. Pointillismus oder Symbolismus arbeiteten mit weiteren Formen der Unschärfe. Über sie alle wurde damals auch kontrovers und differenziert debattiert, verbunden mit grundsätzlichen Diskussionen über den Sinn von Bildern oder die Aufgaben der Kunst. Das Studium dieser Debatten erlaubt nicht zuletzt eine genauere Reflexion heutiger Bildbegriffe, verändert aber vor allem den Blick auf die Abstraktionsbewegung der modernen Kunst.

Komplexe und zum Teil divergierende Entwicklungen dennoch zu *einer* Geschichte der Unschärfe zusammenzufassen, erklärt sich daraus, daß die verschiedenen Unschärfe-Typen gegenwärtig erstmals gemeinsam – dank digitaler Techniken vielfach neu kombiniert – auftreten: Aus Kontrahenten von ehedem sind einander ergänzende Stilmittel geworden. Die Geschichte der Unschärfe zu rekonstruieren, heißt damit auch, die Emanzipation einer ganzen Gattung bildnerischer Mittel von ihren geistig-ideologischen Ursprüngen zu beschreiben – und zugleich zu untersuchen, welcher Zeitgeist an der Wende vom 20. zum 21. Jahrhundert die Zusammenführung traditioneller Unschärfe-Formen zu einer neuen, ungewöhnlich mächtigen Bildästhetik erlaubt hat. Dahinter steht aber immer die Frage: Warum können Bilder populär sein, auf denen kaum etwas zu erkennen ist?

1. DER ROMANTISCHE BLICK IN DIE FERNE

Adam Müller, eigentlich Nationalökonom, veröffentlichte 1808 einen kurzen, gerade zwei Seiten umfassenden Aufsatz, dessen Titel unprätentiös »Etwas über Landschaftsmalerei« ankündigte.[1] Dieser Text ist eines der erhellendsten und zugleich eines der ersten Dokumente einer Geschichte der Unschärfe. Genau genommen gehört er eher zu deren Vorgeschichte, denn das Wort selbst taucht darin gar nicht auf. Müller beschäftigt vielmehr die Frage, warum Landschaften auf den Menschen wohltuend wirken – warum alles in ihnen »harmonisch verbunden durch einen immer wiederkehrenden Grundakkord« erscheine. – Seine Antwort: Dem Betrachter sei jeweils ein Blick in die Ferne möglich, in der Himmel und Erde – alle Elemente – einträchtig miteinander verschmolzen seien. Präsentieren sich die Dinge aus der Nähe oft noch »in schroffem Gegensatze fest, deutlich und klar«, werden aus der Weite »die Umrisse der irdischen Dinge [...] weicher, die Farben sanfter: Luft und Erde scheinen zusammenzufließen«; schließlich »verlieren sich die Grenzen, bleichen die Farben ineinander«.

Gäbe es keinen Dunst und keine Verblauung oder wäre das menschliche Sehvermögen stärker entwickelt, stünde es anders um das Erleben von Landschaft: Sie könnte die Seele ihres Betrachters in keinen Zustand »sanften Getragenwerdens« versetzen, könnte auch nicht über das Gegenwärtige hinausweisen und so zur Allegorie, zum Bild der Transzendenz werden. Müller beschreibt, wie durch die Auflösung der Konturen ein Eindruck entsteht, der sowohl Erinnerungsbildern – zumal aus der »frühesten Kindheit« – ähnelt, als auch »das künftige einsinkende Alter« assoziieren läßt, geht doch alles – wie eine verwitterte Ruine – friedlich in seine Umgebung ein. Daß »die Ferne den Ursprung und das Ende gleich richtig abbildet« und damit sogar noch die Pole der Zeitlichkeit – Vergangenheit und Zukunft – miteinander vereint, vollendet das Mysterium der Landschaft. Der Fernblick wird so zum metaphysischen Schauen, während, was sich in unmittelbarer Nähe befindet, in seiner Abgegrenztheit einen analytisch-kühlen Blick provoziert und nur die Gegenwart umfaßt; es ist das Aktuelle, das Akute – das in seiner Schärfe keinen Spielraum läßt.

Unschwer ist zu erkennen, daß Adam Müllers Text ein typisch romantischer Gegensatz zugrunde liegt: Dem Vereinten wird das Getrennte, dem Ganzheitlichen das Isolierte, dem Unendlichen und Überzeitlichen das Endliche und Zeitgebundene gegenübergestellt. Romantisch ist auch die Idee, Unbegrenztes habe mehr Wert, weil es allgemeiner, ursprünglicher, seltener oder einfach nur weiter gespannt sei als das Begrenzte. Das Ferne wird also dem Nahen vorgezogen, das Weiche, Verschmelzende, Unscharfe gilt mehr als das klar Konturierte, und begünstigt ist, wer etwas verschwimmend oder unscharf sehen kann.

Dies widerspricht der scheinbaren Tatsache, daß unscharfes Sehen ein Manko ist. Selbst mit seiner normalen Sehkraft fühlt sich der Mensch bereits als Mängelwesen, sonst bräuchte es keine Mikroskope und Teleskope, erst recht keine Lupen oder Ferngläser. Immer wieder taucht auch ausdrücklich der Wunsch nach größerer Sehschärfe auf, so etwa in Traktaten der Renaissance, in denen über das Leben in der überirdischen Welt spekuliert wird. Die Autoren berichten nicht nur, daß die Dinge im Himmel und Paradies schöner, bunter und vielfältiger seien als gewohnt, sondern sie schwärmen vor allem davon, um wie viel feiner der Sehsinn dort ausgeprägt sei: Es lasse sich genauer zwischen verschiedenen Farben und Formen unterscheiden, und selbst aus großer Entfernung könne man Gegenstände noch scharf sehen.[2] Im umfangreichsten Wunsch-Katalog komfortablen Lebens, in Francis Bacons *Nova Atlantis* (1624), wird eine Erfindung imaginiert, die die natürliche Strahlkraft des Lichts erhöht, damit man auch in der Ferne »die feinsten Linien und Punkte unterscheiden kann«.[3] Ein technischer Fortschritt bestünde demzufolge darin, jenes Zusammenfließen von Luft und Erde, das Müller beschreibt, zu verhindern und am Horizont für glasklare Verhältnisse zu sorgen.

Da für Bacon und das gesamte naturwissenschaftliche Denken Naturerkenntnis zugleich Macht über die Natur bedeutet, verspricht eine stärkere Konturenschärfe, die sichtbare Welt besser kontrollieren zu können. Tatsächlich gehört der Bezug zwischen scharfem Sehen und Beherrschen zu den großen Themen jeder Kultur.[4] Ein ›scharfer Blick‹ impliziert nicht nur Präzision und Unbestechlichkeit, sondern kann ebenso als Signal massiver, gar herrischer Überlegenheit treffen. So ist es immer eine Machtgeste, eine andere Person scharf zu mustern; umgekehrt war es lange Zeit vielerorts verboten, einem Vorgesetzten oder Höherstehenden mit Brille – mit bewaffnetem Auge – gegenüberzutreten. Im scharfen Blicken steckt auch insofern eine Provokation, als man das Gegenüber gleichsam heranholt, sich seiner Präsenz voll aussetzt, das aber nur macht, weil man sich ohnehin für stärker hält; in seiner gesteigerten Sichtbarkeit wird der andere entblößt und erniedrigt. Somit gehen Erkenntnis- und Machtinteresse untrennbar ineinander. Die lange Geschichte des bösen Blicks gehört ebenso in diesen Zusammenhang wie das Fixieren, das noch im 19. Jahrhundert zum Auslöser zahlloser Duelle wurde.

Aufgrund seines aggressiven Charakters verwundert es nicht, daß dem scharfen Sehen ein gelassenes Schauen und damit jener freie Blick in die Ferne gegenübergestellt wird, der seine Bestimmung nicht in Analyse, sondern in Reflexion, nicht in

Kontrolle und Distanzierung, sondern in einem sympathetischen Einswerden findet. Doch wäre es verkürzt, eine ästhetisch-metaphysische Landschaftserfahrung wie die Adam Müllers nur in Opposition zu einem instrumentellen Zugriff auf die Natur zu interpretieren. Die Begeisterung über verschwimmende Horizontlinien und unscharfe Konturen steht vielmehr auch im Widerspruch zu einem anderen Naturerleben, das nicht minder auf Transzendenz hin ausgerichtet, dabei jedoch von besonderer Klarheit und Plastizität der Dinge geprägt ist.

Man denke nur an das Staunen Reisender aus dem Norden, wenn sie erstmals in südlichem Licht stehen und von der Konturenschärfe einer Landschaft überwältigt sind. Bei bestimmten Luft- und Lichtverhältnissen kann aber auch diesseits der Alpen der weite Blick in die Ferne oder von einem Hügel aus alles ganz klar erscheinen lassen. In Goethes *Novelle* (1826) ergötzt sich etwa die Fürstin von einem Felsvorsprung aus an einer Aussicht, die »schon in den Blick des Vogels überging« und, bei »klarster Beleuchtung«, ein Panorama an Einzelheiten bot. Sie bewundert, »wie doch die klare Natur so reinlich und friedlich aussieht«, und erlebt einen Moment reiner Gegenwart, ein nunc stans – so als »halte alle Natur den Atem an«. Der Klarheit, mit der sich »unzählige« Ortschaften und ein Schloß ebenso zeigen wie das Treiben auf dem fernen Marktplatz und der Flußlauf, hilft die Fürstin freilich mit einem Fernrohr nach; dieses »förderliche Werkzeug« steigert den erhabenen Ausblick überhaupt erst zu einem beinahe mystischen Augenblick.[5]

Die von klarem Licht bewirkte Zuspitzung der Welt auf reine Gegenwart ist also das Gegenerlebnis zur Vereinigung aller Zeitdimensionen, wie sie im Blick auf verfließende Konturen erfahren werden kann, und wird im 19. Jahrhundert manchmal auch als gewisse Bedrohung empfunden. So spricht der Erzähler in Stifters *Mappe meines Urgroßvaters* (1841/47) vom »schwermütig klaren Licht der Gegenwart«, das auf allen Dingen lag, als er nach langer Zeit in sein Jugendhaus zurückkehrte; daß sie ihn anblickten, »als hätten sie die Jahre meiner Kindheit vergessen«, ist Grund für jene Schwermut. Klarheit und Präsenz entzaubern die Dinge ihres Geheimnisses, das ihnen die Erinnerung – selbst eher ein Gefühl als ein scharfes Bild – zugesprochen hatte.[6]

Solche Skepsis ist jedoch die Ausnahme, und meist blieben die ästhetischen Ideale des Klassizismus, der für das Klare und Reine, für ›splendid isolation‹ plädierte, im 19. Jahrhundert in Geltung und fanden auch Ausdruck in der metaphysischen Verklärung der Natur. Somit existierten zwei gegenläufige Ansätze der Naturbetrachtung, was sich nicht zuletzt in der Landschaftsmalerei niederschlug, die, nachdem sie über Jahrhunderte hinweg innerhalb der Hierarchie der Gattungen einen der untersten Plätze eingenommen hatte, zu einem bevorzugten Ort von Transzendenzerfahrungen wurde. Für Müller ist sie »mehr allegorischer als plastischer Natur«, bildet

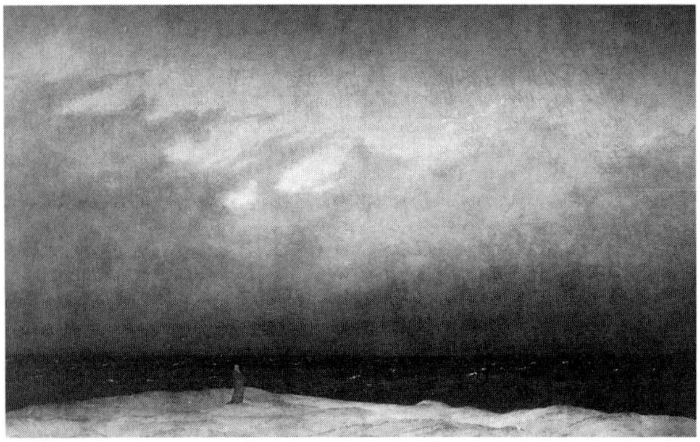

somit weniger eine Vielfalt an Sujets ab, sondern erzeugt Stimmungen, die über das bloß Alltägliche und Irdische hinausweisen. Freilich geht er nicht so weit, von den Landschaftsmalern zu fordern, »daß die dämmernden Fernen in der Landschaft nie fehlen dürften«, was jedoch auch ein Zugeständnis an den damals vorherrschenden Stil gewesen sein könnte. So gibt es im frühen 19. Jahrhundert nur wenige Bilder, auf denen sich die Gegenstandskonturen auflösen. Vielmehr dominiert eine Malweise, die die einzelnen Sujets klar voneinander trennt und eigens profiliert; nicht wenige Maler – am herausforderndsten Carl Blechen – machten es sogar zu ihrer Aufgabe, jenes klare Licht des Südens, das jeden Umriß eigens schärft, malerisch umzusetzen. Und selbst wenn die Gesetze der Luftperspektive beachtet wurden, waren Verblauung oder das Verdunsten von Farben und Konturen in der Ferne kaum einmal eigene Motive.

Auf jeden Fall hätte Müller innerhalb der Geschichte der Landschaftsmalerei bessere Beispiele für seine Naturerfahrung finden können als in der eigenen Gegenwart. Von Patiniers Meisterwerken der Verblauung, die das Verschmelzen von Himmel und Erde zum spirituellen Erlebnis werden lassen, über die in gesteigertem Naturalismus dargebotenen Landschaftsräume bei Leonardo, dessen Sfumato nirgendwo sonst ähnlich stark in Erscheinung tritt[7], bis hin zu den dramatisch aufgewühlten, in ihre Elemente sich auflösenden Landschaften Rembrandts reicht ein weites Spektrum an Bildern, die vorführen, wie sich Natur dem Fernblick darbieten kann.

Unter seinen Zeitgenossen gab es statt ganzer Œuvres nur einzelne Bilder, die Müllers Erwartungen an die Landschaftsmalerei entsprochen haben dürften. Darunter befindet sich aber immerhin das berühmteste Bild der Romantik, das zudem im selben Jahr entstand wie Müllers Aufsatz, nämlich **Caspar David Friedrichs** *Mönch am Meer.* Anders als bei den meisten seiner Bilder pflegt Friedrich hier keinen zeichnerischen, konturbezogenen Stil, sondern zeigt die Auflösung der Elemente in der Weite: Der am Ufer und dem Meer zugewandt stehende Mönch schaut auf den Horizont, an dem nicht nur Wasser und Himmel fast nahtlos ineinander übergehen, sondern wo auch – etwas unheimlich – zwischen Tag und Nacht nicht mehr zu unterscheiden ist. Doch am verwandtesten mit Müllers Aufsatz ist Friedrichs Gemälde in der offensichtlichen Abneigung gegen alles, »was den Menschen unmittelbar umgibt« und daher gegenüber anderem »in schroffem Gegensatze« steht. Tatsächlich braucht der Mönch auf nichts zu blicken als den Horizont, und die Grenze zwischen Düne und Wasser ist die einzige harte Linie des Bilds, so als habe Friedrich erinnern wollen, wie streng im Vordergrund voneinander geschieden sein muß, was in der Ferne miteinander verschmelzen darf. Um nur den Fernblick zuzulassen, hat Friedrich sogar zwei bereits gemalte Schiffe wieder übermalt.[8] So verweigert das Bild jegliches Detail und zwingt den Betrachter geradewegs zu metaphysischer Naturbetrachtung.

Diese Herauslösung des Landschaftsraums aus dem alltäglichen Lebensraum des Menschen – der Fernblick als Sehnsucht nach Fremdem, nach Ausnahme – läßt den *Mönch am Meer* zur Ikone der Romantik werden. Hier geschieht konsequenter und plakativer, was in der Folgezeit auf vielen anderen Landschaftsgemälden der Tendenz nach ebenfalls zu bemerken ist: Auf Staffage oder anekdotische Elemente wird verzichtet, weder das Arbeitsleben der Menschen noch andere Spuren der aktuellen Zivilisation tauchen auf.[9] Der Bildraum ist so weit leer geräumt, daß den Betrachter nichts mehr unterhalten oder amüsieren kann; vielmehr begegnet ihm eine weitgehend homogene, möglichst in harmonischem »Grundakkord« ›klingende‹ Landschaft.

Gerne griff man auf Metaphern aus dem Bereich der Musik zurück, um die Landschaftsmalerei – und das Streben nach Harmonie – zu charakterisieren[10], was den enormen Erfolg der absoluten Musik spiegelt, die ihrerseits erst kurz zuvor zur reinsten Form – überlegen aller Vokal- wie Programmusik – geadelt worden war[11]: »Von allen irdischen Kleinigkeiten [...] gereinigt« werde man durch sie, schwärmte Wackenroder, der das Musikhören als ekstatisches Erlebnis beschreibt, bei dem die Gegenwart transzendiert werde, während gleichzeitig, infolge der Intensität des Eindrucks, »tausend schlafende Empfindungen«, »mannigfache Bilder [...] aufsteigen«. Es erscheine dem Hörer, »als wenn er dabei auf einmal weit klüger würde und mit helleren Augen und einer gewissen erhabenen und ruhigen Wehmut auf die ganze wimmelnde Welt herabsähe«.[12]

Die Wirkung der Instrumentalmusik wurde damit erklärt, daß sie über alles einseitig Bestimmte – über konkrete Inhalte – hinausgehe und in ihrer ›Reinheit‹ – ihrer Freiheit von mimetischen Zwängen – eine eigene, unabhängige Welt bilde. Sie wurde daher auch zum Vorbild für andere nach ästhetischer Autonomie strebende Künste – vor allem für die Landschaftsmalerei: Die Räumung von Staffage, der Verzicht auf Bilderzählungen drückt das Streben nach einer absoluten Kunst aus, die vergleichbar ›rein‹ wirken – ähnlich intensive Stimmungen bieten – soll wie die Musik. Der Weg zur Unschärfe, schließlich zur immer weiteren Reduktion und Abstraktion ist Folge dieses Wunsches, den literalen Charakter der Malerei zu überwinden, und damit Konsequenz des einschneidendsten Leitbildwechsels, den die bildende

Kunst in den letzten Jahrhunderten erlebte: Erstmals seit der Renaissance orientierte sie sich nicht mehr an der Literatur, um, gemäß der Formel ›ut pictura poesis‹, den Rang einer freien Kunst beanspruchen zu können. Anstatt sich jedoch aus sich selbst heraus zu bestimmen, tauschte die bildende Kunst lediglich einen Minderwertigkeitskomplex gegen einen anderen ein: Waren die Maler und Bildhauer bis ins späte 18. Jahrhundert von der Angst verfolgt, nicht hinreichend gut erzählen zu können und zu wenig intellektuelle Beschäftigung zu bieten, trieb sie nun die Befürchtung um, die Menschen nicht so direkt erreichen und so stark einnehmen – beglücken, läutern oder entlasten – zu können wie die Musik. Der Vergleich mit dieser wurde der bildenden Kunst von nun an zum Ansporn wie zum Stigma.

Im Zuge des Wandels der Landschaftsmalerei zu einer ›musikalischen‹ Kunstgattung tauchten als architektonische Reminiszenzen bald nur noch Ruinen auf; sie waren beliebt, weil sie, funktionslos geworden und bereits wieder in den Kreislauf der Natur zurückgekehrt, ein Kontinuum zwischen den Werken des Menschen und der natürlichen Landschaft herstellen. Als Reste von Bauwerken, die ihre Kanten längst verloren haben und die als Dokumente vergangener Zeiten eine nostalgische Stimmung befördern, lösen sie ähnliche Empfindungen aus wie das – von Müller beschriebene – Ineinanderfließen der Dinge im Dunst der Ferne: Sie veranlassen den Betrachter, sich auf seine Erinnerungen zurückzuziehen oder zu reflektieren; keine äußerlichen Details lenken mehr ab, abgeschieden von der Geschäftigkeit des Alltags wird – in der freien Natur wie auch vor einem entsprechenden Bild – konzentriert der eigene Seelenzustand erfahren und mit der jeweiligen Landschaft in eins gesetzt.

Die Abneigung gegen markante, die Aufmerksamkeit bindende Einzelheiten wie überhaupt gegen alles Laute, Schrille, Aktuelle – gegen alles, was zu nahe tritt – bezeugt den romantischen Drang nach Innerlichkeit sowie das bereits am Ende des 18. Jahrhunderts erwachte Bedürfnis nach Ausgleich gegenüber der als anstrengend und entfremdend empfundenen Lebenswelt. In vielen Texten zur Landschaftsmalerei werden die Maler davor gewarnt, die Bilder – und damit die Bildbetrachtung – nur ja nicht mit aktuellen Sujets zu stören. So bemerkt Carl Gustav Carus in seinen *Neun Briefen über Landschaftsmalerei* (1815–1824), daß »ein eben vollendetes scharfkantiges und neugefärbtes Gebäude wenig für landschaftliche Bilder paßt«.[13] Immer wieder werden dafür »anspruchslose« Bilder und Sujets gefordert, was ganz wörtlich meint, daß der Betrachter nicht durch Details oder Hervorstechendes in ›Anspruch‹ genommen und gestört werden soll.[14] Ein Landschaftsgemälde darf nichts fordern und den Rezipienten zu keinen Gedanken über ein bestimmtes Thema nötigen; es soll ihn nicht einmal unterhalten – zu Passivität verführen und zerstreuen –, sondern seine Aufgabe besteht darin, eine Stimmung anzuregen, die ihrerseits zu freier Reflexion animiert. Anstatt zu amüsieren oder zu belehren, fungiert das Bild als Projektionsfläche für die Phantasien und Gedanken des Betrachters.

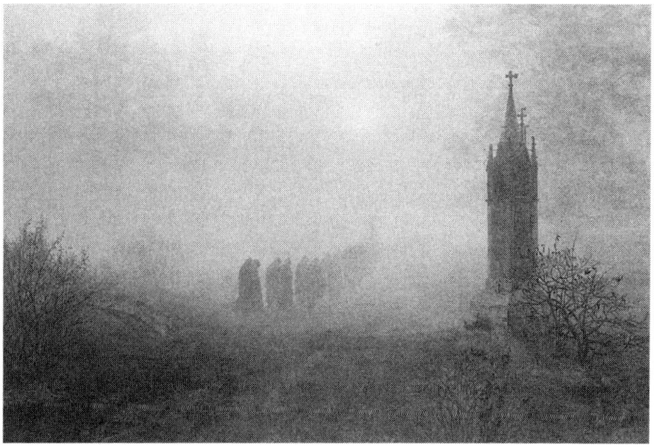

Aber nicht nur das: Ein Bild, das Details vorenthält, diskret ist und möglichst wenig erzählt, gibt auch sich selbst nicht preis; vielmehr zelebriert es eine gewisse Distanz und Rätselhaftigkeit, was das Interesse des Betrachters stimuliert, dem es dann um so bedeutender erscheint und um so stärker überhaupt als Bild auffällt. Die Ästhetik der Anspruchslosigkeit, die seit dem frühen 19. Jahrhundert aufkam, beinhaltet also nicht nur das Gebot, den Betrachter von Erzählzierrat zu verschonen, sondern ist zugleich (und zuerst) Folge einer Aufwertung der Kunst: Das Bild besitzt auf einmal die Autorität, auch schweigen zu dürfen und sich nicht verhören lassen zu müssen; dafür soll seine Rezeption – so nochmals Wackenroder – einem »Gebet« vergleichbar sei, denn »die *Kunst* ist *über* dem Menschen«.[15] Weil man dem Bild – qua Kunst – mehr zutraut als Anekdoten, wäre auch alles andere als ›Anspruchslosigkeit‹ unter seiner Würde, beschäftigte es die Rezipienten dann doch bloß mit Kleinigkeiten und profanisierte sich selbst.

Beides, die Nobilitierung der Kunst und die Orientierung der Bilder an der Musik, äußerte sich also in einer Aversion gegen Details; zudem wurde dadurch die Suche nach homogenen Bildräumen wie auch eine Vorliebe für Sujets begünstigt, bei denen die Gegenstände mit sanften Übergängen gemalt werden konnten, um eine einheitliche Stimmung – jenen Grundakkord – zu erzeugen, statt sich einzeln zu artikulieren und gegeneinander zu behaupten. Dämmerung oder Nebel boten gleichsam eine natürliche Unschärfe und ließen das Verschwimmen der Gegenstände – wie bei **Ernst Ferdinand Oehme** – bereits im Mittelgrund und nicht erst im Fernblick beginnen. Detailversessene, hyperscharfe Bilder wurden hingegen zunehmend als oberflächlich-laut und pedantisch empfunden, als geistlos-dumme, geradezu bürokratische Abpinseleien abgelehnt. Berühmt sind etwa Baudelaires Invektiven gegen Maler wie Horace Vernet, den zu hassen er in seinem Salon-Bericht von 1846 bekannte, da ihm dessen akribisch gemalte Bilder wie bloße Selbstbefriedigung erschienen. Ihn – oder auch Théophile Gautier – bezeichnete er als Vertreter der »école des *pointus*«, der Schule der ›scharfen‹, spitzfindigen Maler.[16]

Im selben Zusammenhang machte Baudelaire es zum Kriterium eines guten Bilds, melodisch zu wirken. Um dies festzustellen, müsse man es aus einer Entfernung betrachten, die weder den Gegenstand noch die Linien erkennen lasse.[17] Damit wird der ›Fernblick‹ statt auf die Natur auf die Kunst angewendet, diese aber nach einem musikalisch-abstrakten Bildbegriff beurteilt. Mußte man zu Baudelaires Zeit noch etwas mühsam auf Distanz gehen, bis das Bild zu ›klingen‹ begann, sollte es die weitere Entwicklung der bildenden Kunst – das Experiment mit Unschärfen und Strategien der Reduktion – erlauben, daß der Betrachter bereits aus größerer Nähe einen Eindruck von der ›Melodie‹ eines Bilds erhielt und nicht von Details genervt wurde, die Baudelaire als Folge stupider Ängstlichkeit der Maler deutete: Diese wagten es nicht, brave Mimesis-Ansprüche aufzugeben, um ihren Träumen und Fantasien freien Lauf zu lassen, und verhinderten damit eine wirkliche Autonomie der Kunst.[18]

Schon Jahrzehnte vor Baudelaire wurde die Vorliebe für Details im französischen *Dictionnaire des beaux-arts* als Zeichen einer entweder noch unentwickelten oder aber einer bereits wieder dekadenten Kunst gewertet: Wie die Kunst sich am Anfang darum bemüht habe, alles genau wiederzugeben, würde sie am Ende, nachdem sie größte Einfachheit und Klarheit erreicht habe, erneut in der Nachbildung des Kleinen ihre Meisterschaft suchen.[19] Infolge dieser Einschätzung wurde auch nicht mehr so viel Wert auf eine präzise Zeichnung gelegt, was etwa Ludwig Richter verwunderte, als er, zusammen mit einigen Malerkollegen, 1824 in Tivoli auf französische Maler traf, die direkt losmalten und sich gerade mit »Luft- und Lichteffekten« beschäftigten, während die Deutschen zuerst vorzeichneten, dabei »die Umrisse bis ins feinste Detail fest« ausführten und sich gar »in jeden Grashalm, in jeden zierlichen Zweig« verliebten. Daß es ihnen noch darum ging, »den Gegenstand möglichst objektiv, treu wie im Spiegel, wiederzugeben«[20], war – im europäischen Vergleich – bereits etwas anachronistisch, da auch in England, mit Malern wie Constable, längst ein Stil Einzug gefunden hatte, der die atmosphärische Wirkung einer Landschaft einzufangen versuchte, statt ihre einzelnen Sujets abzuschildern. Im weiteren sollte die Detailaversion sogar zum gemeinsamen Nenner der verschiedenen Kunstströmungen der beginnenden Moderne wie erst recht der Avantgarde werden.[21]

Der Wechsel von der Vielfalt der Sujets zur Einheit der Stimmung brachte es zudem mit sich, daß – wenigstens vereinzelt – Sehschärfe nicht mehr unbedingt als Vorzug galt, sondern die Gunst der Natur umgekehrt demjenigen zu widerfahren schien, der davon befreit war, immer alle Einzelheiten sehen zu müssen. Am skeptischsten gegen das Scharfsehen äußerte sich dabei kein anderer als Goethe. Mochte er auch davon berichten, wie ein Fernrohr zum erhabenen Erlebnis reiner Gegenwart verhelfen kann, so lehnte er optische Hilfsmittel und zumal Brillen insgesamt doch ab. Den Wilhelm Meister läßt er äußern: »Ich habe im Leben überhaupt und im Durchschnitt gefunden, daß diese Mittel, wodurch wir unsern Sinnen zu Hülfe kommen, keine sittlich günstige Wirkung auf den Menschen ausüben. Wer durch Brillen sieht, hält sich für klüger, als er ist, denn sein äußerer Sinn wird dadurch mit seiner innern Urteilsfähigkeit außer Gleichgewicht gesetzt; es gehört eine höhere Kultur dazu, deren nur vorzügliche Menschen fähig sind, ihr Inneres, Wahres mit diesem von außen herangerückten Falschen einigermaßen auszugleichen. Sooft ich durch eine Brille sehe, bin ich ein anderer Mensch und gefalle mir selbst nicht; ich sehe mehr, als ich sehen sollte, die schärfer gesehene Welt harmoniert nicht mit meinem Innern, und ich lege die Gläser geschwind wieder weg, wenn meine Neugierde, wie dieses oder jenes in der Ferne beschaffen sein möchte, befriedigt ist«.[22]

Brillenträgern wird hier ein Hang zum Hochmut, eine Überschätzung ihrer intellektuellen Fähigkeiten vorgeworfen, da sie aus ihrem Vermögen, alles scharf zu sehen, fälschlicherweise schließen, auch scharfsichtig und scharfsinnig zu sein. Freilich unterstellt Goethe seinerseits eine Korrespondenz von Seh- und Urteilskraft und glaubt sogar an ein natürliches »Gleichgewicht« zwischen beiden, das allerdings gestört wird, sobald die Sehkraft dank technischer Hilfsmittel einseitig zunimmt. Folge ist, daß das Urteilsvermögen von den neuen – scharfen – Bildern verwirrt und überfordert wird. Goethe nimmt den Topos der Reizüberflutung vorweg, wenn er Wilhelm klagen läßt, als Brillenträger sehe er mehr, »als ich sehen sollte«: Plötzlich scharfgezeichnet, ist die eigene Umgebung präsenter als gewohnt und okkupiert so sehr, daß es schwer fällt, noch bei sich selbst zu sein; man erfährt sich als »ein anderer Mensch«. Damit wird die Brille zum Symbol der Entfremdung – der Außenwelt verhilft sie zu einer Übermacht über das eigene Ich.

Der Mehrbelastung des Intellekts, der die zusätzlichen Informationen zu verarbeiten hat, sind gemäß Goethe nur »vorzügliche Menschen« gewachsen, die über weitere Ressourcen an Urteilskraft – über eine »höhere Kultur« – verfügen. Dabei bleibt unklar, ob er das Scharfsehen generell als Überreizung empfindet oder ob er nur diejenigen davor warnen will, die es aufgrund von Kurzsichtigkeit oder ähnlichen Anomalien nicht gewohnt sind und die durch den Gebrauch einer Brille auf einmal neu lernen müssen, mit ihrer Umwelt zurechtzukommen. Im ersten Fall wäre für Goethe die Scharfsichtigkeit – und nicht mehr die Kurzsichtigkeit – ein Augenfehler, und vielleicht bräuchte es dann sogar Brillen, um nicht mehr scharf sehen zu müssen. Tatsächlich läßt Goethes Text eine solche Deutung zu, scheint ihm das Scharfsehen doch generell etwas Nutzloses zu sein, das höchstens der Befriedigung von »Neugierde« und damit einem oberflächlichen Bedürfnis dient. Alles in voller Deutlichkeit wahrzunehmen, heißt zudem, von Banalitäten und unwichtigen Kleinigkeiten in Beschlag genommen zu werden. Damit wird die Aufmerksamkeit vielleicht sogar vom Wesentlichen abgezogen, und die durch Brillengläser gesehene Welt ist für Goethe unruhig und wirr, weil sich zu vieles gleichzeitig und gleichwertig aufdrängt. So bringt das Scharfsehen nicht nur keinen großen Vorteil, sondern hält die Menschen an der Oberfläche der Dinge.

Die Abneigung gegenüber Brillen gehört zu einer weiter reichenden Technikfeindlichkeit, gespeist aus der Überzeugung, die moderne, rasch sich entwickelnde Zivilisation mache die Kultur zunehmend geistloser und auch exzentrischer, da die Menschen sich an die Versuchungen der äußeren Welt verlören. Die Angst vor einer technisierten Moderne taucht im *Wilhelm Meister* immer wieder auf, und Goethe stand damit – wie mit der Brillen-Skepsis – keineswegs allein. Schon 1812 hatte Achim von Arnim in seiner Erzählung *Isabella von Egypten* apodiktisch bemerkt, eine Brille sei »das schrecklichste Gefängnis, aus welchem die ganze Welt verändert erscheint«. Was scharf zu sehen ist, bedrängt den Wahrnehmenden und engt ihn ein, da es der Fantasie jeden Spielraum nimmt. War eine verbesserte Sehkraft einst – bevor sich der Gebrauch von Brillen durchsetzte – noch mit der Vorstellung des Paradieses und überirdischen Glücks verbunden, wurde sie nun also – nochmals von Arnim – als »Schreck« erfahren.[23]

Der Affekt gegen das Genaue, Scharfe, Detaillierte war eine Fluchtreaktion und der Versuch, den Energien der modernen Welt sowie der Macht des Faktischen zu entkommen, um in abgelegenen oder künstlich befriedeten Zonen zu sich selbst zu finden. Dieser Affekt war – noch weitergehend – Ausdruck einer Angst vor zu vielen äußeren Einflüssen, ja vor allem Äußeren überhaupt. Nicht die Steigerung, sondern die Herabsetzung der Sensitivität wurde daher zum Bedürfnis, und ebenso suchte man nach Erfahrungen und Bildern, die zwar intensiv sein durften, dabei aber nicht eigenmächtig sein sollten. Sie hatten als Resonanzraum für die eigene Stimmungslage zu fungieren, als ein Ort, an dem die Immunabwehr mit möglichst wenig fremden Reizen konfrontiert wurde und an dem das Gefühl der Entfremdung zumindest momentan aufgehoben war. Daraus ergab sich auch der Wunsch, die Elemente der gegenständlichen Welt ineinanderfließen zu sehen, bis sie sich gegenseitig neutralisierten, indifferent würden und in Wohlklang auflösten: Unschärfe konnte zum Stilmittel der Angst vor dem Fremden werden.

2. DAS EVANGELIUM DER FOTOGRAFIE

Als 1839 die ersten Daguerrotypien veröffentlicht wurden und die Sensation fotografischer Bilder überall von sich reden machte, war das neue Medium sogleich in den herrschenden Diskursen über Bilder gefangen. Gerade weil sich die Fotografie von den bisher bekannten Bildtypen unterschied, bestand das Bedürfnis, ihr einen Platz anzuweisen. Dies gelang jedoch nicht überzeugend. Vielmehr entspann sich ein endloser Streit darüber, ob die Fotografie als Kunst oder lediglich als mechanische Handwerkstechnik einzustufen sei. Bei urheberrechtlichen Fragen wurde dieser Streit sogar justiziabel[24], oder es gab kuriose Auseinandersetzungen – wie etwa 1862, als die königlichen Kommissäre der Londoner Weltausstellung Fotografien unter der Kategorie ›Maschinerie‹ zwischen Pflügen und Häckselmaschinen aufhängen wollten, während die Fotografen darauf bestanden, in der Abteilung ›schöne Kunst‹ vertreten zu sein. Schließlich fand man einen Kompromiß und schuf einen separaten Raum, in dem die Fotografien keiner bestimmten Rubrik mehr zugeordnet waren.

Der Streit um die Fotografie verdeutlicht auch die Detailaversion des 19. Jahrhunderts. Nichts wurde nämlich so sehr problematisiert wie die Fähigkeit der Fotografie zu scharfer, uneingeschränkter Abbildung. Aus mancher Äußerung läßt sich regelrecht die Angst heraushören, die Präzision, die bis ins Kleinste reicht, könnte »erschreckend« etwas sichtbar machen, was besser nicht sichtbar würde.[25] Die ungewohnte fotografische Abbildgenauigkeit dürfte den Affekt gegen das Detaillierte sogar noch zusätzlich gefördert haben – und erklärt auch, daß gerade viele Maler, zur klareren Abgrenzung vom neuen Hauptkonkurrenten der Bildproduktion, darauf verfielen, die Wiedergabe von Details mit Stupidität und Oberflächlichkeit gleichzusetzen.

Schon in der mutmaßlich ersten Beschreibung des Charakters fotografischer Bilder hatte Alexander von Humboldt im Februar 1839 – noch ganz arglos – bemerkt, sie zeichneten sich dadurch aus, »die Contouren bis auf die zartesten Theile scharf zu umgrenzen«.[26] Was hier, in den Augen des Wissenschaftlers, als Auszeichnung gemeint war, wurde bereits kurz darauf ganz anders interpretiert. Als man die Erfindung im August desselben Jahrs in der Münchner *Allgemeinen Zeitung* vorstellte, wurde zwar zuerst konstatiert, die Fotografie könne »Formen und Effecte der Natur mit einer Ruhe, Praecision und Detailausführung wiedergeben, welche zu erreichen der Kunst ewig unmöglich bleiben wird«; dann aber wurde dieser Vorzug sogleich in

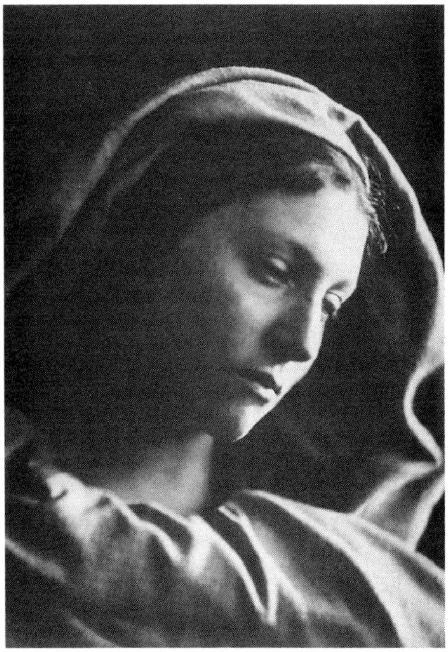

einen Nachteil verkehrt, hieß es doch, der Wert von Kunst bestehe »in ihrer Wirkung auf das Gemüth [...], die nicht durch bloßes Wiedergeben der Natur, sondern nur durch die schöpferische Kraft des Künstlers zu erreichen ist«.[27] Detailtreue wird kurzerhand als mechanisch-stumpfes Kopieren gedeutet und in Gegensatz zu einem vom Genie-Konzept getragenen – den Expressionismus schon vorbereitenden – Kunstverständnis gebracht, das den Ausdruck der individuellen Innenwelt über die Abbildung der Natur stellt.

Dieses Argument gegen die Fotografie wurde bald zum Topos. Kunst könne nur sein, was »unmittelbar aus der Hand des Künstlers entsteht«, und »ohne Abweichung vom Richtigen nicht stattfinden«, schreibt Eduard Schreiner, einer der zahlreichen um ihr Terrain besorgten Maler, dessen polemischer Text gegen die Fotografie zugleich belegt, wie sehr sich der Ton des Streits innerhalb eines Vierteljahrhunderts verschärfte: Als »zynische Frechheit« wird nun – 1864 – gebrandmarkt, daß bei Fotografien »die kleinste Form einer Hautfalte, [...] jedes einzelne Haar, sich mit derselben gedankenlosen Arroganz in den Vordergrund drängt, wie die eigentliche Grundform, durch welche der Charakter des Gegenstandes ausgeprägt ist«.[28] Dem bloß ›Richtigen‹, das die Oberfläche der Dinge in all ihren Feinheiten abbildet, stellt Schreiner hier den ›Charakter‹, die ›eigentliche Grundform‹ gegenüber, die der Künstler, gleichsam durch die Details hindurch, als das Wesentliche freizulegen hat.

Kunst ergibt sich also erst aus der Überwindung der Details, womit die Kritiker der Fotografie dem ästhetisch autonomen Bild, das anderes, viel mehr sein soll als Abbildung, genauso das Wort reden wie Baudelaire. Entsprechend bezog dieser seine Vorwürfe gegen akribische Maler wenige Jahre später mit noch größerer Vehemenz auch auf die Fotografie: Wahrheit biete diese meist nur im Sinne eines gnadenlos-dummen Realismus. In einem Brief an seine Mutter, in dem er 1865 – dennoch – den Wunsch äußerte, ein Foto von ihr zu besitzen, warnte er zugleich vor den »manies ridicules« der meisten Fotografen, die ein Bild für um so wahrer hielten, je drastischer (»plus pure«) es sei; dagegen erwartete er von einem Foto, daß es zwar ein genaues Porträt lieferte, aber die Weichheit, ja das Verwischte einer Zeichnung besäße (»mais ayant le flou d'un dessin«).[29] Vielleicht hätte ihn ein Foto von **Julia Margaret Cameron** erfreut, die als eine der ersten Fotografinnen gezielt mit – dezenten – Unschärfe-Effekten arbeitete, was die von ihr Porträtierten zart und würdevoll erscheinen ließ.

Der Affekt gegen das Detail war freilich auch ein Affekt gegen die an Einfluß gewinnende Naturwissenschaft, und der damit verbundene Streit drehte sich primär um eine Ortsbestimmung der Wahrheit: Ist sie das objektiv Meßbare, oder steckt sie im Wesen einer Sache, das eher geschaut als präzis erkannt werden kann? Sollte ersteres der Fall sein, bedeutete jedes Surplus an Genauigkeit zugleich ein Mehr an Wahrheit, während im anderen Fall allein das Gesamtbild, der allgemeine Charakter zählte und Einzelheiten nur ablenkten. Daß man glaubte, die Konkurrenz um Wahrheitsansprüche eindeutig zugunsten einer Alternative entscheiden zu müssen, erklärt die Heftigkeit der Auseinandersetzung, die sich für einzelne durchaus zu einem inneren Konflikt auswuchs.

So behandelte der spanische Neurohistologe Santiago Ramón y Cajal, 1906 für seine Arbeiten über die Struktur des Nervensystems mit dem Nobelpreis für Medizin ausgezeichnet, in einer am Anfang der 1880er Jahre entstandenen literarischen Erzählung unter dem Titel *El pesimista corregido* das Dilemma des ›richtigen‹ Sehens: Ein junger Arzt, nach einigen Schicksalsschlägen am Sinn der Welt zweifelnd, wacht eines Tags mit verwandelten Augen auf, mit denen er die Dinge ungleich schärfer und detaillierter als üblich sehen kann. Diese Variante eines mikroskopischen Blicks erschwert die Orientierung, da Personen und Gegenstände ihre individuelle Gestalt verlieren und ihr Aussehen sich auf dieselben Detailstrukturen reduziert. Wie sehr die Hyperschärfe egalisiert, erlebt der Protagonist zuerst als Verlust: Er kann schöne Frauen nicht mehr von weniger schönen unterscheiden, und als er den Prado besucht, ist sogar die Schönheit der Kunst verschwunden; statt der Bilder sieht er nur schrundige, von Mikroben bevölkerte Oberflächen.

Die Lehre scheint klar: Der naturwissenschaftlich-sezierende Blick entzaubert und zerstört mehr, als er umgekehrt an Erkenntnissen bringt; schließlich macht er sogar die Teilnahme am sozialen Leben fraglich. Doch anstatt endgültig in Verzweiflung zu verfallen, fasziniert den Arzt das scharfe Sehen zunehmend. Die Welt der Mikroben, sonst nur schädlich oder eklig, kann er auf einmal sogar als eigentümlich schön empfinden, bietet die Natur sich doch als einheitliche Struktur – als Ganzheit – dar, worin alles aufeinander bezogen ist. Da der analytische Blick in seiner extremen Steigerung gemeinsame Elemente der Dinge – jenen allgemeinen Charakter – offenbart und eine neue Form von Einheitserfahrung erlaubt, ist sogar der quälende Gegensatz zwischen romantischer Ganzheitssehnsucht und naturwissenschaftlichem Erkenntnisdrang aufgehoben. Äußerste Sehschärfe, wie sie normalerweise nur dank technischer Hilfsmittel möglich ist, zergliedert das Sichtbare nicht nur immer weiter, sondern bereitet im letzten eine harmonische Welt. Damit gelangt der Arzt zu einer Einsicht, die dem geläufigen Weltbild an Wahrheit überlegen zu sein scheint und die ihn zugleich aus seiner Depression befreit.[30]

Im realen Leben ließ sich der Konflikt, dem viele Wissenschaftler des 19. Jahrhunderts ausgesetzt waren, nicht so einfach lösen, und noch aussichtsloser war es für Fotografen, wenn sie ihre Bilder als Kunst durchsetzen wollten. Ihnen blieb eigentlich nur, die Aufnahmegenauigkeit – Schärfe – als spezifische Eigenschaft der Fotografie zu dementieren und dafür zu argumentieren, daß diese sehr wohl die postulierte ›Abweichung vom Richtigen‹ erlaube. Damit aber lief künstlerisch ambitioniertes Fotografieren darauf hinaus, den Apparat zu überlisten; erst ein kreativer Umgang mit ihm führte zu als originell anerkannten Bildern. Unschärfe-Effekte waren dabei besonders beliebt, weil sie unbezweifelbar machten, daß die Fotos nicht ›bloß‹ die reale Welt zeigten, während eigenwillige Aufnahmepositionen oder eigens inszenierte Lichteffekte im 19. Jahrhundert noch kaum als ausreichender Beleg eines freien Verfügens über das Medium gegolten hätten. Dazu kam natürlich, daß unscharfe Bilder wegen ihrer Tendenz zur Vereinheitlichung das schon seit der Romantik bestehende Verlangen nach einer atmosphärischen, ›musikalischen‹ Kunst befriedigten.

Rund zwanzig Jahre nach ihrer Erfindung gab es erste Versuche, die Gleichung »Fotografie = Schärfe« infragezustellen. So betonte der Fotograf Alfred H. Wall bei einem 1859 in London gehaltenen Vortrag das malerische Potential der Fotografie, für die das Licht dieselbe Rolle spiele wie der Stift für einen Zeichner. Zugleich kritisiert er viele Fotografen, weil sie die malerisch-atmosphärischen Wirkungen ihres Mediums vernachlässigten und den Eindruck einer Landschaft etwa dadurch zerstörten, daß sie, unter Mißachtung der Luftperspektive, nach einer scharfen Horizontlinie strebten. Wer sich hier an Adam Müller und seinen Wunsch nach einem geheimnisvollen Verschwimmen aller Landschaftspartien erinnert fühlt, wird im weiteren noch bestätigt, beschwört Wall doch seine Kollegen, nach Möglichkeit Phänomene wie Dunst und Nebel einzufangen.

Ein Jahr später drückte sich der Fotograf William J. Newton, ebenfalls bei einem Vortrag in London, noch deutlicher aus und plädierte dafür, gänzlich auf scharfe Ränder oder plötzliche Begrenzungen zu verzichten, da diese die Einheit eines Sujets zunichte machten und ein Foto um seine eventuelle Wirkung brächten: Anstatt als ganzes einen starken Eindruck zu erzeugen, zerfiele das Foto in seine Einzelteile, die jeweils zu schwach wären, um eine Atmosphäre zu schaffen. Newton regte daher an, ein Foto jeweils ein wenig außerhalb des Brennpunkts aufzunehmen. Große Massen statt kleiner Details wiederzugeben, erklärte er zur Aufgabe jeder Fotografie mit künstlerischem Anspruch.

Mochten andere Fotografen ebenso gegen die Schärfe opponieren, so bezweifelten sie doch, daß Newton das richtige Mittel vorschlug: Ein außerhalb des Brennpunkts fotografiertes Bild verwischt nicht nur die Umrisse, sondern mindert auch den Kontrast von Licht und Schatten, was das Foto flach und stumpf erscheinen läßt. Statt gleichmäßiger Unschärfe wurde also etwa empfohlen, lediglich den Hintergrund verschwimmen zu lassen, den Vordergrund oder Hauptgegenstand eines Fotos hingegen scharf abzubilden.[31]

Allerdings fanden die englischen Plädoyers für Unschärfe auf dem Kontinent noch länger keine rechte Zustimmung. In den *Photographischen Mittheilungen*, einer der ersten deutschsprachigen Fachzeitschriften, wurden 1865 sogar Tricks verraten, wie sich das Verschwinden von Details bei Landschaftsfotografien vermeiden lasse.[32] Damit wird der romantischen Sehnsucht nach verschwimmenden Weiten, mit denen mancher am liebsten das gesamte Gesichtsfeld gefüllt hätte, eine klare Absage erteilt. Ähnlich war in der *Photographischen Rundschau*, einem weiteren – wichtigen – Fachorgan für Fotografen, noch 1888 zu lesen, durchgängige Schärfe sei Bedingung für eine gute Landschaftsfotografie.[33] Erst fünf Jahre später ist innerhalb einer redaktionellen Notiz derselben Zeitschrift erstmals – und in Anführungszeichen – von der »unscharfen Richtung« innerhalb der Fotografie die Rede, was nicht nur unbeholfen, sondern auch distanziert klingt.[34]

Immerhin waren Fotos mit Weichzeichnungs- und anderen Unschärfe-Effekten zur selben Zeit in den USA bereits fest etabliert, nachdem es in den Jahren zuvor noch heftige Auseinandersetzungen und Polemiken gegeben hatte. Dabei spielte Peter Henry Emerson eine Hauptrolle, der, selbst Fotograf, seine Experimente mit Unschärfen zuerst – 1889 – in dem Buch *Naturalistic Photography* verteidigt und darin den Weg der Fotografie zur Kunst erblickt hatte, dann jedoch zwei Jahre später in einem Pamphlet – unter dem Titel *The Death of Naturalistic Photography* – alle Thesen widerrief. Nun war die Fotografie für ihn ein Medium, das, egal wie man es handhabt, zu wenig Spielraum für Bilder von künstlerischer Qualität läßt: Die Frage nach Schärfe oder Unschärfe war ihm gleichgültig geworden, ihre Beantwortung entschied höchstens noch, in welchen Kreisen man mit einem Bild Erfolg haben konnte, hatte aber keine Auswirkungen auf die Entfernung der Fotografie von der Kunst. Doch verfing Emersons Abrechnung nur bei wenigen, da bereits zu viele davon überzeugt waren, daß die Fotografie Kunstwürden erlangen könne und daß dies besonders gut durch den gezielten Einsatz von Unschärfen möglich sei.

In Europa – zumal in Deutschland – war man somit konservativer, wenn die ›unscharfe Richtung‹ noch 1893 als Exotikum behandelt wurde; obgleich deren Wurzeln in der (deutschen) Romantik liegen mochten, vermuteten einige eher »Bestrebungen des Auslandes« dahinter[35] und waren allein deshalb mißtrauisch gegen weichgezeichnete Stimmungsbilder. Immerhin wird in jenem Beitrag der – darin durchaus repräsentativen – *Photographischen Rundschau* 1893 anerkannt, daß Fotografen wie Hans Watzek, der bald zu den gefeierten Hauptvertretern der Weichzeichnungs-Fotografie gehören sollte, bemerkenswerte Bilder machten; doch ist zugleich die Warnung zu lesen, daß »in ungeschickten Händen die unscharfe Photographie nur zu formlosen Klexereien führt, bei denen eine wichtige Eigenschaft der photographischen Reproduction, die präcise Wiedergabe auch des kleinsten Details, aufgeopfert ist, ohne dass dafür andere Vortheile eingetauscht worden wären«.[36]

Daß Unschärfe-Effekte dennoch innerhalb weniger Jahre zur Mode wurden und 1896 sogar schon als »heiligstes Evangelium« – von freilich kurzer Halbwertszeit – beurteilt werden konnten[37], ist vor allem zahlreichen Ausstellungen zu verdanken, die Fotoamateure organisierten.[38] Sie mußten sich, anders als Berufsfotografen, nicht um den Geschmack des breiten Publikums und Verkaufsmöglichkeiten bemühen, sondern konnten unbeschwert experimentieren. Damals waren die Amateure alles andere als Laien, nämlich oft hochprofessionelle, technisch versierte Experten, auf die viele Neuerungen sowie entscheidende fotoästhetische Trends zurückgingen. In allen größeren Städten gab es Foto-Clubs, in denen man sich zum Erfahrungsaustausch traf oder eben Ausstellungen veranstaltete, wozu oft ebenso Amateure anderer Städte oder Länder eingeladen wurden.

An den Erfolgen der ›unscharfen Richtung‹ im deutschsprachigen Raum war zuerst der »Wiener Camera Klub« maßgeblich beteiligt; bald wurden Hamburg oder München ebenfalls zu Zentren der sogenannten ›bildmäßigen Fotografie‹, die sich bis zur Jahrhundertwende – also innerhalb nicht einmal eines Jahrzehnts – allerorten durchsetzte und auch für enge Verbindungen zwischen Europa und den USA sorgte, wo die ›unscharfe Richtung‹ etwas ironisch bald als »fuzzyography« bezeichnet wurde (und sonst unter ›pictorialism‹ lief).[39] Im Unterschied zu Berufsfotografen, die etwa Studios für Porträtfotografie betrieben, ging es den ›bildmäßigen Fotografen‹ (›pictorialists‹) um Bilder, die, statt in ihrem dokumentarischen Charakter aufzugehen, als stimmungsvoll und malerisch, kurzum: als künstlerisch wertvoll empfunden werden sollten. Und da sich mit kaum etwas so viel – und so leicht – Atmosphäre schaffen ließ wie mit Weichzeichnung, wurde ›bildmäßige Fotografie‹ beinahe zu einem Synonym für die ›unscharfe Richtung‹.

Grundsätzlich konnten Unschärfe-Effekte beim Aufnahmeprozeß, beim Entwickeln des Negativs oder während des Erstellens von Abzügen erzielt werden. Die beiden letzten Möglichkeiten waren umstritten, da sie sich der Retusche annähern und daher aus ›reinen‹ Fotografien graphische Bildformen machen. Allerdings wurde die Grenze zur Retusche in der Frühzeit der ›bildmäßigen Fotografie‹ meist ohne Bedenken überschritten. Sonst begnügte man sich damit, zwischen das (scharfe) Negativ und das Kopierpapier eine Gelatinefolie zu legen oder von vornherein grobkörniges Papier zu wählen, was dem Foto den Charakter einer Kohlezeichnung verlieh. Zur Jahrhundertwende erfreute sich auch der bereits 1855 von

Alphonse-Louis Poitevin entwickelte, zuerst kaum beachtete Gummidruck großer Beliebtheit – so etwa bei **Clarence White** – und galt vielen als »ausgezeichnete Waffe gegen die gegenständliche Treue des photographischen Verfahrens«.[40] Da die dabei auf das Kopierpapier aufgetragene Schicht Gummiarabicum sowohl durch Belichtung als auch durch Abwaschen mit einem Pinsel zu lösen ist, ließen sich fotografische mit graphischen Techniken kombinieren.[41]

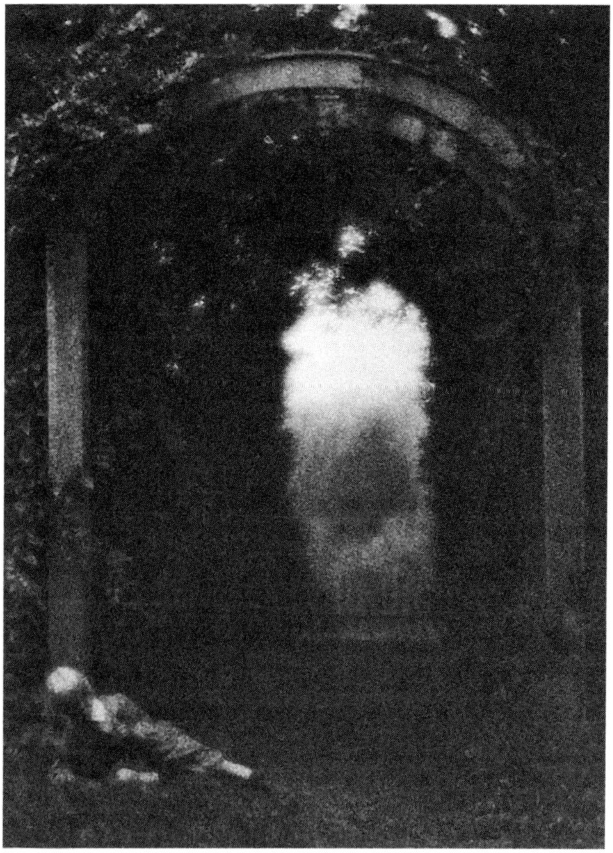

Während des Aufnahmeprozesses wurden Weichzeichnungen oder diffuse Oberflächen hingegen mit unkorrigierten Sammellinsen – sogenannten Monokel – oder Lochkameras erzeugt, die entweder eine relativ große oder eine extrem kleine Blende besaßen.[42] Ferner war es möglich, zwischen Kamera und fotografiertem Objekt einen mit Tüll bespannten Holzrahmen zu plazieren oder das Objektiv mit einem Netz, einem Beugungsgitter oder einem Damenstrumpf zu verhängen; je nach Maschendichte, Dicke und Material der Netzfäden, aber auch abhängig vom Webmuster entstanden unterschiedliche Varianten von Unschärfe.

Diese zahlreichen Verfahren trugen dazu bei, daß die Fotografie nicht länger einseitig als Medium für exzellent scharfe Bilder definiert werden konnte. Vielmehr galt es bald als typisch nur noch für den – naiven – Anfänger, zu glauben, allein ein scharfes Foto sei ein gutes Foto. Alfred Lichtwark, langjähriger Leiter der Hamburger Kunsthalle und einer der ersten Förderer der ›unscharfen Richtung‹, beschrieb 1893 in einem Vortrag, wie sich die ästhetischen Vorlieben eines Amateurs mit zunehmender Fotopraxis verändern: Anstatt danach zu streben, »eine möglichst scharfe, gleichmässige Aufnahme zu erzeugen [...], so dass man jedes Laub am Baum und jeden Stein auf dem Wege nachzählen kann«, suche der etwas erfahrenere Fotograf nach einem »einfachen Motiv«, das »als Einheit empfunden wird«, und »nach technischen

Methoden, der durchgehenden Glattheit, Gleichmässigkeit und Schärfe zu begegnen«. Die »verschwimmende Ferne« erwähnt Lichtwark eigens als fotografisches Sujet und bemerkt, daß der Lernprozeß eines Fotografen dem entspreche, »den die Landschafterei in der Kunst gegangen ist. Auch hier hat sie bei der unendlichen Liebe zum exakten, nachrechenbaren Detail begonnen, bei der Freude am Erzählen, [...] und ist allmählich zum Gefühl für Raum und Verhältnisse, zum Studium der Farbe, des Lichts und der Luft vorgedrungen«. Dabei legt Lichtwark Wert darauf, daß die Fotografen den Weg der Maler nicht nur nachgegangen seien, sondern ihn selbständig gefunden hätten, weshalb ihre Bilder grundsätzlich eine genauso hohe künstlerische Qualität besäßen.[43]

Infolge solcher Fürsprachen von Persönlichkeiten wie Lichtwark entstand zur Jahrhundertwende unter vielen Fotografen geradezu eine Euphorie, da sie sich endlich anerkannt fühlten und hoffen konnten, die Tore zu den heiligen Hallen der Kunst stünden ihnen nun offen. Jeder neue Effekt, den sie dem Fotoapparat mit technischer Raffinesse entlockten, wurde entsprechend als Fortschritt auf dem Weg zu fotografischer Freiheit und damit als künstlerischer Meilenstein gefeiert. In der Rezension zu einer Fotoausstellung hieß es etwa, es sei, »als ob der Apparat eine Seele bekommen hätte. Er nimmt die Gegenstände nicht mehr wie früher mechanisch auf, sondern sieht sie durch ein Temperament. Er kann blinzeln und fixieren, kann über Kleinigkeiten wegsehen und bei Bedeutendem verweilen, kann auch verzeichnen und schrullenhaft sein, mit einem Wort: er hat eine Seele bekommen«.[44]

In manchen Ausstellungen demonstrierten Fotografen den von ihnen eroberten Spielraum voller Stolz sogar damit, daß sie unter ihre ›eigentlichen‹ Fotos und Gummidrucke noch eine Fotografie desselben Sujets hängten, die dieses in seiner ›objektiven‹ Erscheinung zeigen sollte. Mit einer solchen Vorher-Nachher-Konstellation bestätigten die Kunstfotografen freilich die Vorbehalte ihrer Gegner, gaben sie doch ihrerseits zu, daß Fotografie ursprünglich ein bloß mechanisch abbildendes Medium sei und nur durch Tricks dazu gebracht werden könne, anderes zu bieten als pure Mimesis. Nicht nur zeugte diese Praxis von einer gewissen Naivität hinsichtlich des Dualismus von ›objektiven‹ und ›künstlerischen‹ Bildern, sondern die Fotografen mußten sich damit auch um so mehr daran messen lassen, ob sie zu gleichermaßen großen Abweichungen vom ›normalen‹ Sehbild in der Lage wären wie die Maler oder Graphiker. Gerade dies aber gelang ihnen – außer mit stark retuschierenden Verfahren – nicht, was sie erneut in die Defensive brachte. So höhnte der belgische Maler Fernand Khnopff, dem Fotografen sei sein Sujet »ein mitwirkender Freund« und kein Diener: Anstatt selbst alleiniger Herr über seine Bilder zu sein, müsse der Fotograf die Bildregie immer mit dem fotografierten Gegenstand teilen – und sei oft genug derjenige, der dabei weniger zu sagen habe. Alle Versuche, Selbständigkeit zu beweisen, führten nur zu »Wirrwarr«, Fälschungen und Zerstörungen, was Khnopff zu dem Resüme verleitet, der Fotograf sei »Sklave seines Modells und befindet sich in der Lage jenes Soldaten, der seinem Hauptmann zurief, dass er einen Gefangenen gemacht habe. Bring ihn her! schrie der Hauptmann. Kann ich nicht! antwortete der Soldat, der Kerl lässt mich nicht von der Stelle!«[45]

Solche Polemiken bestimmten weiterhin die Auseinandersetzung um den Kunstcharakter der Fotografie und führten oft zu Simplifikationen. Lediglich feinsinnigere Kommentatoren wie Lichtwark gingen beispielsweise nicht so weit, auf einmal Unschärfe – statt Schärfe – zum Spezifikum der Fotografie zu erklären oder die Ansicht zu verbreiten, nur unscharfe Bilder könnten künstlerisch sein. Auf jeden Fall wurde ›Unschärfe‹ im letzten Jahrzehnt des 19. Jahrhunderts zu einer zentralen Kategorie der Beurteilung fotografischer Bilder, und das Gegensatzpaar ›scharf‹ und ›unscharf‹ findet sich seither weitaus häufiger in diesem Zusammenhang als zur Beschreibung von Phänomenen des Sehsinns oder zur Qualifizierung des Erinnerungsvermögens.[46]

Zwar hatte es in der Kunstgeschichte auch zuvor immer wieder Auseinandersetzungen über den Status von Kontur und Linie gegeben, doch waren dabei andere Leitbegriffe maßgeblich. ›Scharf‹ und ›unscharf‹ sind sogar so sehr Termini des Fotografischen, daß es bis heute schwer fällt, sie auf andere Bilder anzuwenden. Leonardos Sfumato, das Inkarnat des späten Tizian, Rembrandts Interieurs oder die Seestücke Turners einfach mit dem Attribut der Unschärfe zu belegen, erscheint als zweifelhafte Übertragung eines moderneren Terminus auf – jeweils zudem unterschiedliche – Phänomene der vorangehenden Bildgeschichte. Damit charakterisiert ›Unschärfe‹ auch lediglich *einen* Typus innerhalb einer ganzen Gattung von Bildern, auf denen einzelne Gegenstände nicht durch klare Konturen voneinander abgetrennt sind und bei denen der Gesamteindruck wichtiger ist als die Wiedergabe von Details. Während in der Malerei meist der Malprozeß oder die materielle Dimension der Farbe in den Vordergrund tritt, wenn die Konturen vernachlässigt werden, wird die Bildoberfläche bei der Fotografie – sowie bei anderen ›unscharfen‹ Bildern – durch die Preisgabe der Details nicht gröber oder präsenter, sondern bleibt ›glatt‹ und unauffällig.

Auch Heinrich Wölfflin sprach in seinen für Generationen von Studenten verbindlichen *Kunstgeschichtlichen Grundbegriffen*, erstmals 1915 publiziert, nicht von ›Schärfe‹ oder ›Unschärfe‹, um das Verhältnis der einzelnen Kunststile zur Linie zu beschreiben. Zwar sieht er gerade diese Frage als zentral für die gesamte Entwicklung der abendländischen Kunst an, doch benennt er den seiner Meinung nach wichtigsten Dualismus der Stilgeschichte lieber mit Gegensatzpaaren wie ›linear‹ und ›malerisch‹, ›Vielheit‹ und ›Einheit‹ oder ›Klarheit‹ und ›Unklarheit‹. Dabei sucht er zu zeigen, daß auf eine Epoche, in der das Lineare und Klare Priorität genießt, jeweils eine Stilrichtung folgt, die genau diese ästhetischen Werte negiert. Renaissance und Barock sind für ihn Prototypen dieses Dualismus, und wenn er im Klassizismus den Beginn eines neuen Zyklus sieht, setzt ab dem Impressionismus – und ebenso mit der ›unscharfen Richtung‹ – folgerichtig wieder eine Phase malerischer und ›unklarer‹ Bilder ein. Typisch für einen Stil, bei dem Linie und Form Licht und Schatten sowie Farbmodulationen untergeordnet werden, sei eine Bildwirkung, »als ob alles aus einem Stoff wäre«. Entsprechend sehe man dann »statt einer Anzahl von isolierten Körpern [...] unbestimmte hellere und dunklere Massen, die zu einer gemeinsamen Tonbewegung zusammenfließen« – dies eine Charakteristik, die einmal mehr an das Bedürfnis nach ›Grundakkord‹ und Stimmung erinnert.[47]

Obgleich Wölfflin nie ausdrücklich auf die Fotografie zu sprechen kommt und sie lediglich als Reproduktionsmedium begreift[48], eignen sich seine Grundbegriffe als Rüstzeug, um Gemeinsamkeiten zwischen verwischten, lasierend gemalten oder pastellig-zarten Bildern sowie verschwommenen, weichgezeichneten oder überbelichteten Fotografien zu sehen. Oft liegen ihnen ähnliche Bildintentionen zugrunde, oder sie entfalten gar dieselbe Bildrhetorik; daher ist es auch möglich, den Beginn der Geschichte der Unschärfe vor dem Zeitalter der Fotografie anzusetzen, wenngleich es nicht sinnvoll erscheint, hinter das 19. Jahrhundert zurückzugehen, da man es sonst mit anderen ideengeschichtlichen Zusammenhängen zu tun bekommt, in denen noch kein Platz für Unscharfes war.

Tatsächlich nämlich wären dieselben Effekte wie auf Fotografien in der Malerei bereits seit Jahrhunderten möglich gewesen. Immerhin arbeiteten zahlreiche Maler spätestens ab der Renaissance mit optischen Hilfsmitteln wie konvexen Spiegeln oder einer Camera obscura und hatten dabei – wie David Hockney eindrucksvoll zeigte[49] – oftmals mit dem Phänomen zu tun, daß das auf die Malfläche projizierte Bild nur geringe Tiefenschärfe aufwies und nachjustiert werden mußte. Doch interpretierte jeder dieser Maler Unschärfe als Manko und strebte nach durchgängiger Bildschärfe: Weder Vermeer noch Caravaggio oder Velazquez gingen so weit, die ihnen durchaus bekannten Weichzeichnungs-Effekte zu erproben und das ästhetische Potential auszuschöpfen, das in verschwommenen Linien oder miteinander verschmelzenden Bildgründen liegt und das dann ab dem 19. Jahrhundert so eifrig genutzt werden sollte.

Somit sind die technischen Voraussetzungen einer Ästhetik kein hinreichender Grund für deren Erfolg. Die Fotografie erlaubte es jedoch, relativ einfach Unschärfen zu produzieren – so wie sie es andererseits genauso möglich machte, mit sehr viel weniger Zeitaufwand als die Malerei detailreiche Bilder hervorzubringen. Daß sich die Produktionsdauer für Bilder mit der Fotografie verkürzte, mag den Trend zum

Unscharfen freilich begünstigt haben: Wer ein Bild relativ rasch anzufertigen vermag, wird es einerseits von Details, Aussagen und erzählerischer Dichte entlasten, kann andererseits aber besser als bisher eine momentane und kurzzeitige Stimmung – sei es eine äußere Atmosphäre oder eine innere Befindlichkeit – zum Thema machen.

Indem es mit der Fotografie – und der Beschleunigung der Bildgenese – im 19. Jahrhundert zugleich zu einer Multiplikation an Bildern kam, wurde auch für die Rezipienten das einzelne Bild weniger kostbar und daher von Ansprüchen befreit: Auf einmal genügte es, wenn ein Bild ›nur‹ eine Stimmung vermittelte – und keinen Mythos mehr schilderte, nicht länger Allegorie auf hehre Werte war und nicht mehr über Geschichte oder fremde Länder informierte. Hätten die Maler früherer Jahrhunderte noch befürchten müssen, mit unscharfen Bildern ihre Reputation als Erzähler, als Schöpfer einer zweiten Welt aufs Spiel zu setzen, konnten es sich die Bilderproduzenten des 19. Jahrhunderts leisten, das Wissen, das Bilder bis dahin zu vermitteln hatten, auszuwischen.

Um sich zu etablieren, benötigte die Ästhetik der Unschärfe also zusätzliche mentalitätsgeschichtliche Bedingungen: Ohne einen gewandelten Begriff von Kunst und ohne Interpretation der Bilder in Kategorien des Musikalischen wäre die Unschärfe nie zu einem wichtigen bildnerischen Mittel aufgestiegen – die Fotografie hätte keine ›unscharfe Richtung‹ erlebt, sondern sich stolz ihrer Schärfe und ihres Erzähldrangs gebrüstet; wäre sie in einem früheren, weltverliebteren Jahrhundert entdeckt worden, hätte sie vielleicht sogar alle anderen Bildtypen und insbesondere die Malerei vollständig verdrängt.

3. AURA, MEDIEN, OKKULTISMUS

»Ich erbat mir einen seiner weichen Stifte, dazu das mit einer vom vielen Gebrauch schon ganz geschwärzten Filzkappe versehene Stäbchen, womit er seinen Produkten die Weihe der Unklarheit gab, und zeichnete, nachdem ich flüchtig in die Luft geblickt, stümperhaft genug, eine Dorfkirche mit vom Sturme gebeugten Bäumen daneben, indem ich aber schon während der Arbeit die Kinderei mit dem Filzwisch in lauter Genialität hüllte«. Ein gutes halbes Jahrhundert nachdem Effekte der Unschärfe beliebt geworden waren, decouvrierte sie Thomas Mann 1954 mit diesen Worten als bloße Masche – und billigste Art von Magie. Er läßt seinen Felix Krull jene ›Weihe der Unklarheit‹ verspotten, als dieser davon berichtet, wie er sich darauf vorbereitete, einen jungen Marquis zu doublen und an dessen Stelle auf Weltreise zu gehen. Schien die Neigung des Marquis' zum Malen und Zeichnen zuerst ein Problem zu sein, da sich künstlerische Begabung eigentlich nicht mimen läßt, stellt Krull bald fest, daß er die ihm zukommende Aufgabe meistern könne: Immerhin sieht ein Bild schon nach etwas Kunst aus, wenn man nur eine einzige Technik beherrscht, mit der auch der Marquis seine Zeichnungen bestritt, nämlich »einfach dadurch, daß alle Linien, kaum gezogen, mit einem Wisch-Utensil so gut wie aufgehoben und ineinander genebelt waren«. Das Ergebnis war in jedem Fall »etwas unkontrollierbar Schattenhaftes und gegenständlich kaum Erkennbares«.[50]

Da Krull den Malstil des Marquis so perfekt nachzuahmen versteht, erscheint dieser freilich ebenfalls als bloßer Nachahmer – oder seinerseits als Hochstapler –, der nicht mehr als ein bißchen Kunst-Rhetorik beherrscht. Was auf den ersten Blick genial aussehen mag, ist lediglich das Repertoire, das Zeichenschulen jedem vermitteln, der nach Anerkennung künstlerischer Begabung heischt. Tatsächlich galten seit der Jahrhundertwende Effekte des Verwischens und der Unschärfe geradezu als Äquivalent für Kunst – und damit als probates, wohlfeiles Mittel, Eindruck zu schinden: Kohlezeichnungen mit flüchtigen Konturen ließen sich als spontane, eruptive Geniestreiche würdigen, in Düsternis und Sfumato verschwindende Bildsujets besaßen, wenn sich schon sonst nicht mehr viel erkennen ließ, zumindest eine besondere Aura.

Weit über die Fotografie hinaus war das Klare und Helle, die nüchterne und detaillierte Schilderung nun verpönt, und die romantischen Kategorien durften, wenngleich oft karikaturhaft übertrieben, als etabliert gelten. Dabei waren die ästhetischen Normen noch immer stark von Landschaftserfahrungen geprägt, wurden doch Phänomene wie Nebel, Mondlicht oder Dämmerung in poetischen wie kunsttheoretischen Texten beschworen und noch öfter zu Bildsujets erkoren.[51] Was sich bei diesen an Weichzeichnung oder Wischtechniken üben ließ, wandte man dann zunehmend auch auf andere Sujets – etwa Porträts oder Interieurs – an.[52] So dehnte sich das Terrain der Unschärfe aus; anders als noch in der romantischen Landschaftsmalerei wurde sie nicht mehr nur da gesucht (und gegebenenfalls verstärkt), wo sie dem abgebildeten Objekt zueigen ist, sondern emanzipierte sich zu einem Mittel der Bildsprache, das unabhängig vom Sujet Verwendung fand. Weiterhin mochten zwar Bildthemen bevorzugt werden, die gleichsam natürliche Unschärfen besaßen, doch genügte dies nicht mehr, um die Bedürfnisse nach Stimmung, Anspruchslosigkeit und Detailferne zu befriedigen.

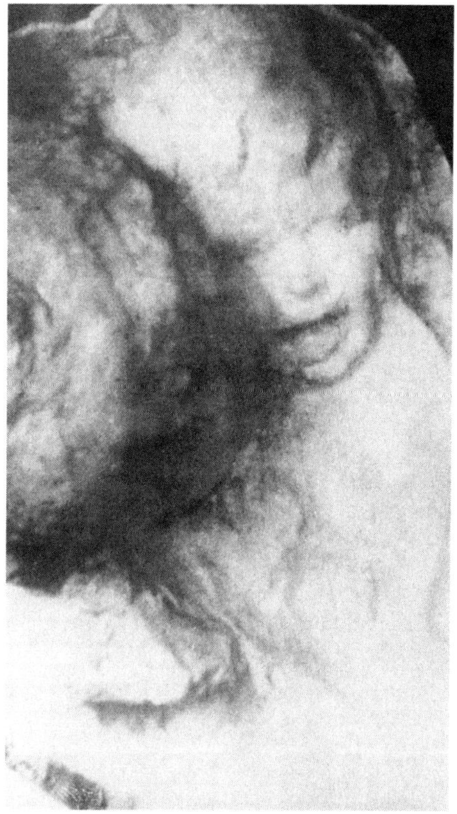

Selbst ein vergleichsweise positivistischer Kunsthistoriker wie Alois Riegl bestimmte als »Inhalt der modernen Kunst« eine harmonische, beseeligende, alles Alltägliche transzendierende Stimmung, die, wie er meinte, allein aus »Ruhe und Fernsicht« entstehen könne. Was sich bewege oder auch nur in »Nahsicht« präsent sei, »schleudert« den Betrachter hingegen »in den Kampf ums Dasein zurück« und verhindere jede höhere Regung. Daher sei es wichtig, daß »das moderne Stimmungsbedürfnis« durch eine »von Haus aus fernsichtige Malerei gestillt und befriedigt« werde. Wie Adam Müller forderte Riegl Bilder, die nichts mehr plastisch erscheinen lassen und keine haptischen Bedürfnisse wecken, sondern die dem Betrachter reine Kontemplation erlauben.[53] Noch vehementer als eine um die Stofflichkeit der Dinge bemühte Malerei lehnte Riegl die Bildhauerei ab, die für ihn ohnehin nur noch mit der »Beharrungstendenz einer Kulturüberlieferung und dekorativen Bedürfnissen« zu erklären war, aber kaum mehr den Rang einer Kunst besaß, da sie fast nicht in der Lage sei, Stimmungen zu erzeugen.[54]

Selbst etliche Bildhauer hätten Riegl nicht widersprochen – und forderten ausdrücklich, Skulpturen als rein visuelles und atmosphärisches Ereignis zu begreifen, nicht aber als taktiles oder räumliches Phänomen. Am weitesten ging dabei wohl **Medardo Rosso,** dem es erstaunlicherweise gelang, ›unscharfe‹ Gebilde, meist aus

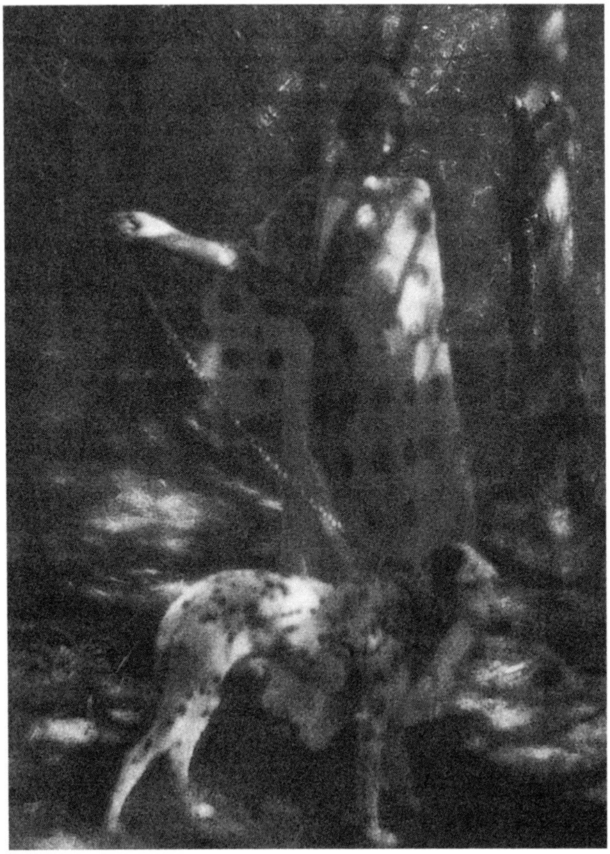

Wachs, zu formen. Entsprechend leugnete er die Existenz von festen Formen oder Abgrenzungen zwischen einzelnen Dingen; vielmehr beharrte er auf der Einheit des Raums als Stimmungsraum oder auch als Musik (»tout est unité«; »tout est air«; »tout est musique«[55]). Für ihn war die Materie sogar nur eine Einbildung (»La matière n'existe pas«[56]), die sich verflüchtigte, sobald das Licht stärker würde: »Wäre das Licht viermal so stark, wäre alles erledigt, abgesehen von ein oder zwei Sonderformen. Was dann Bestand hat, der Gedanke, der dann überlebt, das ist es, was man als Bildhauer angehen muß«.[57]

Rossos Skulpturen wirken tatsächlich, als seien sie überbelichtet, so flach und weich erscheinen auf ihnen etwa die Gesichter. Anders als viele Zeitgenossen suchte er die Auflösung der Formen also nicht in der Dämmerung, im Entzug von Licht, sondern im Gegenteil in Effekten des Überstrahlens. Beides – ein Minimum und ein Maximum an Licht – verkürzt und vernichtet die Plastizität und schließlich auch den dreidimensionalen Raum, der sich dafür in einen Stimmungsraum verwandelt. Dies ist vor allem bei zahlreichen Fotografien der ›unscharfen Richtung‹ zu bemerken, auf denen Gegenstände, die in verschiedenen Bildebenen liegen, ineinander übergehen und sich in ihrer Stofflichkeit nicht mehr differenzieren, sondern zu größeren Einheiten verschmelzen. Dadurch schieben sich Vorder-, Mittel- und Hintergrund zusammen, und statt eines gestaffelten Tiefenraums ergibt sich, wie etwa bei **George Seeley**, ein einheitlicher, flacher Bildeindruck.

Der Blick des Betrachters kann daher auf dem Foto ruhen, wird nicht von einzelnen Sujets gereizt und auch nicht durch mehrere Ebenen nach und nach in die Tiefe (oder zurück in den Vordergrund) geführt. Auf einem weichgezeichneten Bild gibt es nichts zu fixieren, der Blick bleibt ungerichtet – und entspricht damit jenem weiten, gelassenen Blick in die Ferne, der alles und nichts umschließt. Er kann sogar so sehr von jeglichem gezielten Anschauen gelöst sein, daß er sich ebenso nach innen wie nach außen wendet. Dann erst ist auch der Stimmungsraum voll ausgebildet, der äußere Atmosphäre und inneres Empfinden in Korrespondenz zueinander bringt: Sich in einem Bild wiederzufinden und eins zu werden mit der Umwelt – diese Sehnsucht des sonst sich entfremdet fühlenden Menschen ist wenigstens für einen Moment erfüllt. Das Äußere wird entsprechend dankbar als Spiegel des eigenen Ich erfahren, doch da sich nur matt ein konturloses Bild darauf zeigt, ist dieser Spiegel zugleich – und vielleicht noch mehr – Projektionsfläche.

Ein Kunsthistoriker wie Alois Riegl dachte bei seinen Überlegungen freilich kaum an die weichzeichnende Fotografie seiner Zeit, sondern an Maler, die das Streben nach homogenen Stimmungsräumen umzusetzen suchten. Immerhin war eine Vernachlässigung der Konturen für das Gros der Malerei seit dem Impressionismus typisch; Riegl brachte als Beispiel etwa Max Liebermann, doch noch besser paßten Gemälde ohne starke Kontraste und reine Farben zu einer solchen Ästhetik. Erstmals tauchten am Ende des 19. Jahrhunderts aber auch Maler auf, deren Bilder durchaus als ›unscharf‹ bezeichnet werden können, verschwinden doch die klargezeichneten Umrisse und stofflichen Profile der Sujets, ohne daß deshalb Farbe oder Faktur an Eigenwert gewinnen. Künstler wie James Whistler, Matthijs Maris oder Eugène Carrière, aber ebenso Vertreter des Symbolismus sind hier zu erwähnen. Vereinzelt mögen sie sogar von der ›unscharfen Richtung‹ der Fotografie inspiriert (oder zumindest bestätigt) worden sein, und auch bei ihnen fungierte Landschaftswahrnehmung als Paradigma für Wahrnehmung insgesamt, wobei sie in ihren Bildern den Fernblick gleichsam generalisierten.

Carrière schwärmt in Briefen von der Harmonie bei Wanderungen in hügeliger Natur: Der Fernblick offenbare die Landschaft als »unseren Spiegel« (»nous présente notre miroir«)[58], woraus er ableitet, man dürfe den Dingen generell nicht zu nahe treten. Natur, Menschen und auch Gemälde verlangen, aus der Ferne betrachtet zu werden (»demandent à être vus de loin«); als er selbst einmal den Abstand habe verkürzen wollen, sei ihm kein Glück beschieden gewesen – daher verzichte er nun lieber auf Vordergründe.[59] Auf seinen um die Jahrhundertwende entstandenen Bildern – oft Darstellungen von Frauen als Mutter – verschwinden die Sujets entsprechend in imaginierter Ferne und diffusem Licht, bis sie fast unkenntlich werden. Carrière hielt die Konturen, die dem Augenschein nach die Gegenstände voneinander abgrenzen, in Wirklichkeit ohnehin nicht für existent.[60] Dafür seien die fein nuancierten Farbvaleurs von größter Bedeutung.

Wie aber mochte ein Bild wie *Femme aux seins nus. La Nature* (1896) [**Farbabb. S. 129**] auf zeitgenössische Betrachter gewirkt haben, die noch keine Seherfahrung mit abstrakter Kunst hatten? Tatsächlich war Carrière zu Lebzeiten ein populärer Maler, und eben dieses Bild stand sogar im Zentrum einer Gedächtnisausstellung, die nach seinem Tod 1906 im Pariser Salon de la Société Nationale des Beaux-Arts veranstaltet wurde. Mit seinen Reduktionen von Gegenständlichkeit hatte das Kunstpublikum also offenbar viel weniger Schwierigkeiten als mit den Abstraktionen von Van Gogh oder Cézanne. War deren Bildsprache schroff und verlieh dem jeweiligen Motiv aggressive Präsenz, so daß sich der Betrachter überfallen oder ausgestoßen fühlen konnte, verbergen Carrières Gemälde die Bildgegenstände eher. Sie schmiegen sich der Fantasie des Rezipienten an und erscheinen damit nie fremd oder gar heftig, bieten vielmehr ebenfalls eher Projektionen psychischer Zustände als eine eigenständige äußere Welt. Je länger und mit je mehr Geduld und Hingabe der Betrachter das Sujet zu vergegenwärtigen sucht, desto eher kann er vermutlich auch die Erfahrung machen, auf eine Art von – erotischem – Vexierbild zu blicken, das immer wieder leicht anderes zu enthüllen scheint.

Doch eignet sich ein solcher Malstil auch dazu, die Frau als das Mysterium zu inszenieren, als das man sie im schwülen Fin de Siècle oft empfand. Mit einem raumlos-dunklen Hintergrund verschmolzen, wurde sie zum geheimnisvoll immateriellen Wesen. So als sei sie zwischen der diesseitigen und einer anderen – ungreifbaren – Welt angesiedelt, konnte sie ebenso verlocken wie beunruhigen oder gar bedrohen, sich als gute Fee wie als Femme fatale zeigen. Oft wurde sie in Kreisen des Symbolismus als Medium begriffen und damit ganz wörtlich als etwas, das zwischen zwei an sich getrennten Spären vermittelt. Erblickte der englische Kunsttheoretiker Walter Pater bereits in den sfumato-weichen Frauen Leonardos »reinste Medien, durch die wir die verborgenen Kräfte der Natur in uns selber spüren können« und »bei denen die körperlichen Dinge in so feine Schwingungen geraten, daß sie geistig werden«[61], so sind die Frauen Carrières oder auch die anämischen, mondsüchtigen Mädchen Rossettis erst recht solche Zwischenwesen.

Momente der Metamorphose und des Übergangs – passend zur Dämmerung als dem Übergang zwischen Tag und Nacht – waren folglich beliebte Themen: Sphingen und Meerjungfrauen als rätselhafte Figuren zwischen Tier und Mensch, zwischen Mythos und Wirklichkeit, beschäftigen die Maler, und ebenso gerne wurde ein friedvoll-entrücktes Sterben oder eine Geburt gezeigt – allerdings weniger die eines Kinds als die der Frau selbst, die man dabei zum Symbol für die fruchtbare Natur im ganzen erhöhte. *She shall be called Woman* (1892) **[Farbabb. S. 130]** heißt ein Gemälde von George Frederic Watts, das Eva im Augenblick ihrer Erschaffung aus einem Gemisch von Blumen, Vögeln, Wasser und Wolken emporsteigen läßt. Ihren Kopf wendet sie den Strahlen der Sonne zu, ist aber noch nicht wirklich da, nicht ganz Gestalt geworden, sondern dem Urgrund und chthonischen Energien verhaftet, Teil der Natur, die sie dann zu repräsentieren hat.

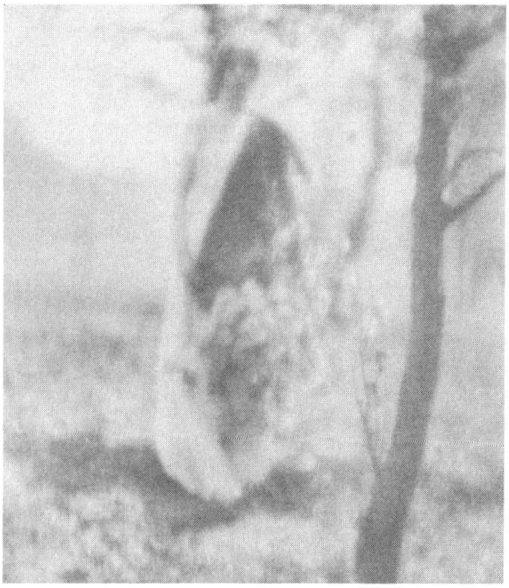

Zwischen Diesseits und Jenseits, zwischen apollinischer Verklärung und dionysischem Walten, zwischen erotischem Entzücken und abgründigem Trieb angesiedelt und damit zur Einheit des Gegensätzlichen stilisiert, tauchten Frauen kaum noch in klar umrissener Gestalt, sondern nebulös und andeutungsweise – in Spielarten der Unschärfe – auf. Das galt natürlich ebenso innerhalb der Fotografie, für die zudem die Höflichkeitsregel existierte, die Damenwelt vor einer zu genauen Wiedergabe von Falten, Pickeln oder Sommersprossen zu bewahren. Man konnte sich hierbei auf Vorschriften berufen, die bereits am Ende des 18. Jahrhunderts, nach dem Höhepunkt des Klassizismus, entstanden und die sich 1793 im ersten deutschsprachigen Kunstlexikon unter dem Stichwort »Contour; Contournieren« folgendermaßen lesen: »Der fließende Contour [...] kommt [...] gewissen Stellungen einer zarten und weichlichen Natur, wie der Jugend und des zweiten Geschlechtes zu«.[62] Ratgeber für Fotoamateure formulierten dann noch bis in die Mitte des 20. Jahrhunderts hinein regelmäßig entsprechende Tips, »das Gesicht einer schönen Frau [...] nicht mit dem Mikroskop« zu betrachten: »Dort braucht man Weichzeichnung«.[63]

Doch dezente Zurückhaltung genügte den nach künstlerischem Ausdruck strebenden Fotografen der Jahrhundertwende nicht; sie versuchten vielmehr, die Leistungen symbolistischer Maler noch zu überbieten. So winden sich auf ihren Fotos Frauen nicht nur lasziv oder sind in aller Unschuld mit sich selbst beschäftigt, sondern verschwimmen – verschwinden geradezu – in diffusem oder fahlem Licht. Es bleibt kaum mehr als eine Anmutung, kein Körper und nicht einmal ein wirkliches Bild, sondern allein eine gleichsam immaterielle Erscheinung, die die Frau einmal mehr zu einem Medium – einem Wesen zwischen dem Diesseits und imaginären anderen Welten – verwandelt. So enigmatisch-entrückt, wie sie auf Fotografien von **George Seeley**, Clarence White oder Gertrude Käsebier zu sehen sind, wirken die Frauen jedenfalls, als sei es nur den besonderen Fähigkeiten der Fotografie zu verdanken, daß überhaupt etwas – sonst eigentlich Unsichtbares – auf die Fotoplatte zu zaubern war.

Ohnehin gefiel es dem Symbolismus, mit Ästhetiken des Entzugs – mit Unschärfe- oder claire-obscure-Effekten – eine geheimnisvoll aufgeladene Stimmung zu erzeugen, die zugleich viel mehr suggerierte, als es klar entschlüsselbare Allegorien je gekonnt hätten. Diese wurden auch oft als zu platt empfunden, während eine im Allgemeineren verbleibende, bedeutungsschwere Atmosphäre als Inbegriff von Kunst galt: Dem Betrachter wurde das Gefühl vermittelt, Einblick in die ihm sonst verschlossene – eben unsichtbare – ›wahre‹ Welt jenseits der banalen und alltäglichen Oberfläche der Dinge nehmen zu dürfen. Daß auf den Bildern nur mit Mühe etwas zu erkennen war, mochte als Beleg dafür gelten, wie schwer es selbst noch Künstlern fiel, in jenen Bezirk der Wahrheit – einen dem Rationalen nicht zugänglichen Kontinent – vorzustoßen.

Hier verbanden sich nicht selten Symbolismus und Okkultismus, konnten sich Künstler doch als Seher – ihrerseits als Medien – in Szene setzen, wenn sie es schafften, mit ihren Bildern eine Ahnung von den zahlreichen immateriellen Dimensionen zu vermitteln, die gerade zur Jahrhundertwende allenthalben vermutet wurden. Zumal nach Entdeckung der Röntgen-Strahlen blühten Spekulationen über weitere Strahlen und Energiefelder, und es wurde eifrig darüber diskutiert, ob nicht jeder Mensch von einem Astralleib umgeben sei sowie Odstrahlen, magnetische Schwingungen oder andere unsichtbare Energien aussende, also weit mehr sei als bloß ein materieller Körper. Zahlreiche Künstler – etwa Egon Schiele oder Oskar Kokoschka – malten ausdrücklich nicht nur die sichtbare, sondern die von ihnen exklusiv ›geschaute‹ Welt immaterieller Phänomene[64]; andere, wie beispielsweise **Edvard Munch,** bedienten sich zudem der Fotografie, weil sie der Auffassung waren, damit eher – und glaubwürdiger – festhalten zu können, was sich auf anderen Ebenen und mit »anders beschaffenen Augen« wahrnehmen ließe.[65]

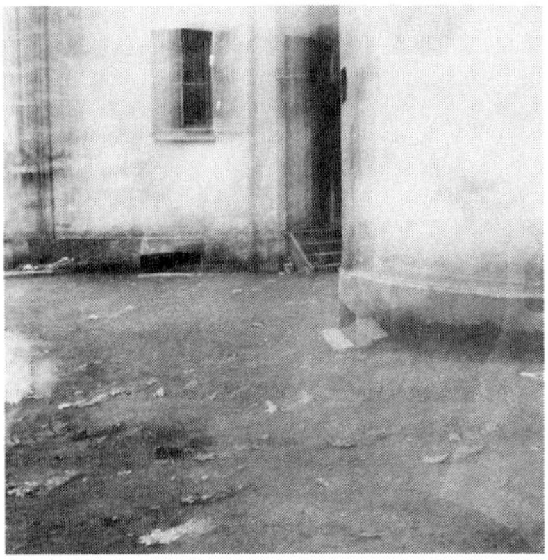

Sowieso traute man neben den Künstlern gerade der Fotografie zu, solche Phänomene sichtbar zu machen, was zeigt, daß die Entstehung des fotografischen Bilds immer noch als Wunder – als Magie – empfunden wurde. Nur wenige hatten daher auch ernsthafte Zweifel an (weit verbreiteten) **Geisterfotografien**, mit denen bevorzugt spiritistische Sitzungen dokumentiert werden sollten. Wiederum waren es meist Frauen, die dabei als Medien zu fungieren hatten und die die Botschaften Verstorbener oder andere Nachrichten aus jenseitigen Welten transportierten oder denen Geister erschienen, die sonst niemand sah und die höchstens – und vermeintlich – der Fotoapparat zu fixieren vermochte. Einheitliches Erkennungszeichen aller immateriellen Erscheinungen war aber die Unschärfe, die oft durch Doppel- oder Überbelichtungen entstand. Gerade solche typischen, zum Teil damals tatsächlich unerklärlichen fotografischen Effekte wurden nun zur Inszenierung medialer Sensationen benutzt.

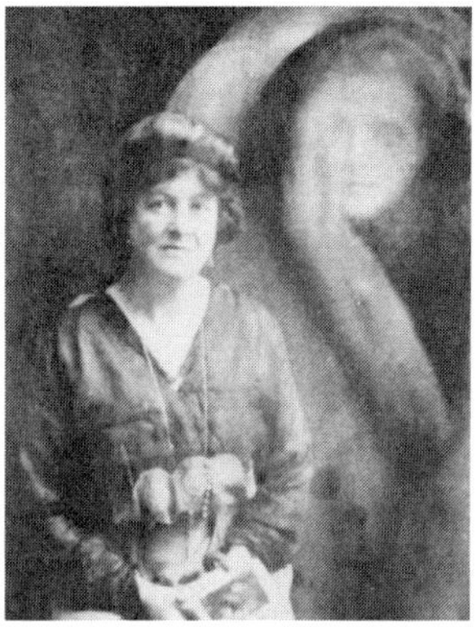

Die Vorliebe für im Dunkel verschwindende oder vom Licht überstrahlte Konturen, für Valeurs und Massen statt Formen und Linien bewirkte am Ende des 19. Jahrhunderts auch eine Revision der Kunstgeschichte sowie manchen Heldenwechsel. Nicht mehr der klare Raffael oder der genaue Dürer führten die Rangliste der meist verehrten Künstler an, sondern Rembrandt stand nun an der Spitze. Dessen dramatische Licht- und Dunkel-Malerei, die über Grenzsetzungen zwischen Gegenständen hinwegging, galt noch mehr als die massierende Malweise von Velazquez, dessen manchmal beinahe fotografisch-weichgezeichneten Bilder ebenfalls aufgewertet wurden. Gleichgültig welche Intention mit Rembrandts Bildern ursprünglich verbunden gewesen sein mochte, galten sie jetzt als bedeutungsschwanger-tiefe Szenerien von einzigartiger Ereignisdichte. Selbst der sachliche Heinrich Wölfflin wurde pathetisch, wenn es um Rembrandt ging, den seiner Meinung nach malerischsten aller Maler. Da bei ihm »die Linie als Grenzsetzung entwertet« sei, scheine es, »als ob es plötzlich in allen Winkeln lebendig würde von einer geheimnisvollen Bewegung. [...] Ob die Bewegung flackernd und heftig sei oder nur ein leises Zittern und Flimmern: sie bleibt für die Anschauung ein Unerschöpfliches«.[66]

Rembrandt wurde nicht nur dem Symbolismus zum Ahnherrn, sondern seine Bilder stimulierten auch die Fantasie anderer Sinnsuchender, wodurch die Beliebtheit einer auf klare Konturen weitgehend verzichtenden Bildsprache nochmals in anderem Licht erschien. So deutete der ›Rembrandt-Deutsche‹ Julius Langbehn Rembrandts Mißachtung fester Umrisse als Beleg für seine überbordende Individualität und Originalität und damit zugleich als stärksten Beweis dafür, daß es sich bei ihm um den »deutschesten aller deutschen Künstler« handeln müsse, sei es doch typisch für alles Deutsche, sich wegen seiner kaum zu bändigenden Kreativität nicht mit vorgegebenen Formen, ja überhaupt nicht mit Linien und Grenzen zufriedengeben zu können. Was sich bis dahin noch als nationalmetaphysische Äußerung in der Tradition von Fichtes *Reden an die deutsche Nation* (1807/08) ausnehmen mochte, wurde durch Langbehns eigenwillige Argumentation jedoch zur Legitimation puren Imperialismus: Wer zu originell ist, um sich an strenge Formen – starre Schemata – zu halten, könne auch nicht in territoriale Grenzen gepreßt werden; vielmehr habe, wie gerade das Beispiel des in den Niederlanden tätigen Rembrandt zeige, »der deutsche Volksgeist [...] den deutschen Volkskörper« immer wieder »aus den Fugen getrieben«.[67]

Einen anderen Zusammenhang zwischen Individualität und Dekonturierung legte Georg Simmel in seinem Rembrandt-Buch frei: Solange man Dinge scharf voneinander abgrenze, behandle man alles gleichmäßig, unterscheide nicht zwischen

Wichtigem und Unwichtigen und versäume es, das jeweils Eigentümliche herauszuarbeiten. Nicht durch Konturen und die durch sie umrissenen Details – in der »scharf abschneidenden Isolierung« – komme das Wesen einer Sache zum Audruck, sondern in der Unterordnung der Formen unter einen Malstil, der – etwa durch die Modulation von Hell und Dunkel – zu werten und zu profilieren vermöge.[68] Hier ist Rembrandt also Kronzeuge der Skepsis gegenüber Details, die einmal mehr verdächtigt werden, lediglich die Oberfläche der Dinge zu definieren, ihren ›wahren‹ Charakter aber zu verdecken.

Es war eine Sehnsucht nach dem Unbegrenzten und die Faszination, Bedeutungen zu folgen, die in geheimnisvoll-entzogene Tiefen führen, was Symbolisten und Okkultisten, Rembrandt-Jünger und Fotografen der ›unscharfen Richtung‹ zur Zeit der Jahrhundertwende miteinander verband. Sie alle waren einer klar definierten Zivilisation überdrüssig oder erkannten darin sogar eine Bedrohung für die irrationalen, spirituellen, religiösen Kräfte. Bilder sahen sie als Retter an, als eines der letzten Refugien, wo die Opfer der entzauberten Welt ein Asyl finden konnten; je mehr sich im Dunkel, zwischen diffus Gemaltem oder verschwommen Fotografiertem verbergen mochte, desto besser eigneten sich die Bilder als Fluchtraum, desto eher wurden sie auch zu Orten der Hoffnung, die in ihnen aufgehobenen Sinnwelten würden einmal – wieder – zu voller Entfaltung finden und sich als stärker – ewiger – erweisen als die zivilisiert-öde Alltäglichkeit.

Der französische Kunsttheoretiker Robert de la Sizeranne drückte die der Ästhetik der Unschärfe zugrundeliegende Mentalität besonders treffend aus, als er folgende Gleichung aufstellte: »Die Weichzeichnung verhält sich zum Scharfen wie die Hoffnung zur Übersättigung«.[69] Scharfe, klare Bilder langweilten nicht nur, weil sie alles profan und bürokratisch vollständig abbildeten, sondern beunruhigten auch, weil sie zu viel zeigten. Die Angst vor einem Überfluß an Information, einer Überreizung der Nerven, unter der schon Goethes Wilhelm Meister gelitten hatte, war am Ende des 19. Jahrhunderts mächtig geworden, und erstmals in der Geschichte der Menschheit sehnten sich die Bewohner der technisierten Länder auch nicht nach mehr Bildern, als ihnen zur Verfügung standen, sondern sahen sich einer Bilderflut ausgesetzt, die sie kaum zu bewältigen vermochten. Ein zeitgenössischer Kulturkritiker hätte vielleicht sogar die Theorie aufstellen können, die Gesamtheit aller Bilder einer Zeit könne und dürfe jeweils nur ein bestimmtes Quantum an Sichtbarem zeigen; je mehr Bilder es gebe, desto breiter müsse sich dieses Quantum verteilen; schließlich würden irgendwann einmal so viele Bilder existieren, daß die meisten von ihnen zu verschwommen und düster-fahl geworden wären, um überhaupt noch etwas auf ihnen erkennen zu können.

Die Unschärfe diente also dazu, ein Gleichgewicht zu wahren, und je stärker sich die Menschen – gerade auch – von Bildern und Reizen übersättigt fühlten, desto mehr suchten sie andererseits nach Bildern, in die sie sich aus ihrer überfüllten Alltagswelt flüchten konnten – bei denen sich ihre Wünsche nach Ruhe, Harmonie, ›Anspruchslosigkeit‹ erfüllten. Deshalb tauchen als Sujets weichgezeichneter Fotos oder verschwommen gemalter Bilder nie großstädtische Szenen oder das Milieu der Arbeit auf; alles, was mit dem »nervösen Zeitalter« assoziiert werden konnte, wurde vielmehr vermieden.[70]

Auch Robert de la Sizeranne lobte, daß die Künstler sich nun vor allem für Phänomene abgeschiedener Natur interessierten: Jedes Tal, jeder Hügel erscheine bedeutsamer, sobald sich Dunst darüberlege, alles noch so Beiläufige werde dann auf einmal sehenswert und geheimnisvoll, so wie die Dämmerung dem klaren Licht des Mittags überlegen sei.[71] Der ruhige Blick ins indefinit Ferne galt also immer noch, fast hundert Jahre nach Adam Müller, als eine Vorschule der Transzendenz – oder, in den Worten von de la Sizeranne: »Das Unbestimmte ist der Weg zum Unendlichen«.[72]

4. KUNSTPRODUKTION: DIE VERSCHMELZUNG DER GATTUNGEN

Zur Zeit der Jahrhundertwende führte die Verbindung von Kunst- und Wissenschaftsgläubigkeit manchmal zu eigenwilligen Versuchsanordnungen. So überlegte sich der amerikanische Kunstkritiker Charles H. Caffin ein Experiment, mit dem er den Kunstwert mehrerer Bilder aus Malerei und Fotografie zu testen unternahm. Er baute sie zu einer Art von Ausstellung auf, die er dann exklusiv einem zwölfjährigen Mädchen vom Lande darbot, das keinerlei Erfahrung mit Bildern hatte. Gerade der ›Unschuld‹ dieser Rezipientin maß Caffin größte Bedeutung zu: Das Bild, das ihr am besten gefalle, müsse – so seine These – auch den höchsten Kunstwert besitzen. Sieger bei diesem Experiment wurde das Foto ***The Pool*** von Edward Steichen, was das Mädchen angeblich mit folgenden, knappen Worten begründete: »Because it is so real«.

Dies überrascht, da es auf diesem Foto nicht viel zu erkennen gibt, im Unterschied zu anderen Bildern, die Caffin präsentierte und die anekdotisch etwas erzählten oder die durch ihre Detailsorgfalt jugendlicher Neugier eher entsprochen haben müßten. Doch paßte das Ergebnis sehr gut zu Caffins Überzeugungen – sonst hätte er es wohl auch nicht veröffentlicht. So entwickelt er in seinem Buch *Photography as a Fine Art* die These, ein bedeutendes Kunstwerk könne immer nur »an abstract of an actual thing« sein; gerade die Reduktion auf wenige Elemente, der Verzicht auf Realismus, verleihe einem Bild Wirklichkeit.[73] Da ähnliche Theorien bis dahin eigentlich nur dazu gedient hatten, den künstlerischen Rang fotografischer Bilder zu bezweifeln, mußte um so mehr überraschen, daß bei Caffins Experiment ausgerechnet eine Fotografie – und kein Gemälde – den höchsten Grad der Verallgemeinerung erzielte und damit das größte Intensitätserlebnis bereitete. Vielleicht konnte das auch nur ein unverbildetes Mädchen feststellen, das nie von den Debatten über den Status der Fotografie gehört hatte, womit Caffin zugleich deren Kritiker als ideologisch verblendet entlarvte – was der Intention seines Buchs entsprach: Anstatt ein Bild unvoreingenommen auf sich wirken zu lassen, leugneten die Skeptiker – so sein Vorwurf – die künstlerische Qualität eines Fotos allein wegen seiner mechanisch-technischen Entstehungsweise. Caffin setzte im Gegenzug ganz auf eine Wirkungsästhetik und erklärte dabei – wie das Siegfoto zeigt – gerade Formen von Unschärfe zu bildnerischen Mitteln von höchster künstlerischer Dignität.

Dabei orientierten sich die meisten Fotografen an Bildern, die in traditionellen

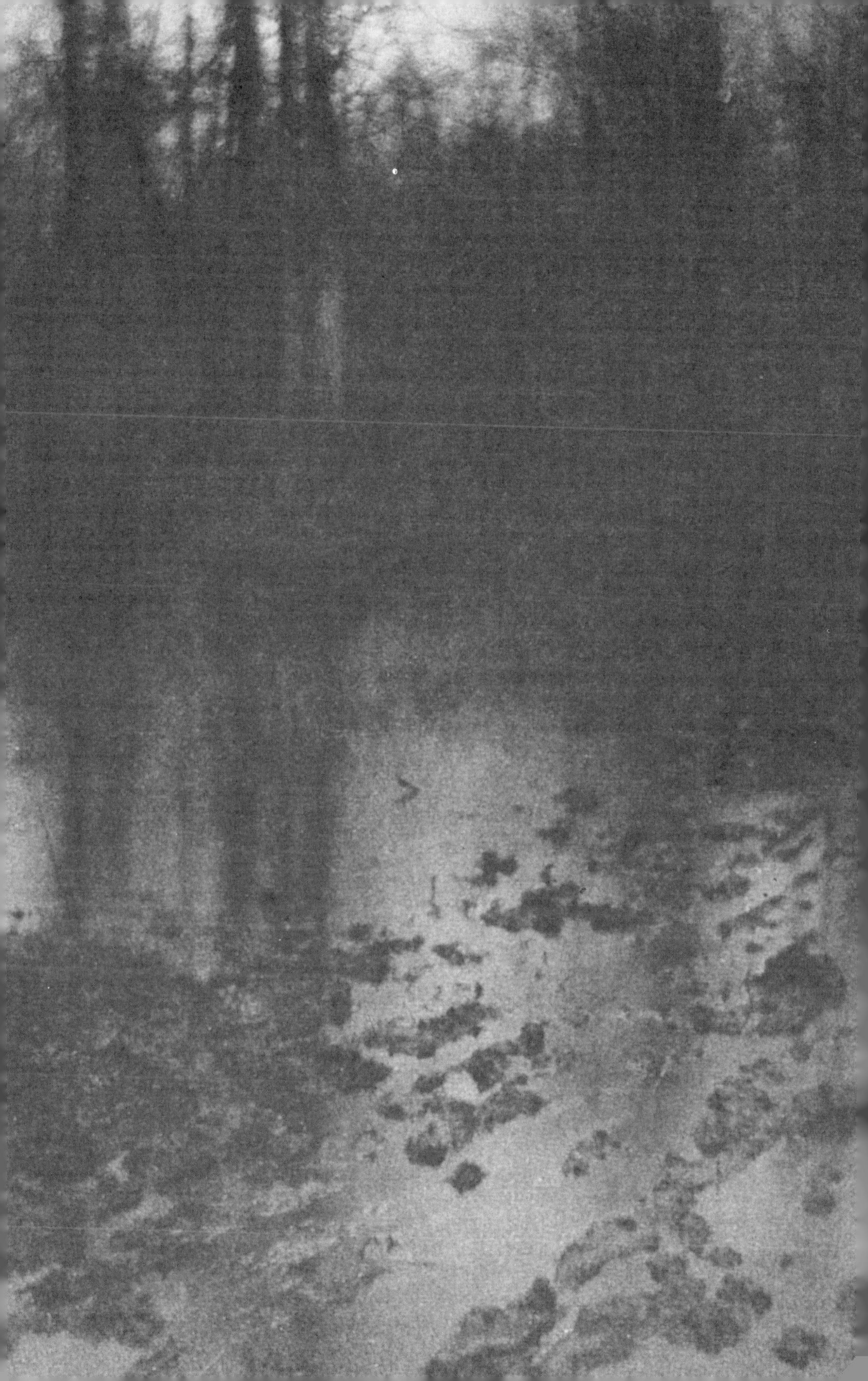

künstlerischen Techniken angefertigt waren. Ihr Bestreben ging dahin, den Fotos das Aussehen von Kreide-, Kohle- oder Rötelzeichnungen oder zumindest die Faktur einer Druckgraphik zu verleihen, so daß nicht nur die Sujets, sondern ebenso die Gattungsgrenzen verwischt wurden. War dies für die Fotografen selbst ein Beweis ihrer künstlerischen Freiheit, provozierte es bei ihren Gegnern den Vorwurf der Täuschung. Mit Unmut registrierten sie, daß nun mechanisch möglich war, was bis dahin nur durch Handarbeit vollbracht werden konnte, übersahen dabei jedoch, daß ein Gummidruck mit dem Erscheinungsbild etwa einer Kohlezeichnung oft zeitaufwendiger war als eine solche Zeichnung selbst. Um ihre gestalterische Freiheit unter Beweis zu stellen, gaben die Fotografen also einen großen Vorteil ihres Mediums, nämlich dessen Zeitökonomie, preis, was die Frage aufwarf, warum sie eigentlich überhaupt noch mit dem Fotoapparat arbeiteten.

Verteidiger der (bildmäßigen) Fotografie antworteten darauf mit dem Argument, die Fotografie stehe wie jede Kunst vor der »alten, einigermaßen tragischen Aufgabe«, daß sie »ihrem eigensten Können entgegenarbeiten« müsse.[74] Je weniger ein Foto an ein Foto erinnert, desto eher könnte es gemäß dieser Logik Kunst sein, wobei offen bleibt, wonach denn die Werke traditioneller Künste wie der Malerei oder der Skulptur aussehen müßten, um als Kunst ernst genommen zu werden. Dieses äußerst zweifelhafte Argument wurde jedoch durch eine melodramatische Auffassung vom Künstler begünstigt: Heroisch einsam sei er nicht nur, weil er sich in gesellschaftlicher Isolation befinde, sondern weil er sich sogar gegen sein eigenes Medium stellen müsse, das ihm die Komplizenschaft verweigere.

Die verschiedenen Modi der Unschärfe waren somit beides: Ausdruck jenes ›Entgegenarbeitens‹ – Beleg gestalterischer Freiheit – wie auch eine leichte Möglichkeit, Bildern eine hohe Stimmungsqualität zu verleihen. Während sich die Maler von vornherein lediglich für letzteres zu interessieren brauchten, differenzierten die Vertreter der bildmäßigen Fotografie nie ausdrücklich zwischen dem defensiven Grund und dem Wirkungsargument. Ihnen war nur wichtig, daß die Unschärfe den Kunstcharakter der Fotos beglaubigte. Als Dokumente besonders ausgeprägten Künstlertums veranschaulichen Fotos der bildmäßigen Fotografie dann auch besser als alles andere die (hohen) Erwartungen, die in der Zeit um 1900 gegenüber Kunst bestanden. Nicht selten erscheinen sie sogar als ein Konzentrat der damals vorherrschenden Kunst-Rhetorik und lassen sich als Illustration des herrschenden Begriffs von Kunst deuten.

Dies gilt nicht zuletzt für den Fotografen, den das zwölfjährige Mädchen in jenem Test zum Sieger erkoren hatte: Edward Steichen war 1901, als Caffins Buch erschien, erst 22 Jahre alt, galt aber bereits als einer der international wichtigsten Vertreter der bildmäßigen Fotografie. Als Sohn luxemburgischer Emigranten in

Michigan aufgewachsen, hatte er zuerst eine Ausbildung als Lithograph erhalten, was ein zusätzlicher Grund gewesen sein mag, daß viele seiner (frühen) Fotos das Aussehen (druck)graphischer Techniken besaßen. Ferner spielten bei Steichens Unschärfe-Ästhetik Einflüsse der religiös geprägten amerikanischen Romantik eine Rolle, die ebenfalls immer wieder die Unbegrenztheit der Natur und die Harmonie ihrer Teile beschwor. Im wichtigsten – über Generationen hinweg einflußreichsten – Text des romantischen Amerika, in Ralph Waldo Emersons Traktat *Nature* (1836), findet sich etwa die Beschreibung eines Sonnenuntergangs, dessen Schönheit gerade darin bestehen soll, daß die Wolken sich aus »tints of unspeakable softness« zusammensetzen.[75]

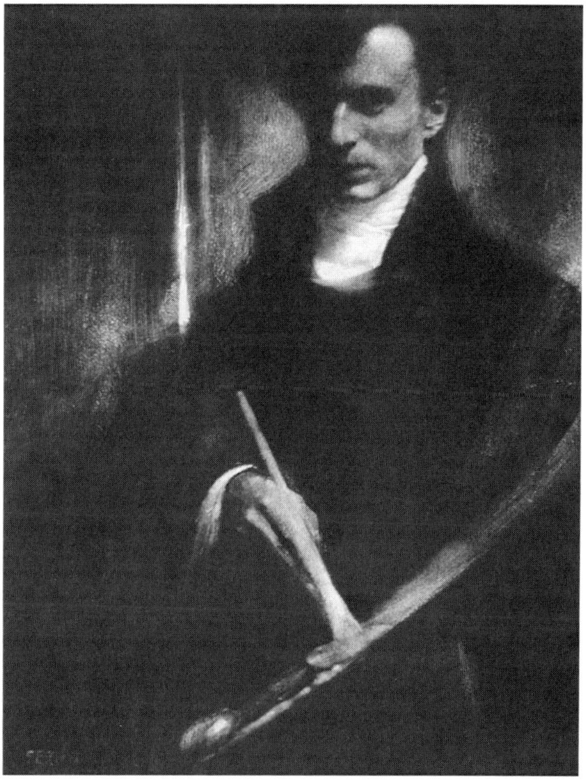

Auch Steichen beschäftigten Momente des Übergangs, wobei ihm die Phänomene der Dämmerung die intensivsten Eindrücke bescherten, »when things disappear and seem to melt into each other«.[76] Ging es ihm einerseits um möglichst stimmungsstarke Bilder, so waren ihm – nach eigener Aussage – Unschärfe-Effekte andererseits wichtig, weil sie über ein plattes fotografisches Abbilden hinausführten und ein Zeugnis gestalterischer Autonomie darstellten.[77] Damit verbanden sich auch bei Steichen die beiden Standardargumente für die Unschärfe untrennbar miteinander. Freilich war wohl kein zweiter Fotograf so kreativ im Umgang mit verschiedenen Tricks und Techniken: Manchmal befeuchtete er einfach die Linse, um sein Sujet verschwimmend fotografieren zu können, bei anderen Aufnahmen hingegen versetzte er die Kamera während der Belichtung in leichte Schwingungen. In seinen Lebenserinnerungen schildert er, wie ihn das Bedürfnis nach Unschärfe spätestens beim Justieren des Objektivs immer wieder überkam, selbst wenn er ursprünglich geplant hatte, ein Motiv scharf zu fotografieren.[78]

Wie sehr Steichen einer künstlerischen Wirkung zuliebe Techniken der Druckgraphik simulierte, wird kaum einmal so deutlich wie an seinem ***Self Portrait with Brush and Palette***, das er 1901 aufnahm und ein Jahr später, nach langwierigen Experimenten, in einem Gummidruckverfahren reproduzierte. Das Foto wirkt nicht nur wie eine Lithographie, sondern ist auch alles andere als das Selbstbildnis eines Fotografen; vielmehr sieht man Steichen als Maler, der gerade kraftvoll mit seinem Pinsel über eine Palette streicht. Zwar malte er in jenen Jahren tatsächlich, seine Erfolge hatte er jedoch allein auf dem Gebiet der Fotografie. Deshalb verwundert, daß er sich – zumal auf einem fotografischen Selbstporträt! – nicht auch als Fotograf präsentieren wollte: Selbst für ihn war ein Bekenntnis zum Künstlertum offenbar nur dann überzeugend, wenn es mit den Accessoires einer etablierten Kunst stattfand.

Das Bild bestätigt weitere Topoi des Künstlers. So blickt Steichen den Betrachter aus dunklen Augenhöhlen heraus dämonisch-streng an, was an den Maler in Edgar Allen Poes Erzählung *The Oval Portrait* erinnert, der der Frau, die er malt, ähnlich einem Vampir die Lebenkraft entzieht, um sie in sein Bild zu bannen. Dieser beinahe unheimliche Eindruck wird dadurch verstärkt, daß Steichen in einem zum Malen viel zu dunklen Raum steht; damit verwischt er nochmals Spuren und suggeriert, künstlerisches Tun sei unabhängig von Licht, auf das er als Fotograf jedoch gerade angewiesen ist. Zudem hat die düstere Umgebung den Effekt, eine Art von Nimbus sichtbar zu machen, der den Körper des Künstlers zu umgeben scheint, so als besitze dieser übersinnliche Ausstrahlung. Oder wollte Steichen damit vorführen, daß auch er über die seltene Gabe verfüge, nicht nur sichtbare Körper, sondern seinen Astralleib, Odstrahlen oder andere übersinnliche Phänomene zu erkennen?

Abgesehen davon, daß er sich als Künstler mit außernatürlichen Fähigkeiten porträtiert, zeigt Steichen deutlich an, wo er den Sitz des künstlerischen Genius verortet: Kopf und Hand sind die einzigen Partien des Körpers, die aus dem Dunkel auftauchen. Damit distanziert er sich ein weiteres Mal von seinem eigentlichen Metier. Indem er den schöpferischen Prozeß nämlich als Tätigkeit der Hand darstellt, liefert er denjenigen Schützenhilfe, die Kunst als Ausdruck eigener Handschrift definieren und den Kunstwert der Fotografie infragestellen, da diese als mechanisches Medium keinen hinreichenden gestalterischen Freiraum biete. Die Faktur von Steichens Selbstporträt bestätigt diese Haltung nochmals, sind doch Pinsel- und Kratzspuren unübersehbar, die dem Bild einen expressiv-gestischen Charakter verleihen und es klar als Werk einer Hand zur Geltung bringen. Das Foto ist somit insgesamt ein großes Paradoxon: Anstatt sich als Fotograf zu fotografieren oder als Maler zu malen, fotografiert sich Steichen als Maler und zeigt seine technische Meisterschaft gerade daran, daß er alles Fotografische verleugnet. Anders formuliert: Nur einem hervorragenden Fotografen wie Steichen konnte es gelingen, sich so perfekt als Maler zu inszenieren.

Seine Anerkennung als Künstler war Edward Steichen also wichtiger als die Ehrenrettung der Fotografie, deren gewohnte Erscheinungsweise er mit diversen Unschärfe-Effekten und Tricks vielmehr so weitgehend verwischte, daß niemand mehr sie als Ursprung des Selbstporträts vermutet hätte. Dies mag als Zeichen der Unsicherheit des jungen Steichen gedeutet werden, der es noch nicht wagte, mit ›reinen‹ Fotos Kunstwürden für sich zu beanspruchen. Zugleich zeugt es jedoch von überbordendem Kunstwollen sowie enormem Selbstvertrauen, daß er sich mit allen Attributen des Künstlers inszenierte, obwohl er eigentlich Fotograf war. Damit verriet er doch wieder die Überzeugung, daß die Fotografie ein gleichberechtigtes Medium der Kunst sei.

Wie sehr er sie sogar zu einer Art von Kunst-Verstärker für die übrigen Kunstgattungen, zu einer Technik der Visualisierung künstlerischen Genius machen wollte, ist einer Serie von Fotografien zu entnehmen, die Steichen ab 1901 von Auguste Rodin, dem damals wohl berühmtesten lebenden Kunst-Star, sowie von etlichen seiner Werke anfertigte. Rodin galt als besonders schwierig und wählerisch, durften doch nur von ihm autorisierte Abbildungen seiner Skulpturen publiziert werden. Vor Steichen hatte er schon mehrere andere Fotografen unter Vertrag genommen, die ihn und seine Arbeiten in genialem Licht zeigen sollten.[79] Vor allem die Aufnahmen von Eugène Druet, aber auch von Stephen Haweis und Henry Coles lassen dokumentarische Ansprüche weit hinter sich und bieten dramatische, teils sogar bizarre Inszenierungen Rodinscher Werke, deren Seinsgrad inmitten geheimnisvollem Dunkel undefinierbar scheint – ähnlich undefinierbar wie die überbelichtet wirkenden Skulpturen Rossos. Auch Eugène Carrière hatte sich vor Steichen bereits an Rodin versucht und ihn 1897 für eine Lithographie porträtiert, auf der der Meister – ebenfalls vor dunklem Hintergrund – wie fluoreszierend wirkt, fast ins Immaterielle aufgelöst und zu einer magischen Gestalt mutiert.

Steichen dürfte diese Lithographie gekannt haben, als er im Sommer 1901, während eines längeren Paris-Aufenthalts, Rodins Erlaubnis für Porträtfotos einholte. Ein halbes Jahr lang besuchte er ihn allwöchentlich, bevor er wagte, die ersten Aufnahmen zu machen. Diese zeigen den Bildhauer fast nie allein, sondern zusammen mit einzelnen seiner Werke, bevorzugt mit der Skulptur des *Victor Hugo*. Dabei schafft Steichen, vor allem mit Kontrasten von Licht und Schatten, eine eigentümliche Korrespondenz zwischen Künstler und Kunstwerk: Rodin selbst ist im Profil zu sehen, mit hoher Stirn, kräftigen Augenbrauen, langem Bart; er wirkt in sich ruhend und zugleich so, als könne er alles um sich herum beherrschen. Die Skulptur erscheint infolge der Unschärfe, derer Steichen sich hier bedient, als imaginäre Gestalt und nicht mehr als Werk aus Stein. Damit interpretiert der Betrachter sie als geistige Schöpfung Rodins, zumal eine gewisse physiognomische Ähnlichkeit zwischen dessen Kopf und dem der Hugo-Skulptur besteht. Diese ist gleichsam nach dem Ebenbild des Künstlers geformt, der seine Gestalten ähnlich einem Schöpfergott originär aus sich heraus bildet. Das Foto suggeriert also, genau den Augenblick der Schöpfung festzuhalten – oder überhaupt erst sichtbar zu machen: Der Körper der Skulptur ist noch ungeformt, auch der Kopf besitzt keine klaren Konturen, alles scheint zu flimmern und zu vibrieren, so als arbeite des Künstlers Imaginationsvermögen auf höchster Stufe.

Anders als auf seinem Selbstbildnis zeigt Steichen den künstlerischen Prozeß hier nicht als Gestaltung mit der Hand (was bei einem Bildhauer ja noch besser paßte), sondern als rein geistige Leistung: Wie eine Denkblase schwebt das Werk über dem Kopf des Künstlers – oder läßt die Assoziation mit einem heftigen Gewitter zu, dessen Energien sich gerade gewaltig entladen, was künstlerisches Tun zum genialen Geistesblitz erklärt. Zeitgenössischen Betrachtern kamen angesichts dieser Rodin-Apotheose vermutlich auch die Geisterfotografien in den Sinn, die Steichen hier als ikonographisches Muster zitiert, was Rodin in die Rolle eines Mediums versetzt, das in Verbindung zu anderen – höheren – Welten steht und seine schöpferische Kraft daraus bezieht. Der Kunst insgesamt wird damit ein spiritueller Charakter zugesprochen, der in Kategorien herkömmlicher Ontologie nicht zu fassen ist.

Mit der Nähe zur Geisterfotografie bekundet Steichen aber vor allem seinen Anspruch, als Fotokünstler Phänomene sichtbar machen zu können, die dem menschlichen Auge bis dahin verborgen bleiben mußten: Künstlerisches Ingenium, ja das – transzendente – Ereignis der Kunst selbst anschaulich und authentisch zu zeigen, sollte als die herausragende Eigenschaft des Rodin-Zyklus bewundert werden. Diese Eigenschaft verdankte sich – so hätte Streichen es wohl selbst erklärt – dem glücklichen Zusammentreffen von drei medialen Ereignissen: Die spirituelle Kraft Rodins konnte nur von einem seherisch begabten Künstler gleichen Rangs – also von Steichen – erkannt werden; um sie aber auch zu dokumentieren und dem normalen Publikum zu vermitteln, bedurfte es eines (dritten) Mediums, nämlich der Fotografie, die ihrerseits sensibel genug zur Fixierung feinster Phänomene war.

Indem Steichen Rodins Skulpturen in Unschärfe auflöste (1907 wiederholte er dasselbe mit einer bei Mondlicht aufgenommenen Serie des *Balzac*), erfüllte sich einmal mehr, was Riegl als Anspruch an die Kunst formuliert hatte: Sie tauscht Plastizität gegen Stimmung, die Illusion von Stofflichkeit gegen atmosphärischen Raum. Steichen gewährte Rodins Skulpturen also die Gunst eines simulierten Fernblicks, der sie zu geheimnisvoll unfaßlichen, beinahe imaginären Ereignissen verklärte – endlich davon befreit, mit Volumen und Materie anwesend sein zu müssen.

Es dürfte innerhalb der Geschichte der Bilder wenige Beispiele geben, bei denen ähnlich virtuos eine doppelte Transformation stattfindet: Sowohl die Fotografie – als Bildmedium – wie auch die Skulptur – als Bildsujet – überschreiten die Grenzen ihrer Gattung, ohne deshalb einer anderen oder gar neuen Gattung zuzugehören. Vielmehr ist der Betrachter zweifach irritiert, weiß weder klar zu sagen, was für ein Bild er vor sich hat, noch, welchen Status das Abgebildete besitzt. Damit sind Steichen Bilder gelungen, in denen verschiedene bildende Künste ineinander aufgehen, und man ahnt die hohe und auch eitle Intention, die er damit verfolgte. Er wollte nicht weniger, als die Kunst ›an sich‹ sichtbar machen, die nicht länger nur partiell, gebunden an die Spezifika der jeweiligen Gattung, sondern unmittelbar und umfassend zur Geltung kommen sollte. Das hieß zugleich, Werke schaffen zu wollen, die alles andere, was in den Künsten passierte, übertreffen und es nochmals transzendieren.

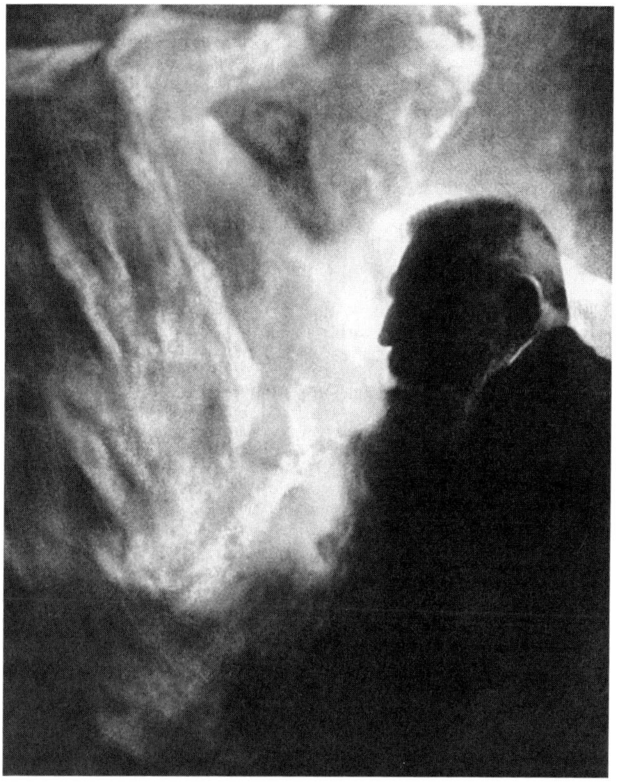

Vermutlich wirkte hier ein Gedanke fort, der am Ende des 18. Jahrhunderts erstmals von Schiller formuliert und dann von vielen, die an ›die‹ Kunst glaubten, aufgegriffen wurde: Mit »jedem höhern Grade«, den ein Werk erreiche, würden »die spezifischen Schranken« der Gattung, der es angehört, aufgehoben; es erlange dadurch »einen mehr allgemeinen Charakter«, und im Zustand der Vollendung würden »die verschiedenen Künste in ihrer Wirkung auf das Gemüt einander immer ähnlicher«.[80] Allerdings beharrt Schiller zugleich darauf, daß sich bei großen Werken die einzelnen Kunstgattungen »ohne Verrückung ihrer objektiven Grenzen« in das Allgemeine der Kunst aufheben, während Steichen gerade versucht, diese Grenzen zu ignorieren und damit förmlich einen Mehrwert an Kunst zu erzeugen. Unschärfe spielt dabei die wichtigste Rolle, dient sie doch nicht nur zum Verwischen von Gegenstandskonturen, sondern ebenso zur Anähnlichung und schließlich Verschmelzung der einzelnen Gattungen. Sie wird zum Mittel und Indikator künstlerischer Dichte.

Von einer Verschmelzung der Kunstgattungen träumte auch Alfred Stieglitz, neben Steichen der – zumindest in Amerika – wichtigste Vertreter der bildmäßigen Fotografie. Seine Bedeutung ergibt sich nicht nur aus seiner fotografischen Arbeit, sondern ebenso aus seinem organisatorischen Talent, dem es zu verdanken war, daß die Protagonisten der ›unscharfen Richtung‹ überhaupt zusammentrafen, eine gemeinsame, übernationale Identität ausprägten und eine breitere Öffentlichkeit erreichen konnten. Stieglitz, der oft zwischen Europa und den USA pendelte, schuf der bildmäßigen Fotografie als Herausgeber von zwei Zeitschriften sowie als Gründer einer Galerie ein Forum – und bewies dabei jeweils erstaunliches Kunstwollen, ja agierte geradezu als Lobbyist, der die Fotografie endlich als Kunst durchzusetzen strebte. Zuerst, ab 1897, edierte er *Camera Notes*, das Organ des New Yorker Camera Clubs. Bald berühmt wegen der hervorragenden Qualität der Bildreproduktionen, brachte diese Zeitschrift Stieglitz dennoch viel Ärger ein; sie war defizitär, und einige Mitglieder des Clubs sahen sich durch den eindeutigen Kunst-Kurs, den Stieglitz fuhr, nicht repräsentiert. So legte er seine Funktion 1902 nieder, um einige Monate später seine eigene Zeitschrift, *Camera Work*, zu gründen, die bis 1917 in insgesamt fünfzig Heften (einige davon Doppelhefte) erschien. Auch hier übertraf die Abbildungsqualität die damals üblichen Standards bei weitem, und Stieglitz ließ die wichtigsten Fotos des ›pictorialism‹ zudem von Essays einflußreicher Kunsttheoretiker und Schriftsteller eskortieren, um seine Kunst-Ambitionen noch nachdrücklicher zu untermauern. Zunehmend wurde *Camera Work* auch zum Publikationsorgan der Galerie *291*, benannt nach der Hausnummer der New Yorker Fifth Avenue, in der Stieglitz, oft in Zusammenarbeit mit Steichen, Ausstellungen von Vertretern der bildmäßigen Fotografie sowie der zeitgenössischen Kunst veranstaltete und die, obwohl gerade mal fünfzehn Quadratmeter groß, über Jahre hinweg der wichtigste Treffpunkt für die Protagonisten der ›unscharfen Richtung‹ wurde.

Nachdem Stieglitz die Galerie 1917 geschlossen hatte, widmete er sich wieder verstärkt der eigenen fotografischen Arbeit, wobei sein Ehrgeiz zusätzlich dadurch angestachelt worden sein dürfte, daß er ab 1920 mit Georgia O'Keeffe zusammenlebte, die er 1924 heiratete. Zur selben Zeit entstand, unter dem Titel ***Equivalents,*** eine Serie von Wolken-Fotografien, die er schon länger zu realisieren vorgehabt hatte und in denen seine Sehnsucht nach künstlerischer Anerkennung am stärksten zum Ausdruck kam. In einer Situation großer Niedergeschlagenheit begonnen, sollte diese Serie, wie Stieglitz später schrieb, seine Welthaltung gleichsam endgültig zusammenfassen. Vor allem war ihm wichtig, daß deutlich würde, wie wenig ein Fotograf auf besondere Sujets angewiesen ist, um besondere Bilder zu machen; einmal mehr ging es also darum, künstlerische Freiheit – gestalterischen Spielraum – unter Beweis zu stellen – in diesem Fall durch die Wahl von Motiven, die so geläufig wie nur möglich sind: »Wolken gibt es für jedermann, sie sind noch immer steuerfrei«.[81]

Um ein Kriterium für die künstlerische Qualität seiner Bilder zu haben, ersann Stieglitz – hier durchaus vergleichbar mit Caffin – eine Art von Test, der eindrucksvoll belegt, wie sehr sich der Fotograf nicht nur gegenüber der bildenden Kunst, son-

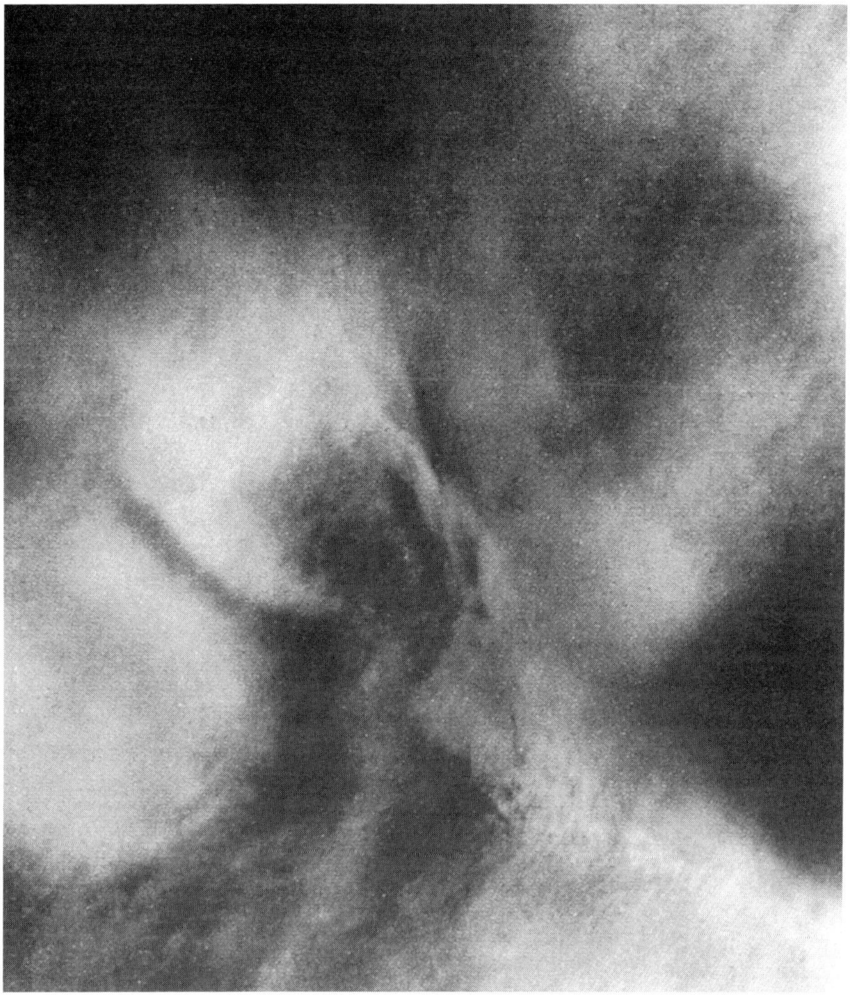

dern – als mutmaßlicher Teil von dieser – insbesondere der Musik gegenüber in ängstlicher Konkurrenz sah: Bevor er seine Serie begann, habe er – so Stieglitz – O'Keeffe gesagt, der Komponist Ernest Bloch müsse, wenn ihm die Wolken-Fotos gezeigt würden, begeistert ausrufen: »Music! music! Man, why that is music! How did you ever do that?«. Ferner solle er spontan den Plan äußern, eine Symphonie mit dem Titel ›Clouds‹ zu komponieren (»Not like Debussy's but *much, much more*«). Als Bloch die *Equivalents* von Stieglitz dann zu Gesicht bekam, hätten sie die Probe furios bestanden: »Als ich schließlich meine Folge von zehn Bildern gedruckt hatte und Bloch sie sah, passierte Wort für Wort genau das, was ich erhofft hatte«.[82]

Kaum einmal sonst ist die heimliche Sehnsucht des bildenden Künstlers so direkt ausgesprochen, der Musiker möge endlich einmal auf *ihn* neidisch werden und sich gar von einem Bild zu eigener Arbeit inspiriert fühlen. Aber nicht nur das: Stieglitz wünscht, daß seine Fotografien ausdrücklich als Musik wahrgenommen werden, damit ebenso sehr als Klang, Melodie – Stimmung – gelten wie als Flächen und Farben. Dies erklärt auch die Sujet-Wahl: Wolken erscheinen als Kompositionen ohne gegenständliche Elemente, als Formkomplexe, die aus Wiederholungen und Variationen bestehen und die damit jeweils einen eigenen Rhythmus besitzen. Nur deshalb können sie, obwohl ›bloß‹ abfotografiert, mehr sein als Bilder, nämlich autonome, rein formale Gebilde, wie es sie sonst nur in der Musik gibt. Während Steichen mit seinen Fotos durch eine Synthese der bildenden Künste – durch eine Aufhebung ihrer Unterschiede – die Kunst ›an sich‹ zu destillieren hoffte, strebte Stieglitz also nach Fotografien, die die Grenze zwischen bildender Kunst und Musik zum Verschwinden bringen können – und die damit, als Fusion bisher konkurrierender Künste, die Kunst insgesamt auf ein neues Niveau emporheben.

Allerdings kritisierten einige bildmäßige Fotografen Stieglitz, weil seine *Equivalents* wie Fotografien aussähen, und sie beurteilten es als Manko, daß er bei dieser Serie nicht eigens mit Unschärfe-Effekten gearbeitet, sondern sich mit natürlichem Sfumato begnügt hatte. Doch da das Sujet ohnehin nichts mehr mit der ›Prosa des Lebens‹ (Hegel) und Alltagsdetails zu tun hatte, bedurfte es auch keiner weiteren Verfremdung: Die Formationen waren abstrakt – autonom – genug, um zu leisten, was sonst mit Unschärfen versucht worden wäre. So kehrte Stieglitz einerseits zur Romantik zurück, indem er sich mit Phänomenen des Fernblicks begnügte, machte aber zugleich deutlich, daß zusätzliche Unschärfe nicht nötig ist, sobald die gegenständliche Welt auch anders ausgeblendet werden kann.

5. ÄSTHETIK DES AUSNAHMEZUSTANDS

In einer weit verbreiteten augenheilkundlichen Zeitschrift berichtet ein Schweizer Augenarzt im Jahr 1917, ein Maler habe, nachdem ihm eine Brille verordnet worden sei, gegen die Korrektur seiner Kurzsichtigkeit (Myopie) protestiert und »kategorisch eine Unterkorrektur verlangt, da er die Aussenwelt durchaus nicht so haarscharf und deutlich zu sehen wünsche«.[83] Diese Notiz ergänzt einen wissenschaftlichen Aufsatz, in dem die These vertreten wird, »dass die Myopie die ideale Sehschärfe des Malers ist«. »Der Myope kann sich gratulieren zu seinem Auge und seinen Empfindungen«, heißt es weiter, was damit begründet wird, daß ihm die Anstrengung erspart bleibe, den Blick je nach Entfernung des Sehobjekts immer wieder neu scharf zu stellen.[84] Ein Kurzsichtiger nehme seine Umwelt somit ruhiger und gleichmäßiger wahr, was zu Kontemplation und im weiteren zu Künstlertum disponiere. Immerhin wird im selben Artikel eine Studie zitiert, derzufolge sich unter Malern angeblich überdurchschnittlich viele Kurzsichtige befinden, was zu der Frage verleitet: »Fühlt sich der Myop speziell zur Malerei hingezogen?«

Genauer hätte diese Frage wohl lauten müssen, ob Kurzsichtige eher zu einem malerischen Stil disponiert sind, der statt Linien Farben, statt Formen und Stofflichkeiten Flächen betont. »Unter den Myopen findet man die schönsten Koloristen« – bemerkt die ophtalmologische Studie tatsächlich, definiert Kunst aber, den Vorlieben der Zeit entsprechend, auch allein über diese malerischen Qualitäten. Bekanntlich äußerten sich einige prominente Maler wie Monet oder Cézanne ebenfalls ablehnend gegenüber Brillen[85]; ihnen erschien es als Vorzug, daß unscharfes Sehen die Dinge egalisiert – ihre Eigenpräsenz zähmt – und damit größere Zusammenhänge erkennen läßt: Nichts sonst kommt dem Stilwillen eines Malers besser entgegen, der darum bemüht ist, alles einem einheitlichen Darstellungsprinzip zu unterwerfen, um seinen ›eigenen‹ Blick und seine Originalität unter Beweis zu stellen. Entsprechend wird an Kunstschulen spätestens seit der Mitte des 19. Jahrhunderts – und zum Teil bis heute – gelehrt, als Vorbereitung zum Malen müsse man die Natur mit zusammengekniffenen Augen, in künstlicher Unschärfe betrachten: »Diese Art des Schauens vereinfacht die Sujets; Einzelheiten verschwinden. Man nimmt dann nur noch die großzügige Verteilung von Licht und Schatten wahr«.[86]

Neben dem Interesse an einem abstrahierenden Blick war aber auch das Streben nach Außenseitertum ein Grund für die Ablehnung von Brillen und scharfer Sicht:

Auf Unschärfe zu bestehen, hieß, sich von den ›normalen‹ Sehgewohnheiten abgrenzen, ›anders‹ sein zu wollen als der Durchschnitt. Gerade Kunststudenten und junge Künstler signalisierten mit ihrem Desinteresse gegenüber Sehschärfe immer wieder, daß sie die sichtbare Welt als zu profan verachteten und künstlerische Wahrheit jenseits des oberflächlich Wahrnehmbaren suchten. Kurzsichtigkeit bot somit (ähnlich wie Rossos Überbelichtung) eine bequeme Chance, alles auszublenden, was vom ›Eigentlichen‹ ablenkte; stolz – und auch ein wenig selbstgerecht – konnte man sich als jemand fühlen, der sich von einem bloß diesseitigen Leben gelöst hatte.

Dieser Gestus der Verweigerung radikalisiert Goethes oder Brentanos Brillen-Aversion, verändert aber auch die Einschätzung unscharfer Bilder. Selbst wenn sie das Ziel verfolgen, stimmungsvolle – ›anspruchslose‹ – Impressionen zu bieten, sind sie doch vor allem ein Dementi von Normalität. Bekanntes soll so sehr überformt werden, bis seine Darstellung nicht mehr mit der üblichen Wahrnehmung vereinbar ist. Damit aber wendet sich die Unschärfe aggressiv gegen das Abgebildete – und erhält schließlich sogar eine ikonoklastische Dimension, schwächt sie doch das Bild qua Abbild. Das Soften oder Vernebeln von Details wird selbst von den Vertretern der ›unscharfen Richtung‹ als ein Akt der Negation und Form von Zerstörung beschrieben; immer wieder ist von einer »Bekämpfung der gegenständlichen Treue« oder davon die Rede, daß man »störende Einzelheiten völlig beseitigen«[87] und »unterdrücken«[88] müsse.

Dies kommt einer Kriegserklärung an die gewohnte Welt gleich und offenbart eine Sehnsucht nach Ausnahmezustand. Anstatt sich noch friedlich mit den gesellschaftlich vorherrschenden, mutmaßlich von Entfremdung geprägten Vorstellungswelten zu arrangieren, werden Kompromisse ausgeschlagen. Gespeist von einem Geist des Ressentiments und der Xenophobie, soll die Kunst autonome, abgeschiedene Inseln bilden, die freilich eher Orte vager Hoffnung als konkrete Utopien darstellen. Ihre Aufgabe ist es nicht mehr, das Allgemeine im Alltäglichen sichtbar zu machen, sondern es von letzterem zu befreien.

Seit der Landschaftsmalerei des frühen 19. Jahrhunderts – der bescheidenen Freude an verschwimmenden Horizontlinien – ließ sich die Kunst immer stärker auf eine Ästhetik des Ausnahmezustands ein. Dabei stellten Spielarten wie die Weichzeichnung lediglich erste Versuche einer solchen Ästhetik dar, und schon bald war die Unschärfe keineswegs die einzige Möglichkeit, Details zu unterdrücken und homogene, autonome, am Vorbild absoluter Musik orientierte Bilder zu schaffen. Vielmehr entwickelten sich verschiedene schließlich zur Abstraktion führende Bildsprachen, die das Dementi der sichtbaren Welt bald schon entschiedener zu formulieren erlaubten.

Die sich autonomisierende Kunst heroisch zum Inbegriff modernen Vorwärtsstrebens zu verklären, wie es üblicherweise geschieht, erscheint vor diesem Hintergrund mehr als fragwürdig: In Wirklichkeit sind die meisten Strömungen der Avantgarde und Klassischen Moderne antimodern insofern, als sie den wesentlichen Merkmalen der modernen Welt – der Technisierung, der zunehmenden Arbeitsteilung und Industrialisierung der Arbeit, der Verstädterung, aber auch dem Rationalismus der Wissenschaften – ablehnend begegnen. Sie sind zuerst weniger ein mutiger Aufbruch als eine Flucht, aus der nicht selten sogar ein Marsch hinter die Moderne zurück wurde. Nur die ungewohnten Bildsprachen verdecken bis heute erfolgreich, daß die Avantgarde-Kunst aus Angst, Ressentiments und jener Sehnsucht nach dem Ausnahmezustand geboren wurde (wie der Antimodernismus generell der markanteste Charakterzug der Moderne sein dürfte).

Der oft schroffe Gestus der Avantgarde läßt es auch seltsam erscheinen, sie in Verwandtschaft zu den Protagonisten der bildmäßigen Fotografie bringen zu wollen, die üblicherweise – sicher auch wegen ihres allzu offensichtlichen Kunstwollens – als schwül-sentimentale Ausläufer des 19. Jahrhunderts angesehen werden. Was sollten Fotografien von Steichen oder White mit den resoluten Formexperimenten des Kubismus, des Blauen Reiter oder von De Stijl zu tun haben? Und kann man sich Gegensätzlicheres denken als die düster-weichgezeichnete Impression einer Steichenschen Dämmerung und ein leuchtend gemaltes Bild von Franz Marc? Aber ob es deshalb gerechtfertigt ist, in beidem Antipoden und nicht vielmehr Varianten zu sehen, wird zweifelhaft, sobald man Texte von Avantgarde-Künstlern mit den Argumenten für Weichzeichnung und Soft-Effekte vergleicht. Dann zeigt sich plötzlich sogar eine Konkurrenz zwischen Unschärfe und anderen Modi von Abstraktion. Dabei geriet jene, nach einer Phase großer Beliebtheit, bald ins Hintertreffen gegenüber den radikaleren, aggressiver abstrahierenden – und schließlich abstrakten – Bildsprachen.

Da sich die Hauptvertreter der bildmäßigen Fotografie an Malern wie Carrière oder Whistler orientierten, die ihre künstlerische Identität rund zwanzig Jahre früher ausgebildet hatten, liegt es nahe, deren kunsttheoretische Äußerungen als erste Referenz heranzuziehen, um sie dann den Konzepten der Künstler nachfolgender Generationen gegenüberzustellen.

Wie Carrière gewinnt auch Whistler sein Verständnis von Bildern wesentlich aus Naturerfahrungen – etwa aus dem Abendnebel, der alle Gegenstände, selbst Fabrikgebäude, poetisch verkläre. Dies – so Whistler – bemerke jedoch kaum einer; zu geschäftig seien die Menschen, hastig und ohne Blick für die phantastischen Verfremdungseffekte. Im Gegenteil: Sie zögen es vor, die Dinge unverstellt und mit allen Details zu sehen, und wenn es gehe, benützten sie sogar noch ein Vergrößerungsglas. Diesem analytisch-instrumentellen Zugang widerstehe allein der Künstler und erweise sich damit als wahrer Sohn der Natur. Nur für ihn allein singe sie »her exquisite song«, während »buildings lose themselves in the dim sky [...] and the whole city hangs in the heavens, and faireyland is before us«.[89]

Damit steht Whistler ganz in romantischer Tradition und vergißt auch nicht, das Harmonie-Erlebnis sanften Ineinanderfließens in musikalischer Metaphorik – als Gesang – zu beschreiben. Von der Malerei verlangt er, sie müsse wie Musik sein, und einige seiner Bilder bezeichnete er selbst bereits im Titel als Symphonien oder Harmonien [**Farbabb. S. 131 oben**]. Dahinter stand auch die Hoffnung, die Malerei möge ähnlich starke Stimmungen entfalten wie die Musik. Dabei ging es nicht um irgendwelche Lieder oder Ohrwürmer, sondern allein um absolute Musik (»pure music as distinguished from airs«). Für Bilder hieß das einmal mehr: Sie sollten nicht länger mit der Aufgabe belastet sein, Geschichten zu erzählen, die Betrachter zu unterhalten und die Umwelt möglichst genau abzubilden (dies wollte Whistler lieber den Fotografen überlassen!); überhaupt waren in der bildenden Kunst alle Assoziationen zum alltäglichen Leben zu unterbinden. Ziel wurde es, »a picture as a picture« zu betrachten, »apart from any story which it may be supposed to tell«. Und weiter: »Art [...] should stand alone and appeal to the artistic sense of eye or ear, without confounding this with emotions entirely foreign to it, as devotion, pity, love, patriotism, and the like«.[90]

Damit formuliert Whistler – rund dreißig Jahre vor Etablierung der abstrakten Malerei, aber auch rund dreißig Jahre nach Baudelaire – ein Konzept des autonomen Bilds: Es soll nicht hinsichtlich seiner mimetischen oder allegorischen Leistung und damit nicht als Verweis auf anderes, sondern rein als Bild rezipiert werden. Alle ästhetischen Entscheidungen erfolgen nach bildinternen Kriterien, ja das Bild ist eine ›Komposition‹ nach eigenen Regeln. Dies verlangt nicht zwangsläufig einen Verzicht auf gegenständliche Sujets, bedeutet aber zumindest, daß diese parallel zur außerbildlichen Realität als eigene – auch als ›höher‹ verstandene – Wirklichkeit entwickelt werden.

Schon bald sollte Whistlers Bildauffassung seine eigene Bildpraxis überschreiten: Sfumato-Effekte und Dämmerstimmungen bleiben der Erscheinungsweise der Gegenstände noch zu sehr verpflichtet, um Bilder zuzulassen, die gegenüber assoziativen Vereinnahmungen resistent sind. Verfremdungen oder stimmungsvolle Veduten mögen den Betrachter zwar für kurze Zeit seiner Alltagssorgen entledigen, sie reichen aber kaum hin, um die Sehnsucht nach Zivilisationsabkehr und ›reiner Musik‹ längerfristig zu stillen. So erfaßte die Stilentwicklung der Kunst in den folgenden Jahrzehnten eine Dynamik, die nur damit zu erklären ist, daß für die veränderten Erwartungen gegenüber Bildern erst die gemäßen Bildsprachen gefunden werden mußten. Die Kluft zwischen einem autonomen Bildbegriff und einer nur verhalten eigenständigen Malweise, wie sie das Werk Whistlers kennzeichnet, wurde innerhalb von ein bis zwei Generationen geschlossen. In dieser Zeit änderte sich jedoch kaum noch etwas an den kunsttheoretischen Grundlagen – lediglich deren Umsetzung wurde konsequenter verfolgt. Dadurch geriet die Unschärfe als zu harmloses, zu unentschiedenes Stilmittel zunehmend ins Abseits. Da sie sogar geradezu Inbegriff des Vagen und Unentschiedenen ist, wurde sie um so mißtrauischer gesehen, ging es doch darum, entschlossene, markante Zeichen eines Neubeginns der Malerei zu setzen.

Wie weit Künstler der Avantgarde mit Malern wie Whistler in ihren Grundüberzeugungen übereinstimmen und diesen lediglich auf anderem Weg Ausdruck verleihen, soll das Beispiel von Henri Matisse illustrieren. Dieser hatte in seinen *Notes d'un peintre* (1908) den später oft zitierten Vergleich der Kunst mit einem Lehnstuhl gebracht, um sein Verständnis von Bildern zu veranschaulichen. Er träume »von einer Kunst des Gleichgewichts, der Reinheit, der Ruhe, ohne beunruhigende und sich aufdrängende Gegenstände«, einer Kunst also, die als »Beruhigungsmittel« und »Erholung« wirken könne.[91] Was Whistler im englischen Nebel und Adam Müller zuvor bereits im Fernblick gefunden und was zur ästhetischen Aufwertung des Unscharfen geführt hatte, ist hier also immer noch Programm: Matisse sucht nach einer Ästhetik des Anspruchslosen, nach Bildern, die eine bessere Alternative sind.

Deshalb fordert er ebenfalls völlige Unabhängigkeit der Bildsprache von der äußeren Realität, und während er den Fotografen die Zuständigkeit für genaue Abbilder zuweist, verlangt er vom Künstler, alles einer »Bildidee [zu] unterwerfen« (»soumettre à l'esprit du tableau«). Das autonome Bild beschreibt Matisse wiederum in Analogie zur Musik: Zuerst müßten die Beziehungen zwischen den Tönen ausfindig gemacht werden, dann bestehe die Aufgabe darin, einen Zusammenklang zu bilden, »une harmonie analogue à celle d'une composition musicale«.[92] Dazu jedoch dürfe sich das Bild nicht mit der Abbildung von Einzelheiten belasten: »Jedes überflüssige Detail würde im Gemüt des Betrachters ein anderes, wesentliches Moment verdrängen«.[93]

Allerdings begründet Matisse seine Aversion gegen Details noch mit einem anderen Argument: Sie »stören die Reinheit der Linien, sie schaden der Intensität des Gefühls«.[94] Anstatt Kleinteiliges durch Weichzeichnung oder andere Unschärfe-Effekte zum Verschwinden zu bringen, verfolgt Matisse also genau die gegenteilige Strategie: Ein Bild wird für ihn um so stärker, je konsequenter es auf die »lignes essentielles« reduziert ist.[95] Eine Bildsprache, die die Konturen betont und bei der Wahl der Farben auf Zwischentöne verzichtet, wirkt erheblich entschiedener und energischer als Sfumato oder Dämmerlicht und kann daher den Anspruch auf eine Autonomie der Bilder besser befriedigen.

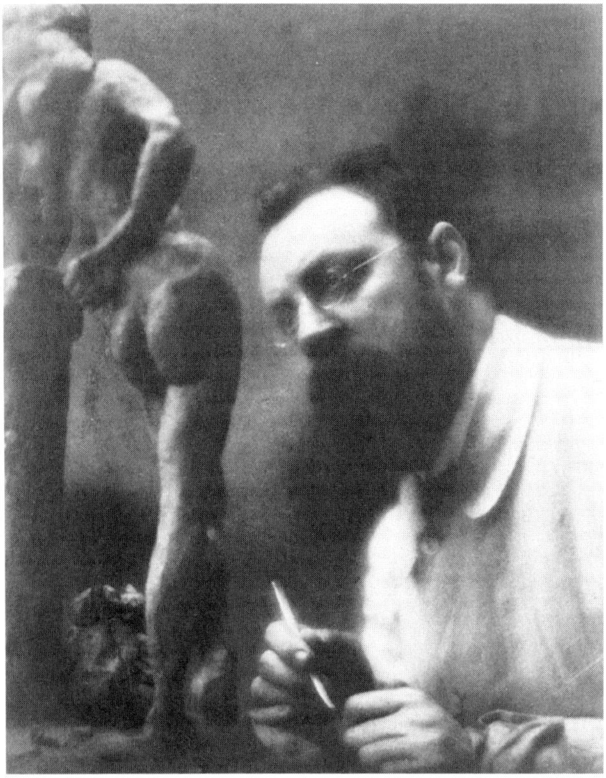

Dennoch führte diese gegenüber Whistler, Carrière, Steichen oder Stieglitz konträre Methode, ›anspruchslose‹ Bilder zu schaffen, nicht von vornherein zum Bruch mit den Vertretern der ›unscharfen Richtung‹. Vielmehr war einigen Malern und Fotografen am Anfang des 20. Jahrhunderts durchaus noch die gemeinsame Grundlage ihrer jeweiligen Bildsprachen bewußt; sie sahen sich derselben Sache gegenüber verpflichtet und beurteilten ihre bildnerischen Mittel als lediglich verschiedenartige Experimente im Zuge derselben Aufgabe. So ließ sich Matisse 1909, als er selbst gerade intensiv an seinem konturbetonten Stil arbeitete, von **Steichen** fotografieren, der dabei, mittlerweile als Porträtist von Künstlern ebenso erfahren wie berühmt, einmal mehr seine Fertigkeit im Umgang mit Weichzeichnung unter Beweis stellt. Er zeigt den Künstler beim Modellieren einer kleinen Aktfigur; Mund, Bart und Hintergrund verschwimmen zu einer einzigen dunklen Fläche, was den Eindruck erweckt, der Künstler sei stumm – unansprechbar auf die Arbeit konzentriert. Seine großen Augen sind, innig blickend, allein auf die Figur gerichtet; jeglicher Kontakt zu anderen Menschen scheint ausgeschlossen. Ähnlich wie bei seinem Selbstbildnis ein Jahrzehnt zuvor betont Steichen auch beim Matisse-Bildnis Stirn und Handwerkszeug des Künstlers, während der Raum, in diffusem Dunkel, gänzlich ausgeblendet wird. Die Botschaft des Fotos drückt damit, obgleich mit ganz anderen Mitteln, genau die Einstellung von Matisse aus: Kunst machen heißt, sich abschließen von der Außenwelt, nach Ruhe und Harmonie jenseits äußerer Reize, nach Autonomie streben.

Doch nicht nur Steichens Interesse für einen Künstler, dessen Bildsprache von der eigenen denkbar weit entfernt ist, verrät eine Verbundenheit auf anderer – ideeller – Ebene. Noch aufschlußreicher ist, daß Werke von Matisse in *Camera Work*, dem von Stieglitz herausgegebenen Zentralorgan der ›unscharfen Richtung‹ publiziert wurden. Inmitten weichgezeichneter, verwischter oder in claire-obscure-Manier fotografierter Landschaften finden sich 1910, in Heft Nr. 32, plötzlich zwei Abbildungen von Aktzeichungen, die mit hartem Strich die Formen der Körper umreißen. Weniger die Tatsache, daß in einer der Fotografie gewidmeten Zeitschrift auf einmal Zeichnungen auftauchen, als vielmehr deren Stil erscheint zuerst völlig unverständlich. Auch das Argument, Stieglitz habe auf diesem Weg versucht, die (bildmäßige) Fotografie auf dieselbe Stufe zu stellen wie die Avantgarde-Kunst, überzeugt nicht, da aufgrund der starken formalen Divergenzen zwischen den Fotografien und den Matisse-Zeichnungen der gegenteilige Schluß genauso möglich gewesen wäre. Zudem war Matisse in jenen Jahren selbst noch keineswegs als Großmeister der Moderne anerkannt, vermochte also nicht unbedingt als Statussymbol für Stieglitz und seine Zeitschrift zu fungieren.

Es blieb nicht bei diesem Einzelfall: Nachdem 1911 neben Rodin-Fotos von Steichen Aktzeichungen des Bildhauers veröffentlicht wurden, galt ein Sonderheft 1912 Gemälden und Skulpturen von Matisse und Picasso, der vor allem mit Werken aus der kubistischen Periode vorgestellt wurde. Schon einige Hefte zuvor war ein Aufsatz in *Camera Work* Picasso gewidmet, in dem der mexikanische Künstler und Kunsttheoretiker Marius de Zayas dessen Kunst nach Kritierien charakterisiert, die sie als verwandt mit der ›unscharfen Richtung‹ erscheinen läßt: Da es Picasso nicht um die Wiedergabe von Sujets, sondern um eine Übersetzung der Eindrücke und Empfindungen gehe, die die äußere Wirklichkeit auslöse, gebe er etwa die Zentralperspektive auf und trenne nicht länger zwischen Vorder- und Hintergrund, sondern bemühe sich um möglichst große Harmonie zwischen den Bildelementen. Wie die Perspektive verabschiede er auch die Farben als Bedeutungsträger und beschäftige sich dafür allein mit dem Licht und seinen Effekten, was für den Betrachter »certain vibrations« erzeuge.

Daß solche Formulierungen eine formale Nähe zur bildmäßigen Fotografie suggerieren, war von de Zayas beabsichtigt. So unterstellt seine Beschreibung von Picassos Verzicht auf Perspektive ganz direkt eine Verwandtschaft zur Transzendierung des Bildraums durch Unschärfe-Effekte. Vergleicht man den Picasso-Aufsatz mit einem Text über Steichen, den de Zayas zwei Jahre später in derselben Zeitschrift unter dem Titel *Photography and Artistic-Photography* drucken ließ, wird noch augenfälliger, wie sehr hier bildnerische Ansätze enggeführt werden, die die Geschichtsschreibung moderner Kunst später nie wieder zusammenbrachte. Hatte de Zayas festgestellt, Picasso zeige, wie Licht und Form in seinem Kopf vearbeitet würden, womit das jeweilige Bild »synthetischer Ausdruck seiner Empfindungen« sei[96], so schreibt er über Steichen, dessen fotografische Leistung bestehe darin »die völlige Verschmelzung von Subjekt und Objekt auszudrücken«.[97]

Solche Gleichsetzungen machen deutlich, daß die Geste der Autonomisierung

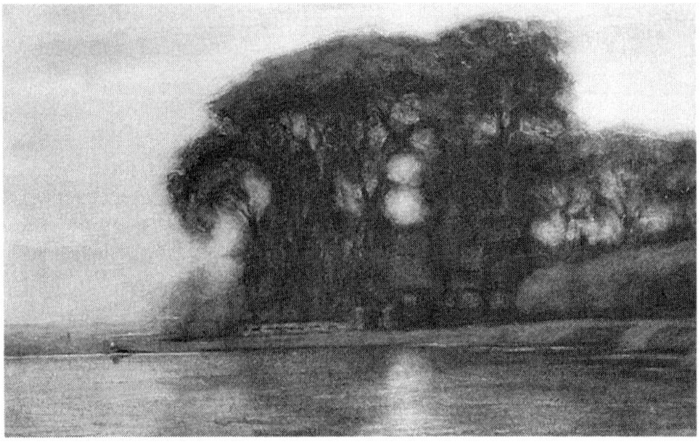

mehr zählte als das jeweilige Formklima. Das Bedürfnis nach Bildern, die ›anders‹ waren als das, was sich der Wahrnehmung normalerweise bot, führte dazu, daß scheinbar unüberbrückbare stilistische Differenzen überspielt werden konnten. Wo man sonst aus historischer Distanz zu Nivellierungen neigt und gemeinsame Tendenzen in verschiedenen Bereichen zu entdecken vermag, ist es hier also umgekehrt, und man erkennt heute nur noch schwer, was von Bildern ehedem – über heterogene Strömungen hinweg – gemeinsam erwartet wurde und was sie jeweils auf ihre Art zu erfüllen versuchten.

Da die Sehnsucht nach dem Ausnahmezustand die verschiedenen Richtungen einte, war es trotz aller Konkurrenz sogar naheliegend, daß sich Koalitionen zwischen ihnen bildeten: Eine Einigung auf eine bestimmte Bildsprache war nicht erforderlich, solange man sich primär ex negativo definierte und das gemeinsame Ziel im Dementi des Alltäglichen und Gewohnten sah. Dabei wären sogar scheinbar noch entlegenere Verbindungen als zwischen Steichen und Picasso möglich gewesen. Etwa beruht **Piet Mondrians** abstraktes Bildprinzip ebenfalls auf romantisch-antimodernen Grundlagen, und sein Werk der beiden ersten Jahrzehnte des 20. Jahrhunderts ist eigentlich nur eine konsequente Fortführung dessen, was zuerst mit Unschärfen begonnen hatte. So waren etliche seiner frühen Bilder von einer symbolistischen Bildsprache, vor allem von dem seinerzeit einflußreichen **Matthijs Maris** und dessen Sfumato beeinflußt, während andere Arbeiten verblüffende Ähnlichkeit zu gleichzeitig entstandenen Gemälden Edward Steichens aufweisen. Insgesamt deckte Mondrian das gesamte Repertoire zeittypischer Sujets ab und blieb mit Mondschein, Dämmerung sowie einsamen und weiten Landschaften der auf Stimmungsbilder ausgerichteten Haager Schule der Landschaftsmalerei verpflichtet. Seine theoretischen Grundsätze, mit denen er später seine abstrakten Bildordnungen legitimierte, formierten sich ebenfalls bereits in dieser frühen Phase – und damit einmal mehr ausgehend von der Landschaftsmalerei. Daß er schließlich der strengen Linie und klaren Kontra-

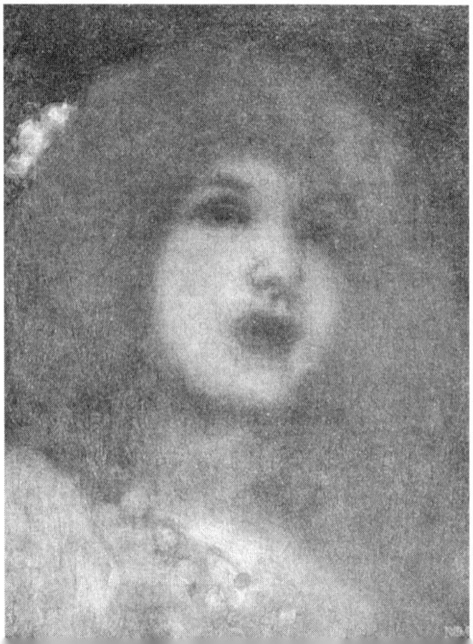

sten gegenüber aufgelösten Konturen und zarten Abtönungen den Vorzug gab, bedeutete keine Abkehr von romantischen, symbolistischen oder eskapistischen Intentionen, sondern geschah aus der Überzeugung heraus, damit dasselbe Ziel besser erreichen zu können.

Wie sehr Mondrian diesen Anfängen treu blieb, macht einer seiner zentralen Texte, der Trialog *Natürliche und abstrakte Realität* (1919/20) deutlich. Das Gespräch zwischen einem Kunstliebhaber, einem naturalistischen Maler der alten Schule und einem abstrakten Maler, dem alter ego Mondrians, beginnt nämlich auf dem Land, bei Nacht und Mondschein und vor einem weiten Horizont. Der abstrakte Maler begeistert sich zuerst über die Ruhe, die eine solche Landschaftsstimmung auszeichnet, und erklärt es dann zum Ziel, dieselbe Ruhe in seinen Bildern zu schaffen. Sie wird im übrigen als Harmonie und damit wiederum in musikalischen Termini beschrieben: Von Tönen, Kompositionen und Symphonien ist die Rede, womit die Werke einer nach Autonomie strebenden Kunst – wie schon bei Whistler – zwar von der Natur inspiriert, aber unabhängig von dieser sein sollen.

Die Ruhe der Gesprächspartner wird im weiteren jedoch gestört, freilich nicht einmal durch Elemente der Zivilisation, sondern durch eine Baumgruppe, die die Horizontlinie unterbricht. Der abstrakte Maler erblickt darin »das Launische, das Fratzenhafte der Natur«, das er auch als »tragisch« empfindet, da es ablenkt und gegen die ›Anspruchslosigkeit‹ verstößt. Am liebsten würde er diese Gruppe loswerden, so wie Friedrich die Schiffe übermalte, um den Blick in die Ferne durch nichts irritieren zu lassen. Um so erleichterter sind die drei Protagonisten, als sie die Bäume hinter sich haben und über eine Sandebene spazieren, die vom klaren Sternenhimmel überwölbt wird. Die Ruhe, die sie nun erfahren, ist vollkommen, aus der Landschaft ist alles verschwunden – genau so wie es der abstrakte Maler als Ziel der Kunst anvisiert. Für ihn bedeutet die »abstrakte ästhetische Betrachtung [...], sich bewußt dem Universalen zu vermählen«, alles Einzelne und Alltägliche hinter sich zu lassen und die Chance zu haben, »die verschiedenen Momente der Betrachtung in ein einziges Moment, in eine ununterbrochene Betrachtung überzuführen«. Jegliche Ablenkung ist eliminiert, für Mondrian der »Idealzustand« und »fortgesetztes Glück«.[98]

Bis dahin sei jedoch ein »Kampf« auszufechten, wie Mondrian anderswo klagte, müsse doch erst die »gewöhnliche Sichtweise« transzendiert werden, die gerade »nach der detaillierten Abbildung« verlange. Auch hier wird also der Alltagswelt der Krieg erklärt, der im übrigen nicht zu gewinnen ist, solange man sich lediglich in Weichzeichnung und Halbtönen übt; vielmehr verlangt Mondrian, daß die äußere Welt auf dem Bild zuerst »gestrafft« werde, um dann in der Strenge gerader Linien und flächiger Primärfarben aufzugehen.[99] So führt die Entwicklung von Mondrians Werk anschaulich vor, wie weit man sich gerade dann von Unschärfe-Effekten entfernen konnte – oder mußte? –, wenn man den Grundsätzen treu blieb, die diese Effekte zuerst veranlaßt hatten. Das Dementi der Alltäglichkeit ist erst dann markant genug, die ›Anspruchslosigkeit‹ erst dann umfassend erreicht, wenn alle Verbindungen zur äußeren Welt gekappt, alle Gegenstandsbezüge verschwunden sind. Mondrians Bildsprache bedeutet somit keinen Gegensatz zur Bildsprache Whistlers oder Steichens, sondern ist deren konsequente Steigerung oder auch – so hätten es die abstrakten Künstler selbst beschrieben – eine Besinnung auf den Ursprung: Während unscharfe Bilder gleichsam auf der Ebene des Atmosphärischen blieben – ihre Orientierung galt dem Musikerleben –, benannte die Abstraktion dessen Elemente und verhieß damit eine Auseinandersetzung mit der Partitur der Welt.

In der Klassischen Moderne war eine solche Radikalisierung bereits angelegt, da sich alles zuerst Neue selbst zu etablieren droht und daher wiederum überboten werden muß. Avantgarde-Künstler hatten sich nie bloß gegen die ›normale‹ Welt, sondern ebenso gegen die eigene Tradition zu stellen; nur ein Werk, das innerhalb der Geschichte der Kunst eine Ausnahme darstellte, konnte auch sonst ein überzeugendes Dementi bieten. »Die Avantgarde versetzt das Kunstwerk in einen Ausnahmezustand, wie der Krieg den Menschen in einen Ausnahmezustand versetzt«, bemerkt Boris Groys und stellt weiter fest, daß man in der Moderne nur den Ausnahmezustand als wahr – als Kontrast zum verlogen-oberflächlichen Alltag – akzeptiert.[100] Insofern er Dringlichkeit verheißt und alles Gewöhnliche zu relativieren vermag, das dann pauschal beliebig und oberflächlich erscheint, postuliert der Ausnahmezustand für sich selbst auch absolute Geltung – und damit letztbegründete Wahrheit. Kunst, die auf sich hält, muß sich daher in einer Rhetorik der Irritation und Provokation, besser sogar noch als Schock präsentieren. Dann wird sie ebenso zum Protest wie zur Gegenwelt, kann aggressiv und ›anspruchslos‹ zugleich sein.

So große Aufgaben drohten die Kunst jedoch auch zu überfordern. Auf jeden Fall ist die Idee des Ausnahmezustands ein Indiz dafür, daß Bilder in der Moderne eine starke Legitimation benötigten – und nur akzeptiert wurden, wenn sie mehr boten als ein bloßes Abbild der äußeren Realität, anderes waren als eine didaktische oder unterhaltsame Angelegenheit. Dieser gestiegene Legitimationsdruck auf die bildende Kunst erfolgte aber nicht nur wegen der Konkurrenz zur Musik; vielmehr spiegelt er ebenso die heimliche Macht einer bilderfeindlichen – oder zumindest bilderskeptischen – Tradition: Unterlag schon die Verweigerung von Staffage und Erzählung in der romantischen Landschaftsmalerei nicht zuletzt dem Einfluß pietistischer Askese[101], so kam in unscharfen und zunehmend abstrakten Bildern erst recht eine protestantische Haltung zum Ausdruck. Dazu paßt, daß etwa Mondrian einer streng kalvinistischen Familie entstammte; Protagonisten der ›unscharfen Richtung‹ (z.B. Gertrude Käsebier) waren Quäker oder standen dem Pietismus nahe. Für sie alle war es nur deshalb vertretbar, Kunst zu machen, weil sie Bilder als Ausnahme, als Ort sowohl von Protest wie auch von Utopie – und keinesfalls als Lust oder Luxus – verstanden. Die Aufwertung der (bildenden) Kunst, ihre Indienstnahme für hehrste Ziele ist somit nicht etwa ein Liebesbeweis, sondern im Gegenteil eine Strategie, schlechtem Gewissen sowie einem Unbehagen an einfach nur schönen Bildern entgegenzuwirken.

Daß Bildermachen etwas Gutes, Wichtiges, geradezu Revolutionäres sein könne, daß man aber ohne den Glauben an die eigene Mission keine Bilder machen dürfe, war für das Selbstverständnis der Pioniere der Klassischen Moderne grundlegend. Ohne deren tief verborgene Ablehnung von Bildern wären diese vermutlich jedoch nicht nur von solch hohen Ambitionen verschont geblieben, sondern die Ansprüche ihnen gegenüber hätten sich auch in einer anderen Ästhetik niedergeschlagen – vielleicht eher in mimetischen Überbietungsleistungen oder zunehmender Komplexität und Vielschichtigkeit, und nicht in Unschärfen und Reduktionen, die außer von ochmoralischen Absichten ebenso von einem unausgesprochenen ikonoklastischen Bedürfnis motiviert waren: Bildverehrung und Bildverachtung fanden zuerst in der Unschärfe, dann in der Abstraktion ihren gemeinsamen Ausdruck.

6. DIE WAHRHEIT IM WAHRNEHMEN

Diente die Weichzeichnung oft dazu, der Tautologie des Äußerlichen zu entkommen und das Sujet auf das Wesentliche, sonst Übersehene zu reduzieren, konnten Unschärfe-Effekte noch auf andere Weise als ›wahr‹ gelten. Dann folgten sie einem Nachahmungsgebot, das in der zweiten Hälfte des 19. Jahrhunderts an Bedeutung gewann, als immer mehr Künstler ihre Empfindungen und Eindrücke zum eigentlichen Sujet der Kunst erklärten: Die möglichst genaue Wiedergabe von Wahrnehmungsbildern – und nicht des Wahrgenommenen – wurde ihnen nun zu einer zentralen Aufgabe.

Dazu ließen sie sich auch auf aktuelle naturwissenschaftliche Wahrnehmungstheorien ein, in denen mehrheitlich schon seit dem frühen 19. Jahrhundert die Auffassung vertreten wurde, daß man Reize nicht nur passiv rezipiere, sondern im Wahrnehmungsprozeß ordne und filtere.[102] Dabei werde Unwichtiges ausgeblendet und sei höchstens verschwommen präsent, hieß es, was natürlich auch die Debatte über Unschärfe beeinflußte. Deren Befürworter – Kunsttheoretiker und Fotografen – beriefen sich etwa auf Forschungen von Hermann Helmholtz, einem der bekanntesten Naturwissenschaftler des 19. Jahrhunderts, der darauf einging, wie sehr die Wahrnehmung von den jeweiligen Interessen des Wahrnehmenden abhänge und entsprechend selektiv sowie insgesamt ungenau und ›unscharf‹ stattfinde: »Was uns interessirt, blicken wir an und sehen es scharf; was wir nicht scharf sehen, interessirt uns der Regel nach in dem Augenblicke auch nicht, wir beachten es nicht, und bemerken nicht die Undeutlichkeit seines Bildes«.[103]

Grundsätzlich gibt es zwei Wege, aus diesem Prinzip optischer Wahrnehmung Maximen künstlerischer Praxis abzuleiten. So kann es ein Ziel sein, mit besonderen oder auch nur besonders stark entwickelten Interessen ein Wahrnehmungsbild zu gewinnen, das dem anderer Menschen an Klarheit oder Erkenntniskraft überlegen und rein auf die – eigens freizulegende – Wahrheit der Dinge konzentriert sein soll. Schon die Aneignung der Außenwelt ist dann davon gekennzeichnet, gewohnte – vermeintlich oberflächliche – Sehweisen auszuschalten und das Bedürfnis nach dem ›ganz Anderen‹ – nach Ausnahmezustand – auszudrücken, zugleich aber Ansatzpunkte für eine neue – wahrere – Weltordnung zu artikulieren. Der weitere Verlauf der Geschichte moderner Kunst belegt diese Unterwerfung der Wahrnehmung unter jeweils eigene Form- und Stilinteressen, und hier begann auch, was erst im

20. Jahrhundert explizit werden sollte, nämlich die zunehmende Verlagerung künstlerischer Begabung vom Schaffensakt in den Blick.

Im 19. Jahrhundert allerdings bezogen sich viele Künstler auf andere Weise auf die vorherrschenden Wahrnehmungstheorien. Sie versuchten, sich beim Wahrnehmen gar nicht mehr von einzelnen Interessen und Intentionen leiten zu lassen, um ein Wahrnehmungsbild zu erhalten, das die reinen Reize noch vor jeglichem Deutungsakt – und damit frei von Subjektivität – konserviert. Ein solches Bild durfte, folgte man Helmholtz, nirgends mehr scharf konturiert sein; dieser hatte sogar eigens bemerkt, reine Reize seien konturlose Flecke und ein »Aggregat farbiger Flächen«.[104]

Die Idee, sich von Intentionen und einer auf weniges konzentrierten Wahrnehmung freizumachen, entsprang oft einer defensiven Orientierung: Der Wunsch nach Ruhe sowie nach Distanz zum Alltäglichen war in diesem Fall nicht mit dem Drang zu Revolution gekoppelt; vielmehr genügte es, wenn der auf nichts Bestimmtes fixierte – losgelöste – Blick die Rückkehr des betrachtend-reflektierenden Individuums zu sich selbst erlaubte. Dabei wirkte Kants berühmte Formel vom ›interesselosen Wohlgefallen‹ nach, derzufolge nur dann ein ästhetisch-freies Verhältnis – die Erfahrung von Schönheit wie auch die Produktion von Kunst – möglich ist, wenn der Rezipient oder Künstler sich von keiner Zwecksetzung – keinem spezifischen Interesse – leiten läßt. Schopenhauer radikalisierte diese Theorie, indem er Kunst als Ergebnis völliger Willenlosigkeit und damit als etwas definierte, das jenseits alltäglicher Bindungen entsteht und den Rezipienten ebenfalls aus seiner zweckorientierten Welt holt. Schopenhauers Maßstab aller Kunst war dabei einmal mehr die Instrumentalmusik, die jeglichen Gegenstandsbezug überwunden hat und die empirische Welt vollständig auszublenden vermag.

Wichtig ist in diesem Zusammenhang auch John Ruskins berühmtes Postulat des ›unschuldigen Auges‹, demzufolge es die Aufgabe des Künstlers ist, jenen Zustand der Interesselosigkeit zu erlangen, um die Wahrnehmung an ihrem Ursprung – dem reinen Reiz – zu erfahren. Wahrheit besitzt für Ruskin allein diese Phase des Wahrnehmungsakts, und der Künstler zeichnet sich dadurch aus, einseitige Interpretationen des Wahrgenommenen zu vermeiden und sein ›ursprüngliches‹, ›pures‹ Wahrnehmungsbild als Zeichnung oder Gemälde wiedergeben zu können.

Für Ruskin, tief in romantischen Traditionen stehend, kehrt der Künstler in den Zustand eines Kinds zurück, das noch keine gesellschaftlichen Sehkonventionen gelernt hat. (Vielleicht ist es auch ein Reflex auf Ruskin, wenn Caffin ein zwölfjähriges Kind die Exponate der von ihm aufgebauten Ausstellung testen ließ – und vielleicht konnte nur ein ›unschuldiges‹ Mädchen das abstrakteste, wenigst scharfe, flächigste Bild, nämlich Steichens Foto, zum Sieger küren?) Auch ein Blinder, der plötzlich sehen könnte, wäre für Ruskin rein den Reizen ausgesetzt und verfügte über ein unschuldiges, nicht von Deutungswillkür gelenktes Auge: »Unsere Wahrnehmung fester Körper ist ausschließlich Sache der Erfahrung. Wir sehen nichts als Farben in der Fläche. [...] Die ganze technische Seite der Malerei hängt davon ab, ob es uns gelingt, das wiederzuerlangen, was ich die Unschuld des Auges nennen möchte. Damit meine ich eine Art von kindlicher Wahrnehmung dieser Farbflecken so, wie sie sind, ohne jedes Bewußtsein dessen, was sie bedeuten«.[105]

Der einzige Maler, der darin, Ruskin zufolge, Erfolg hatte, war William Turner. Zumal dessen späteres Werk erscheint als gesteigerte Anstrengung, gegenstandsfixierte Wahrnehmungskonventionen zu bekämpfen und zum ›reinen‹ Sehen (zurück)zufinden. Die Wiedergabe der unmittelbaren Sinneseindrücke forcierte Turner etwa dadurch, daß er sich extremen Situationen aussetzte, für die möglichst keine Sehgewohnheiten existierten und in denen es leichter sein sollte, allein auf Licht-, Farb- und Bewegungsphänomene zu achten. Zu malen, was er sehe und nicht was er wisse, deklarierte Turner als sein Ziel, was manchmal zu nahezu gegenstandslosen Bildflächen in wechselnden Farbschattierungen führte [**Farbabb. S. 131 unten**]. Daß sich der dreidimensionale Illusionsraum hierbei zum Abbild des zweidimensionalen Netzhautbilds verkürzt, verdeutlicht die kopernikanische Wende innerhalb der Kunst (und Kunsttheorie) des 19. Jahrhunderts am besten: Nicht mehr den Sujets der Wahrnehmung, sondern der Wahrnehmung selbst gilt die Aufmerksamkeit der Künstler, die ihren eigenen Sinnesapparat zum Gegenstand vielfältiger Experimente und Exerzitien machen, um ihn besser zu durchschauen und um das ›normale‹, nicht eigens reflektierte Wahrnehmen zu überlisten.

Abermals wurde somit ein Ausnahmezustand gesucht, aus dem heraus wahre Bilder entstehen sollten, während man alles außerhalb des Irregulären und Exzeptionellen als ›schuldig‹ und falsch abwehrte. Gerade bei Ruskin verband sich die Sehnsucht nach einem Ursprung jenseits von Raum und Bedeutung mit dem Verlangen nach ›Anspruchslosigkeit‹ – und daher mit antimodernen Ressentiments: Da ihm Zeit und Ruhe unabdingbar schienen, um das Wahrnehmen beobachten und in den Zustand der Unschuld zurückführen zu können, war ihm die Beschleunigung des alltäglichen Lebens, wie sie die Industrialisierung und insbesondere der Eisenbahnverkehr mit sich brachte, Anlaß zu Sorge und lauter Kritik. Damit verbinden sich zwei scheinbar gegensätzliche Impulse auf eine für das 19. Jahrhundert bezeichnende Weise: Wissenschaftliche Genauigkeit, die verlangt, Wahrnehmung von allen persönlichen Deutungen zu reinigen und auf Reize zu reduzieren, fällt mit einer romantischen Attitüde zusammen, derzufolge es geboten ist, sich dem verderblichen Einfluß der Gesellschaft, allen ›nachträglichen‹ Konventionen zu entziehen. Eine Mechanisierung des Sehens und die Unschuld des Auges werden zu Äquivalenten.[106]

Bei Turner wie auch bei nachfolgenden, verwandten Richtungen (Impressionismus, Pointillismus und Neoimpressionismus) kam dabei erneut der Erfahrung von Landschaft und Natur eine vorbildhafte Rolle zu. Offenbar war es hier am leichtesten möglich, sich von Konventionen zu lösen und das Wahrgenommene frei von Deutungen, als Folge reiner Farb- und Formempfindungen zu erfahren. Bei anderen Sujets hingegen drohte sich das abstrahierende Sehen – die Bemühung um ein ›unschuldiges Auge‹ – selbst wieder schuldig zu machen, konnte es doch als unmenschlich erscheinen, wenn alles ausgeschlossen wurde, was das Verhältnis des Gesehenen zum Sehenden – und damit die Bedeutung – betraf. Bekannt ist etwa, wie Monet erschrak und sich schämte, als ihm bewußt wurde, daß er seine soeben verstorbene Frau nicht als geliebten Menschen wahrnahm, sondern statt ihres Gesichts nur schematisch eine Reihe von Farbabstufungen registrierte. In diesem Moment empfand er seine Art des Sehens als déformation professionelle und selbst bloß wieder als eine Konvention, die sich gar noch rigider und schematischer – manischer – äußerte als die Konventionen, die er damit hatte überwinden wollen.[107]

Monets Blick ist ebenso asozial wie der des Protagonisten in Ramón y Cajals schon genannter Erzählung, und in beiden Fällen wird eine harmonische, einheitliche und damit universell gültige Erfahrung der Welt erst durch den Wechsel von einem menschlich-interessierten zu einem abstrakt-mechanischen Sehen möglich. Die Wahrheit der Kunst mußte Monet also teuer erkaufen, was den Topos des kompromißlosen Künstlers bedient, der für seinen Ruhm Opfer zu bringen hat. Tatsächlich ist das Opfer-Motiv in zahlreichen kunsttheoretischen Texten der Klassischen Moderne präsent. Von »sacrifices nécessaires« sprach Robert de la Sizeranne bezogen auf Bilddetails[108], und eine Generation später verlangte Paul Signac, daß ein Maler zur Steigerung der Qualität seiner Bilder nicht nur »unnütze Einzelheiten« (»les détails inutiles«), sondern alles opfern müsse, was mit Inhalt und Bedeutung zu tun habe, um sich allein auf die formalen Aspekte zu konzentrieren: »Das Genie vereinfacht, schließt aus, opfert«.[109]

Wie gut die künstlerische Vision eines ›unschuldigen Auges‹ mit dem Impetus der Naturwissenschaft vereinbar war, läßt sich auch am Werk von Georges Seurat studieren. Um sicherzugehen, auf jeden Fall an den letzten Ursprung des Wahrnehmens gelangt zu sein, malten er und die Pointillisten ihre Bilder in strenger Abstimmung mit wahrnehmungspsychologischen Lehren. Der Kult des reinen Farbreizes brachte sie auf Gemälde, deren Sujets jeweils erst im Auge des Betrachters entstehen sollten; so setzte man etwa Farbpunkte im Komplementärkontrast nebeneinander, um flimmernde Effekte – eine Auflösung schwerer Farbe in Licht – zu erreichen.[110]

Noch stärkere Spielarten von Unschärfe erzielte Seurat als Zeichner. Auf einigen Blättern werden die Sujets sogar fast unkenntlich, und die Faktur wirkt mechanisch, da kaum noch einzelne Striche zu unterscheiden sind. **Georges Seurat** verwendete grobkörniges Michallon-Papier, bei dem die Kreide abhängig davon, wie stark sie aufgedrückt wird, entweder nur auf der Oberfläche des Blatts oder aber flächendeckend Spuren hinterläßt. Statt verschiedener Grauabstufungen gibt es somit lediglich den – gleichsam digitalen – Wechsel von Schwarz und Weiß, der die Zeichnung aus der Nähe ganz abstrakt, aus größerer Entfernung als Ensemble gegenstandsähnlicher Schemen erscheinen läßt, die flirrend ineinander übergehen. Ohne den jeweiligen Bildtitel könnte der Betrachter manchmal nicht einmal vermuten, welche Sujets in der porösen Oberfläche des Papiers verborgen sind. Wo sich aus der Distanz eine Grenze zwischen zwei Gegenständen oder Bildebenen zeigt, macht Seurat keinerlei Andeutungen einer Kontur und scheint die Kreideführung auch nicht zu verändern, so als habe er tatsächlich jedes gegenständliche Sehen überwunden. Von nah betrachtet, gibt es also nur ganz leichte, nicht bewußt gesetzt wirkende Übergänge, weshalb sich die Bildgegenstände selbst aus der Ferne noch ineinander verlieren. Sie sind wie Lichtphänomene oder Gespenster und scheinen der Schwerkraft entzogen.

So wenig jemand wie Seurat einen Widerspruch zwischen Wissenschaft und Kunst sah, so wenig störte das Nebeneinander beider Autoritäten auch diejenigen, die jenen anderen Weg gingen und als Künstler einen möglichst prägnanten, eigentümlichen – interessierten – Blick auszubilden versuchten, um die noch unbestimmten Reize zu starken, ›wesentlichen‹ Bildern auszugestalten. Dies lief freilich einmal mehr auf eine Detailreduktion – und damit wiederum auf ein Plädoyer für Unschärfe-Effekte – hinaus. So konnte man sich auf Helmholtz oder verwandte Positionen berufen, wollte man begründen, daß Unschärfen – als Mechanismen der Ausblendung von Unwichtigem – »physiologische Berechtigung« besäßen.[111] Insbesondere Fürsprecher der ›unscharfen Richtung‹ fanden hier ein willkommenes Argument und machten sich auch gar nicht die Mühe, die kunstspezifische Begründung der Unschärfe davon zu trennen: Willi Warstat, über lange Zeit einer der eifrigsten Wortführer der bildmäßigen Fotografie, bezeichnete scharfe (»rohe«) Fotos in einem Atemzug als »nicht nur unkünstlerisch, sondern geradezu unnatürlich«, da sie den »physiologischen und psychologischen Vorgängen« widersprächen.[112]

Neben etlichen Aufsätzen und Kapiteln in fototheoretischen Werken widmete Warstat diesem Thema 1909 sogar ein eigenes Buch (*Allgemeine Ästhetik der photographischen Kunst aus psychologischer Grundlage*), das das Ziel verfolgte, scharfe, detaillierte Bilder als widernatürlich – und zugleich kunstlos – zu erweisen. Nicht die getreue Wiedergabe der Natur, sondern die Wiedergabe des persönlichen Eindrucks der Natur sei die Aufgabe der (bildmäßigen) Fotografie, und der Künstler unterscheide sich darin von anderen Menschen, daß er nur diejenigen Reize nachbilde, »die von *Gefühlswirkungen begleitet, d. h. ästhetisch wertvoll* sind«.[113] Künstlerische

Arbeit soll das in einer Wahrnehmung angelegte Erfahrungspotential voll zur Entfaltung bringen, womit exemplarisch und konzentriert geschieht, was in jedem Wahrnehmungsprozeß stattfindet. Das Künstlerische ist nach dieser Auffassung eine gesteigerte Form des Natürlichen, nämlich eine gleichsam perfektionierte Detailunterdrückung.

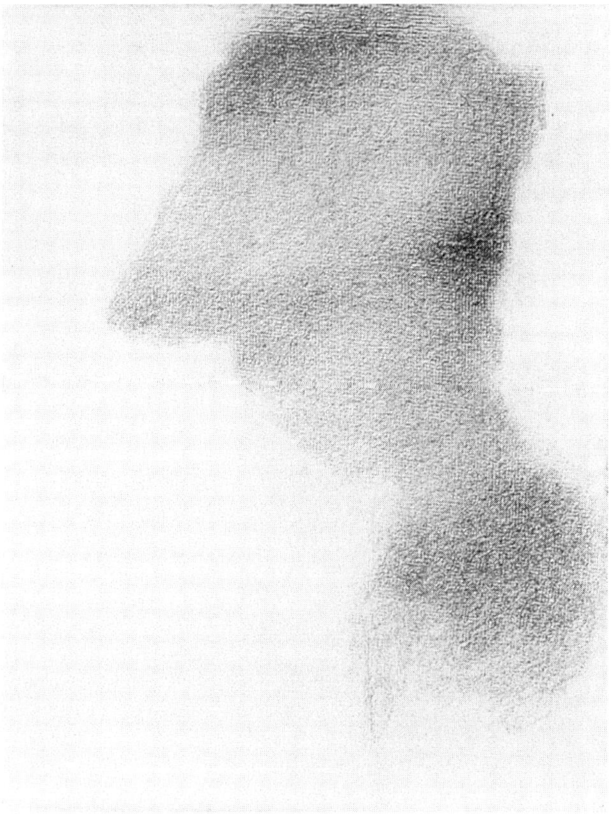

Allerdings ist zweifelhaft, wann eine Unschärfe noch den Modus intensiven Wahrnehmens nachahmt, wann sie aber darüber hinausgeht und eher dem Ziel der Verfremdung dient. Der Rückgriff auf wissenschaftliche Theorien lenkt von diesem weltverneinenden und ikonoklastischen Zug ab, und ebenso kommt dabei zu kurz, daß ein Effekt wie die Weichzeichnung nicht nur einer ›natürlichen‹ Reizselektion entspricht und damit eine defensive Funktion erfüllt, sondern, als Mittel der Harmonisierung, auch besser als anderes geeignet ist, jene »Gefühlswirkungen« zu übertragen und Stimmungsräume zu erzeugen. Daß Warstat (und andere Theoretiker) zwischen diesen beiden Begründungen für Unschärfe wiederum nicht trennen, mag ein Hinweis darauf sein, wie sekundär Argumente oft sind: Man schiebt sie nach, um eine umstrittene Bildsprache zu nobilitieren, und nur selten – wie beim Pointillismus – sind es Theorien, aus denen bestimmte Stilmittel erst abgeleitet werden. Freilich belegt das Nebeneinander unterschiedlicher Argumentationsrichtungen im Fall der Unschärfe nicht nur deren Komplexität – ähnliche Effekte dienen verschiedenen Zwecken –, sondern zeugt auch davon, daß es möglichst mehrerer Autoritäten bedurfte, um die Skepsis gegen etwas ›bloß‹ Verwischtes, Blässliches oder Konturloses zu mildern.

Dabei machte eine naturwissenschaftlich fundierte Argumentation besonders viel Eindruck, weshalb Kritiker der ›unscharfen Richtung‹ ihrerseits versuchten, bereits auf der Ebene der Wahrnehmung und mit vermeintlich wissenschaftlich-empirisch fundierten Argumenten anzusetzen, um Schärfe als ›wahreren‹ Bildmodus

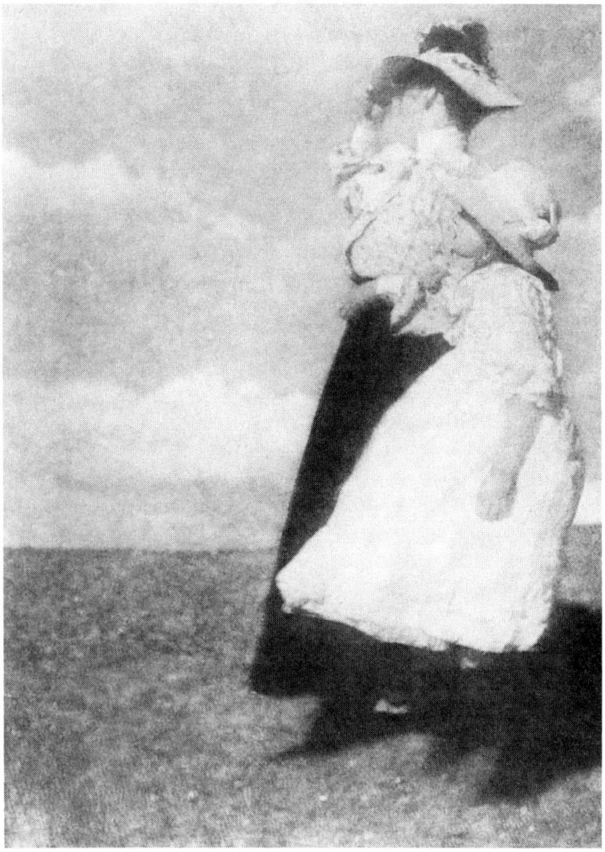

rechtfertigen zu können. So hieß es 1891 in den *Photographischen Mitteilungen*, »wenn wir zu der Betrachtung der Natur zurückkehren, so werden wir nach scharfer [sic!] Selbstbeobachtung finden, dass wir kaum einen Gegenstand verschwommen sehen, sondern alle scharf und zwar sehr scharf«. Zwar wurde konzediert, daß man »eine Landschaft nicht mit einem mal« überblicke, ihre Teile also nur »nach einander scharf sehen« könne, doch finde »die Anpassung des Auges so ruhig statt, dass wir [...] den Eindruck gewinnen, als wenn wir auf einmal ein grosses Bild scharf sähen«.[114] Allerdings blieben solche Beschreibungen des Wahrnehmens selten; mit ihnen war auch keine weitergehende Ambition verbunden, sondern sie besaßen allein die abwehrende Funktion, die aufkommende Mode unscharfer Bilder einzudämmen.

Umgekehrt ließ sich die Unschärfe dank der Einbeziehung wahrnehmungsphysiologischer Erkenntnisse von dem Vorwurf freisprechen, lediglich verunklärend zu wirken. Als Mittel gegen Reizüberflutung, als Instrument, das filterte, unterdrückte, wertete und den Wahrnehmenden davon entband, mehr wahrnehmen zu müssen, als ihn interessiert, konnte sie sogar zum Hüter von Ordnung und Klarheit ausgerufen werden. Dies galt gerade im deutschsprachigen Raum viel, wo man sich zwar für zu schöpferisch hielt, um an feste Formen und Regeln gebunden sein zu wollen, wo man aber auch stolz auf angeblich spezifisch deutsche Tugenden wie begriffliche Schärfe und Genauigkeit war. Entsprechend wiesen Protagonisten der bildmäßigen Fotografie darauf hin, ein Stilmittel wie die Weichzeichnung müsse »für uns Deutsche« dahingehend ausgelegt werden, daß »alle kleinlichen Nebensächlichkeiten, die gleichgültig oder der großen Bildwirkung abträglich sind, zurückgedrängt werden. [...] Also abgerundete, aber *klare* Bilderscheinung; keine unsichere Verschwommenheit!«

Der Fotograf Heinrich Kühn, dem es hier eigens um die Entwicklung einer

»deutschen Auffassung« des Komplexes ›Unschärfe‹ zu tun war, gehörte zugleich zu den wenigen, die es überhaupt unternahmen, genauer zwischen einzelnen Unschärfe-Effekten zu differenzieren. Es ist bezeichnend, daß gerade der Nationalitätenstreit zu solchen Unterscheidungen motivierte.[115] So hob Kühn die »amerikanischen soft focus-Linien« als zu äußerlich und »›wollige‹ Unschärfe« als ein Dokument »süßlicher Weichlichkeit«, ja als Beleg für die »schwankende Unbeständigkeit einer internationalen, mondänen Mode« von den »weichzeichnenden Linien« ab, durch die »die direkt verletzende ›knochige‹ Härte unvermittelter und nur auf kleine Bildpartien beschränkter Schärfe [...] gemildert wird«.[116] Es gab also eine ›gute‹ und eine weniger gute Unschärfe, wobei Kühns eigene Fotografien verdeutlichen, was er damit meinte. Auf ihnen sind die Sujets zu Grundformen vereinfacht, und die Weichzeichnung schafft, anders als etwa im Symbolismus, keine vagen, rätselhaften Partien – das wäre ›wollig‹ –, sondern nimmt dem Bild im Gegenteil jedes Element, das zu Spekulation oder Ablenkung Anlaß geben könnte. Von den Personen sind nicht einmal die Gesichter erkennbar, weshalb sich der Betrachter auch in keine Physiognomien vertiefen kann. Ebenso erzählt die Landschaft nichts, enthält kaum mehr als eine Horizontlinie, die Himmel und Erde voneinander trennt; Angaben über Jahreszeit, Sonnenstand oder Wetter sind nicht möglich. So abstrakt-allgemein, wie die einzelnen Gegenstände erscheinen, verwirklicht sich tatsächlich jene Klarheit, die Kühn propagierte und die er als typisch für die deutsche Bildtradition von Dürer und Holbein bis zu Leibl ansah.

Daß Kühns Fotos oft Szenen im Freien und am Land zeigen, ihre Titel gar ***Fernblick*** lauten, verrät auch den Wunsch, Weite und Unendlichkeit der Natur, eine zeitlos-antimoderne Alternative zum Stadtleben zu vermitteln und dem Betrachter seine eigene Freiheit – und sei es nur die Freiheit der Reflexion – bewußt zu machen. Rund ein Jahrhundert nach Adam Müller geht es um eine Fortsetzung romantischer Bildmuster mit den Mitteln der Fotografie und geadelt durch den Beistand der Wissenschaft, die das bevorzugte Formklima auch als das ›natürliche‹ erweist. Doch sind die Fotografien von Heinrich Kühn wirklich ›wahr‹ – entsprechen sie den Bildern der Wahrnehmung?

7. DIE SUCHE NACH DEN INNEREN BILDERN

»Ich entstamme einer Familie, die viele Bildhauer und Maler, darunter Caspar David Friedrich, hervorgebracht hat, bin also mit Kunst erblich belastet. Vor vierzig Jahren habe ich Naturwissenschaften und Medizin studiert und [...] die unbestechlich-exakte Untersuchungsmethode kennengelernt, die skeptisch jedem Versuchsergebnis zunächst Mißtrauen entgegenbringt und erst zufrieden ist, wenn alle Kontrolluntersuchungen das gleiche Resultat zeitigen«.[117] Diese kurze autobiographische Skizze Heinrich Kühns belegt einmal mehr eine ›double bind‹-Situation, die freilich gar nicht als Problem gesehen wird: Er berief sich auf die Kunst und speziell die Romantik, war aber zugleich stolz auf naturwissenschaftliche Kenntnisse und Arbeitsmethoden.

Heinrich Kühn (1866–1944) gilt als der wichtigste Vertreter der bildmäßigen Fotografie im deutschsprachigen Raum – vielleicht gerade weil Kunstwollen und Wissenschaftsethos bei ihm ausgeprägt aufeinandertrafen. Einem großbürgerlichen Dresdner Elternhaus entstammend, studierte er zuerst Medizin und war wohl auch Hörer bei Helmholtz.[118] Die im Studium vorgesehene Beschäftigung mit Mikrofotografie veranlaßte ihn zu intensiveren fototechnischen Studien. Da er wohlhabend war, konnte er es sich leisten, auf die Ausübung seines Berufs zu verzichten, der ihm ohnehin schwer gefallen wäre, da er an starkem Asthma litt. So ließ sich Kühn als Amateurfotograf in Innsbruck nieder; später zog er ganz aufs Land und mied das städtische Leben.

Entscheidend wurde für ihn eine Ausstellung des »Wiener Camera Club«, auf der, international angelegt, 1891 erstmals Arbeiten von Fotografen zu sehen waren, die später zu den Protagonisten der bildmäßigen Fotografie gehören sollten. Hier fand Kühn seine stilistische Heimat, und zusammen mit Hans Watzek und Hugo Henneberg gehörte er bald zu den führenden Mitgliedern des Clubs, der auf allen wichtigen internationalen Foto-Ausstellungen vertreten war. Auch zu den Hauptvertretern des amerikanischen ›pictorialism‹ besaß Kühn enge Kontakte, was ihn allerdings nicht daran hinderte, jene zitierte, vergleichsweise chauvinistische »deutsche Auffassung« der Unschärfe zu proklamieren.

Als Fototheoretiker trat Kühn verstärkt erst nach dem Ersten Weltkrieg an die Öffentlichkeit: Nachdem das Familienvermögen Kriegsanleihen sowie der Nachkriegsinflation zum Opfer gefallen war, war er gezwungen, Geld zu verdienen, und suchte sich nicht zuletzt mit Beiträgen in Fotozeitschriften über Wasser zu halten. Die darin (wie auch in seinem Buch *Technik der Lichtbildnerei*) vorgetragenen Argumente für die Unschärfe kommen also etwas verspätet, war die bildmäßige Fotografie doch längst nicht mehr legitimationsbedürftig; ihre Bildsprache hatte dank auflagenstarker Foto-Ratgeber Popularität erlangt, und gerade die Unschärfe war ein selbstverständliches Stilmittel geworden.[119] So boten die Texte Kühns eher eine nachträgliche Erläuterung, sind aber eine hervorragende Quelle für die Rekonstruktion einiger weltanschaulicher Hintergründe der ›unscharfen Richtung‹.

Vieles liest sich vertraut: Das Streben nach Einheit, der Wunsch, die ›Aufdringlichkeit‹ der Details in eine ›Eindringlichkeit‹ der Bildwirkung zu verwandeln[120], die Unterscheidung zwischen »der äußeren, kalten, leblosen Wahrheit der Dinge und einem Suchen nach der inneren, subjektiv empfundenen Wahrheit«.[121] Letztere ist für Kühn jedoch gerade nicht gleichbedeutend mit einer Wahrheit der Wahrnehmung. Als ebenso genauer wie ambitionierter Beobachter äußert er sogar Zweifel, ob eine Fotografie den Wahrnehmungsprozeß überhaupt nachbilden könne. Im Unterschied zum Auge sei sie nämlich nicht in der Lage, immer wieder neu zu fokussieren, sondern lege die Schärfe- und Unschärfeverteilung endgültig fest. Anders verhält es sich – so Kühn – bei Vorstellungs- und Erinnerungsbildern: Da die entscheidenden Momente einer Wahrnehmung auf ihnen bereits fixiert seien, könnten Fotos ihnen auch eher entsprechen. Das brachte Kühn dazu, sein mimetisches Interesse auf die Wiedergabe der Bilder des ›inneren Auges‹ zu lenken und nach Möglichkeiten zu suchen, sie fotografisch nachzuempfinden. Auch andere sahen in Vorstellungs- und Erinnerungsbildern die maßgebliche Referenz für den Fotografen – und zugleich eine Legitimation für unscharfe Bilder. So war 1897 in der *Photographischen Rundschau* zu lesen, »dass der Eindruck im Auge für uns völlig gleichgültig sei, dass wir nur nach dem geistigen Eindrucke urteilen, dessen abgeschwächtes Bild die Erinnerung ist, die uns zeigt, wie wenig in Wahrheit alle die Nebensächlichkeiten aus dem Bilde im Auge in unser Gehirn aufgenommen werden«.[122]

Tatsächlich wird immer wieder als typisch für ›innere Bilder‹ hervorgehoben, daß die einzelnen Sujets zwar genau präsent sind, sich jedoch entziehen – gleichsam unscharf werden –, sobald die Aufmerksamkeit darauf gerichtet wird. Auch Warstat versuchte mit Verweis auf dieses Phänomen, der Unschärfe als bildnerischem Mittel zusätzliche Rechtfertigung zu verschaffen (wobei er anders als Kühn nicht streng zwischen Wahrnehmungs- und Erinnerungsbild trennte): »Wir können sehr oft auf die Frage nach gar nicht unwesentlichen Einzelheiten unserer täglichen Umgebung, nach der Farbe und dem Muster der Tapeten etwa, der Form und den Ornamenten bestimmter Möbel, nach Einzelheiten an der Kleidung uns nahestehender Personen keine genaue und bestimmte Auskunft geben«.[123] Solange man jedoch nicht mit einer solchen Frage konfrontiert ist, glaubt man durchaus, ein umfassendes Bild einer Situation zu haben, und empfindet die eigenen Erinnerungsbilder nicht ›an sich‹ als lückenhaft oder zu unbestimmt. Muster, Designs oder Frisuren sind in der Erinnerung da und zugleich nicht da. Dieser Zwischenzustand von An- und Abwesenheit verbietet es gemäß Kühn, die Hauptsujets auf einem Foto scharf abzubilden, das Übrige hingegen unscharf; dann nämlich wertet der Fotograf bereits endgültig und läßt nichts in der Schwebe: »... ein Unterschied im Grade der Schärfe, der so weit ginge, daß er die Deutlichkeit der einzelnen Bildpartien unter sich aufallend abstufen würde, ist unbefriedigend. [...] Versucht man aber, ein scharfes Grundbild durch ein weicheres zu überlagern, so kommt man dem natürlichen Eindruck viel näher«.

Kühn experimentierte »einige dreißig Jahre«, bis er sich sicher war, die Technik zu kennen, mit der innere Bilder adäquat zu repräsentieren sind. Es ist bezeichnend für ihn, fortwährend neue Versuchsanordnungen entwickelt zu haben, um sich seinem Abbildungsziel mit wissenschaftlicher Akribie zu nähern. Dabei bleibt die Auswahl seiner Sujets in all den Jahren seltsam gleichförmig. Die Stilleben mit traditionellen Gegenständen wie Obst oder Krügen, die ländlichen Szenen und vor allem die Personen wirken oft gestellt, was sie sogar etwas unheimlich – leblos, entrückt – erscheinen läßt. Auf jeden Fall zeugt die häufige Wiederholung derselben Themen von einer gewissen Verlegenheit – als sei es Kühn weniger um die Motive als um die jeweilige Fototechnik gegangen. Vielleicht hat er sogar gezielt immer wieder ähnliche Bildkompositionen gesucht, um die Effekte der verschiedenen fotografischen Verfahren besser vergleichen zu können. Entsprechend verachtete er fotografische Laien, die ohne großen Einsatz zu guten Bildern kommen wollten, und wetterte gegen den »Photobolschewismus« massenhaften Knipsertums.[124]

Letztlich befriedigten ihn am meisten die Bilder, die mit einem bestimmten Objektiv aufgenommen waren, zumal er sich, nach anfänglichen Versuchen mit Gummidrucken, von allen retuschierenden Techniken distanziert hatte. Die Besonderheit des von Kühn favorisierten Objektivs bestand darin, nicht korrigiert zu sein und insofern zwei Abbildungsfehler zu enthalten, die einfache Linsen immer erzeugen und die sich beide als Unschärfe äußern. Man spricht hierbei von der chromatischen und der sphärischen Abweichung. Erstere ergibt sich daraus, daß das Licht durch die Linse in sein Spektrum zerlegt wird: Da die einzelnen Farben des Spektrums einen leicht unterschiedlichen Brennpunkt besitzen, kommt der Lichtstrahl nicht als scharfer Punkt, sondern leicht zerstreut auf der Fotoplatte an. Folge ist eine Unschärfe, bei der sich die Konturen etwas auflösen und alles ein wenig verschwimmt. Die sphärische Abweichung hingegen entsteht dadurch, daß parallel einfallende Lichtstrahlen abhängig davon, wo sie auf der Linse auftreffen, unterschiedlich stark gebrochen werden (in der Linsenmitte geringer als am Rand), weshalb sie keinen gemeinsamen

Brennpunkt haben. Unscharf wirkt das Bild dann eher aufgrund eines Überlagerungseffekts; alles bleibt zwar klar erkennbar, ist jedoch überblendet vom Licht der Strahlen, deren Brennpunkt auf einer anderen Ebene liegt.

Damit ist eine Unschärfe möglich, die dem »natürlichen Eindruck« – so Kühn – nahekommt: Alles ist gleichmäßig unscharf, aber nicht zu verschwommen oder verwischt, sondern immer noch deutlich erkennbar: Die »Bildeinzelheiten [bleiben] erhalten, verlieren aber das Aufdringliche. Es ist der eigentümliche Zustand, daß man sie entdecken, aber auch übersehen kann«. Allerdings würde die sphärische Abweichung für sich allein irritieren, da der Kontrast zwischen dem scharfen Bild und seiner Überlagerung zu stark ausfallen kann. Zu mildern ist diese Wirkung durch eine zusätzliche leichte Weichzeichnung der Linien, wie sie die chromatische Abweichung mit sich bringt. Daraus leitet Kühn eine ideale Kombination von Unschärfe-Effekten ab und erklärt eine unkorrigierte Linse zum besten Instrument, das Aussehen innerer Bilder zu simulieren: »Um die Harmonie des Vortrags zu sichern, wird also ein geringer, unauffälliger Grad chromatischer Unschärfe mit einem beträchtlich höheren Maße sphärischer Unterkorrektion gleichzeitig zu verwenden sein«.[125]

So intensiv sich Kühn um die technische Seite der Fotografie kümmerte – aus seinen vielen Beiträgen in Fotozeitschriften spricht immer wieder der unermüdliche Tüftler –, so sehr sah er seine Bilder doch zugleich als Kunst an. Dabei war er einem expressionistischen Kunstbegriff verpflichtet und davon geleitet, subjektives Empfinden nicht nur sichtbar, sondern für andere auch nacherlebbar zu machen. Es gehe darum, »den erlebten Eindruck [...] in eine klare und deshalb eindrucksvollere Form zu fassen und eine Resonanz der Wucht des Natureindrucks vom Beschauer zu erzwingen«.[126] Diese etwas martialische Formulierung zeigt, daß Kühn die Qualität eines Werks danach bemaß, ob es ›anstecken‹ und den Betrachter in dieselbe Stimmung hineinziehen konnte, die auch den Künstler während des schöpferischen Prozesses beherrschte. Einmal mehr verrät sich hier der Wunsch, bildende Kunst solle so unmittelbar und ›zwingend‹ sein wie ein Stück Musik.

Da eine möglichst perfekte Wiedergabe des Modus von Erinnerungsbildern als Voraussetzung für eine starke Wirkung – und damit als Kriterium des Kunstcharakters – der Fotos galt, gab Kühn sich auch nicht mit Schwarz-Weiß-Techniken zufrieden. Zwar heißt es von Erinnerungen, sie seien nicht so bunt wie die realen Gegenstände, dennoch gelten sie nicht als farblos, sondern höchstens als ›verblaßt‹. So gehörte Kühn zu den ersten, die mit farbfotografischen Verfahren experimentierten, welche zu Beginn des 20. Jahrhunderts bereits erstaunliche Ergebnisse erbrachten [**Farbabb. S. 132**]. Im Sommer 1907 traf er sich sogar mit Steichen und Stieglitz, um das Potential einer auf die Gebrüder Lumière zurückgehenden Technik auszuloten. So überzeugend die damit erzielten Farbwerte sein mochten, so sehr wurde es für diese Technik jedoch zum Problem, daß die Bilder nur als – gefährdete – Unikate auf Glas hergestellt werden konnten, die zudem von hinten beleuchtet werden mußten, um ihre Wirkung zu entfalten. Für eine Präsentation von Fotos in illuminierten Glaskästen war die Zeit aber noch nicht reif, weshalb sich Kühn und seine Mitstreiter nach einer kurzen Phase der Euphorie bald wieder (weitgehend) auf Schwarz-Weiß-Techniken des Negativ-Positiv-Verfahrens beschränkten.

Kühns Interesse für Vorstellungs- und Erinnerungsbilder dürfte auch von Tendenzen in der Literatur oder Psychologie beeinflußt gewesen sein. Schon im 19. Jahrhundert untersuchte man verschiedentlich das Phänomen des Sich-Erinnerns und beschrieb den besonderen Charakter des Erinnerungsvermögens. Kurz vor seinem Tod verfaßte etwa Adalbert Stifter eine kleine Skizze, in der er seine ersten Erinnerungen zu rekonstruieren unternahm. Auch wenn die Vokabel ›unscharf‹ darin nicht vorkommt, erweckt doch die gesamte Schilderung den Eindruck von – beunruhigender – Verschwommenheit: »Weit zurück in dem leeren Nichts ist etwas wie Wonne und Entzücken, das gewaltig fassend, fast vernichtend in mein Wesen drang [...] Die Merkmale, die darin festgehalten wurden, sind: es war Glanz, es war Gewühl, es war unten. [...] Dann war etwas anderes, das sanft und lindernd durch mein Inneres ging. Das Merkmal ist: es waren Klänge. Dann schwamm ich in etwas Fächelndem, ich schwamm hin und wider, es wurde immer weicher in mir, dann wurde ich wie trunken, dann war nichts mehr«.

Erst allmählich bilden sich aus solchen kleinen, vagen Erinnerungsinseln konkretere Eindrücke, schließlich bleiben benennbare Gegenstände haften. Typisch für die ersten Erinnerungen ist aber gerade, daß sie noch keine Bilder sind, sondern eher jenes »Gewühl«, das Elemente verschiedener Sinne in sich birgt: Neben visuellen sind es ebenso akustische oder taktile Empfindungen, und auch etwas später legt sich Stifter nicht eindeutig auf Bilder fest, sondern charakterisiert das, was er in frühester Kindheit erfuhr, allgemeiner als »Jammervolles, Unleidliches, dann Süßes, Stillendes«.[127] Damit ist die Unbestimmtheit des Erinnerten genau charakterisiert, und es wird bewußt, wie sehr Erinnerungen eher ein synästhetisches als ein rein bildliches Phänomen sind.

In der berühmten Passage von Prousts *À la recherche du temps perdu*, in der der Erzähler berichtet, was der Geschmack einer Madeleine in Verbindung mit einem Löffel Tee bei ihm auslöse, geht es sogar eigens um die Zusammenhänge, die zwischen Erinnerungen verschiedener Sinnessphären bestehen. So gehört für Proust zu einem Geschmack eine visuelle Erinnerung, die jedoch als »allzu schwach erkennbar« beschrieben wird: »Kaum nehme ich einen gestaltlosen Lichtschein wahr, in dem sich der ungreifbare Wirbel der Farben vermischt und verliert«. Die Form der Erinnerung ist somit nicht identifizierbar, vielmehr geben sich Geschmack und Bild als »unzertrennliche Gefährten«.[128]

Die Unschärfe wird dieser Synästhesie insofern gerecht, als sie gerade kein Maximum an optischer Information bietet und die Sujets ihrer Individualität beraubt. Da der Rezipient daher nicht bereits vollständig von visuellen Assoziationen vereinnahmt wird, öffnet sich ihm das Abgebildete: Der Bildraum wird zum Stimmungsraum, füllt sich mit zusätzlichen Dimensionen, und es lassen sich Empfindungen anderer Sinne daran anlagern. Zugleich suggeriert ein unscharfes Bild Verschwinden oder Auftauchen, in jedem Fall aber einen Übergang zwischen Realität und Nichts, ein indefinites Dazwischen, so wie Stifter es mit seinen zu Hauptwörtern transformierten Adjektiven ausdrückt. Tatsächlich regieren in einer unscharfen Welt die Eigenschaften, während die bestimmbaren Dinge, denen sie sonst zukommen, ausgelöscht sind.

Allerdings wurde auch bestritten, daß unscharfe Bilder – etwa die Fotografien von Heinrich Kühn – Erinnerungen zutreffend wiedergeben. Sprachanalytische Philosophen wie Wittgenstein bezweifeln sogar, daß innerpsychische Zustände überhaupt repräsentierbar sind; vielmehr werden Ausdrücke wie ›Erinnerungsbild‹ oder ›inneres Bild‹ von ihnen als Metaphern – Sprachspiele – interpretiert. Das läßt es fraglich erscheinen, ob etwas wie ein ›inneres Bild‹ überhaupt jenseits seiner (sprachlichen) Explikation als Bild existiert. Entsprechend gilt jede Mimesis-Vorstellung – der Glaube, man könne ein ›inneres Bild‹ wie einen Apfel beschreiben oder abbilden – als zu einfach oder auch völlig verfehlt, und jeder, der glaubt, ein Bild oder Foto könne grundsätzlich einer Erinnerung oder Vorstellung entsprechen, erscheint als verführt von jenen Metaphern – als Opfer einer fixen Idee.

Die Behauptung, daß Erinnerungsbilder bevorzugt unscharf seien, läßt sich dann ebenfalls als Folge einer naiven Metapherngläubigkeit deuten: Redewendungen wie »unscharfe Erinnerung«, »schwindendes Gedächtnis« oder »etwas vage im Gedächtnis haben«, aber auch Beispiele aus der Poesie[129] verleiten dazu, ›Erinnerungsbilder‹ ihrerseits verschwommen, pastellig oder grobkörnig zu entwerfen. Wittgenstein erwähnt sogar dieses Beispiel, wenn er die Unmöglichkeit einer Ähnlichkeits-Beziehung zwischen innerpsychischen Vorgängen und deren externer ›Repräsentation‹ erörtert. So bestreitet er, daß »man die Erinnerung an ein Bild [...] durch dieses Bild in blassen Farben gemalt darstellen kann. Die Blässe der Erinnerung ist etwas ganz anderes als die Blässe des gesehenen Farbtons und die Unklarheit des Sehens von anderer *Art* als die Verschwommenheit einer unscharfen Zeichnung«.[130]

Somit ist es lediglich eine Konvention, wenn man unscharfe Bilder als genauere Abbilder des Erinnerns schätzt denn scharfe Bilder. Die Unschärfe fungiert hier gleichsam als Code, was vielleicht bei Filmen am deutlichsten wird: Man hat gelernt, daß es sich entweder um eine Rückblende – die Erinnerung eines Protagonisten –

oder um einen Traum handeln muß, wenn die Bilder verschwommen oder weichgezeichnet sind. Gerne wird die Unschärfe dann noch mit Zeitlupe verknüpft, die Bewegungen in die Schwebe versetzt und das Abgebildete ebenfalls wattig erscheinen läßt. Anstatt den Gesetzen der Schwerkraft unterworfen zu sein, soll das in diesem Modus Gezeigte also immaterieller Natur – ein mentales Ereignis – sein.

Die Assoziation von Unschärfe mit dem Geistigen gelingt so zuverlässig, daß sie sogar stattfindet, wenn keine ikonographische Absicht vorliegt. Gerade in der Frühzeit der Fotografie, als das neue Medium ohnehin noch befremdete, bot es immer wieder Stoff zu Spekulationen, wenn auf einem Bild unerwartet unscharfe Partien, Auflösungserscheinungen oder Schleierbildungen auftraten. Anstatt generell Material- oder Entwicklungsfehler zu unterstellen, mutmaßte man lieber, der Apparat könnte mehr als das dem menschlichen Auge Sichtbare aufgenommen haben. In Verbindung mit okkultistischen Neigungen war es dann kein weiter Weg bis zu dem Glauben, die Fotografie sei dazu imstande, nicht nur Erscheinungen, Visionen und die Geister Verstorbener, sondern ebenso Gedanken, Erinnerungen, innere Bilder und innerpsychische Zustände aller Art abzubilden. Auch hier stimulierte die Entdeckung der Röntgen-Strahlen am Ende des 19. Jahrhunderts zu mancherlei Experimenten, die das Ziel verfolgten, noch mehr ›Inneres‹ – und endlich auch Immaterielles – sichtbar zu machen.

Zwischen naiver Faszination gegenüber der Fotografie, ernsthaften wissenschaftlichen Ambitionen und Betrug zu unterscheiden, ist dabei im Einzelfall – und erst recht im Rückblick – nicht immer einfach. Was heute alles gleichermaßen absurd oder verstiegen anmutet, mochte ehedem zum Teil durchaus plausibel erschienen sein. Dennoch konnten Pioniere der Gedankenfotografie die Akademien und großen Autoritäten der Wissenschaft nur selten von ihren vermeintlichen Sensationen überzeugen.[131] Jemand wie **Hippolyte Baraduc** erlangte also eher Popularität als Reputation, als er am Ende des 19. Jahrhunderts fluidische Ausstrahlungen dokumentierten wollte, indem er eine Fotoplatte über der Schädeldecke oder auch in der

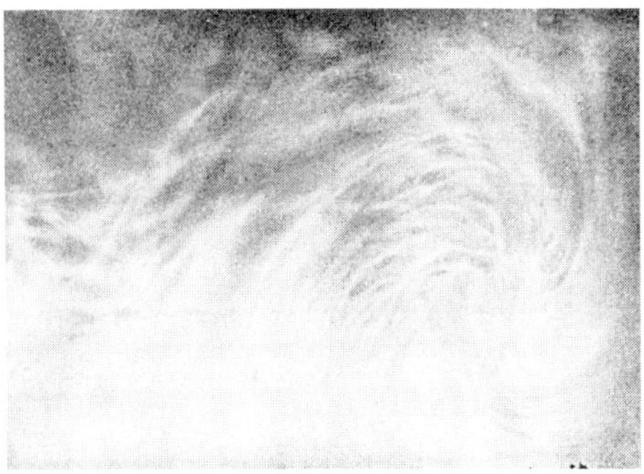

Nähe der Hände plazierte; die Wirbel, Flecken oder anderen – jeweils sehr verschwommenen – Erscheinungen, die sich nach Entwicklung der Platte zeigten, deutete er als Niederschlag von Emotionen oder Gedanken, glaubte also Trauer, Zorn oder die Empfindungen während eines Gebets darauf abgebildet zu sehen. Hier wie bei anderen Versuchen einer Fotografie innerpsychischer Vorgänge öffnete sich den Interpreten dank der Unschärfe eine Bühne, auf der sie sich als Wissenschaftler gerieren konnten: Gerade weil eigentlich nichts auf den Bildern zu erkennen ist, imponiert es dem Laien, wenn ihm der mutmaßliche Fachmann erklärt, was jeweils abgebildet sei. Genau genommen staunt der Laie doppelt, nicht nur über das, was der Experte durch alle Unschärfen hindurch zu sehen vermag, sondern zuerst natürlich darüber, daß es überhaupt gelungen ist, so ›schwierige‹ Sujets wie Gedanken oder Gefühle zu fotografieren. Die Unschärfe nährt dieses Staunen noch eigens, da sie den Betrachter nie vergessen läßt, was für einen ungeheuren Akt es bedeutet, an sich Unsichtbares auf das Foto zu bannen. Welche Dramatik, welche Finessen dahinter stehen, bis etwas der Unsichtbarkeit entrissen werden kann, würde nicht deutlich, zeigte sich der Gedanke an eine Stadt als durch und durch scharfes Bild einer Stadt. Zwar wäre dies die weitaus größere Leistung als ein bloßes Schema eines kaum identifizierbaren Sujets, aber es wäre doch völlig unspektakulär. Allein Unschärfe-Effekte sorgen dafür, daß ein Foto die (vermeintlich) aufregende Geschichte seiner Entstehung erzählt – und damit einmal mehr einen Ausnahmezustand festzuhalten scheint. Bis heute präsentiert daher selbst die seriöse Wissenschaftsfotografie – zumindest in den Massenmedien – am liebsten nur schwer Erkennbares wie Bilder aus dem Elektronenmikroskop oder von Satelliten: Dem Rezipienten will man so eine Ahnung von der Frontstellung der Wissenschaft oder auch von der Lust am Entdecken vermitteln, und gleichzeitig wird ihm suggeriert, er dürfe Augenzeuge eines bedeutenden Moments sein. Unschärfe gerät hier zu einer Spielart des Erhabenen, mittlerweile oft noch durch kunstvolle Farbmanipulationen gesteigert [**Farbabb. S. 133 oben**].

Tatsächlich taucht in der gesamten Geschichte der Fotografie innerpsychischer Phänomene kein einziges Beispiel auf, das sein Sujet scharf zeigen würde. Gerade die vielen Scharlatane, die in diesem Bereich tätig waren, wußten genau, daß sie von vornherein um ihre Glaubwürdigkeit gebracht gewesen wären, hätten sie auf Unschärfe Effekte verzichtet. Diese waren als Konvention um so strenger einzuhalten, als jeder anderen Darstellungsform von Unsichtbarem eigens abverlangt worden wäre, ihre Richtigkeit zu beweisen. Zwar galt dieselbe Beweislast grundsätzlich auch für unscharfe Bilder, doch begegneten viele ihnen nicht ganz so skeptisch, da sie sich dank der Uniformität ihres Aussehens gegenseitig stützten. Paradoxerweise stand also für Versuche einer Mimesis des Unsichtbaren viel weniger Freiraum zur Verfügung als für die Abbildung des Sichtbaren: Während es zahllose Möglichkeiten gab, reale Gegenstände ›richtig‹ zu malen oder zu fotografieren, konnte das Unsichtbare immer nur auf *eine* Weise dargestellt werden.

Allerdings hatten manche – wie etwa der Wiener Arzt Friedrich Feerhow – weitergehende Träume und vertraten die Meinung, Gedankenfotos würden nicht immer verschwommen bleiben. Dank spezieller Konzentrationstechniken sowie infolge besserer Aufnahmeverfahren werde die Gedankenfotografie schließlich sogar zur vorherrschenden Bildform aufsteigen und Malerei oder Druckgraphik ersetzen: »Wenn ein Maler ein Gemälde schafft, so ist er gezwungen, um seiner bildhaften Vorstellung Ausdruck zu verleihen, die Idee gewissermaßen zu materialisieren. [...] Ein Künstler, der direkt als Psychograph arbeiten lernt, arbeitet anders: Er nimmt eine Milchsilberplatte – später werden sich wohl noch besser geeignete Emulsionen finden – vom gewünschten Format, legt sie sich im Entwicklungsbad zurecht und projiziert in voller Konzentration sein Phantasiebild unmittelbar auf die empfindliche Schicht. Darauf fixiert er sein Bild und das Kunstwerk ist in einer Viertelstunde fertig!«[132]

So kühn sich eine derartige Fortschrittseuphorie ausnimmt, so ist darin doch nur formuliert, was als Ziel aller Gedankenfotografie unstrittig sein müßte: Nützlich wäre sie auf Dauer nur, wenn sie deutlich mehr böte als Unschärfe-Effekte, ja wenn sie einen klaren Gedanken auch klar wiedergeben könnte. Deshalb überrascht, wie relativ selten jemand Unmut über die Qualität der ›Gedankenfotos‹ äußert – unabhängig davon, ob sie abgelehnt oder für echt gehalten werden. Dies legt den Verdacht nahe, daß der durch die extreme Unschärfe signalisierte Ausnahmezustand – der mutmaßlich sensationell-dramatische Charakter der Bilderzeugung – in der Tat vollauf genügt, um die Bilder interessant zu finden.

Gerade auch der (bisher) letzte spektakuläre Fall auf dem Terrain der Gedankenfotografie bestätigt diese Hypothese. In den 1960er Jahren erregte der Amerikaner Ted Serios großes Aufsehen mit der Behauptung, er könne Bilder, die er sich vorstelle, auf Polaroids fotografisch fixieren. Dabei schaute er aus einigen Zentimetern Entfernung in die Kamera, deren Objektiv er auf ›unendlich‹ gestellt hatte; während auf manchen Fotos – wie zu erwarten – Serios' Gesicht unscharf zu sehen ist, entstanden ab und zu, neben vielen ganz weißen oder ganz schwarzen Bildern, auch Fotos, die vage etwa ein Gebäude erkennen lassen [**Farbabb. S. 133 unten**].[133] Dabei verwundert die gleichmäßige Verschwommenheit der – farbigen – Bilder: Sie sind, anders als die Fotos von Kühn, nicht etwa ohne Details, sondern sie zeigen Kleinteiliges in lediglich sehr unscharfer Manier. Zu den Rändern hin werden sie dunkel oder völlig schwarz, was einen darauf bringen könnte, hier sei ein Einblick in die ›black box‹ des Gehirns gewährt. Damit entsteht eine Anmutung, die der mancher Weltraumfotografien gleicht: Wie man fasziniert davon ist, wenn aus den unergründlichen Tiefen des dunklen Alls ein heller Punkt – durch die weite Reise alt gewordenes Licht – auftaucht, besitzen auch die Polaroids von Ted Serios stilles Pathos; wieder wird die Unschärfe zum Schlüsselreiz des Erhabenen.

Kann die Unschärfe bei diesen ›Gedankenfotografien‹ darauf hinweisen, daß etwas an sich Unsichtbares vielleicht doch irgendwie und teilweise sichtbar geworden ist, spielt sie bei Heinrich Kühn eine subtilere Rolle: Entspricht sie einerseits der

Vorstellung, daß ein ›inneres Bild‹ nicht so vollständig und kleinteilig ausgestaltet ist wie die sichtbare Welt, dient sie andererseits auch dazu, sonst Sichtbares – Details – zum Verschwinden zu bringen. Für Kühn ist das freilich kein Gegensatz, sondern er interessiert sich für ›innere Bilder‹ sogar nur deshalb, weil ihre Vagheit ihm eine Legitimation dafür bietet, all das auszublenden, was ihn stört. Die Welt der ›inneren Bilder‹ ist für ihn genau so, wie er sich die äußere wünscht: entlastet, harmonisch, anspruchslos.

Damit zeugt die Unschärfe immer wieder von Wünschen nach Umverteilung, und was unscharf ist, soll zwischen Sichtbarkeit und Unsichtbarkeit hin- und hergeschoben werden. Insofern ist Unschärfe auch Zeichen von Unzufriedenheit, Ausdruck des Verlangens, anderes zu sehen als üblicherweise – und sei es nur momentan, als Illusion eines Ausnahmezustands.

8. METAPHYSIK DER BEWEGUNG

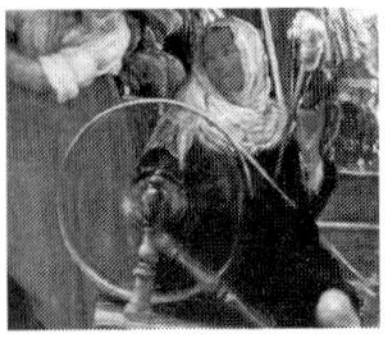

»Wir wollen das wiedergeben, was an der Oberfläche nicht sichtbar ist«.[134] Dieser Zielsetzung des italienischen Fotografen Anton Bragaglia aus dem Jahr 1913 hätten fast alle Künstler der Avantgarde applaudiert – Kubisten ebenso wie Expressionisten, Abstrakte nicht weniger als Symbolisten oder Fauvisten. Außerdem ließen sich damit nicht nur Weichzeichnung oder Sfumato-Effekte erklären; vielmehr führte der Wunsch, sonst Unsichtbarem aufs Bild zu verhelfen, zur Legitimation einer weiteren Art von Unschärfe. So ist Anton Bragaglia (zusammen mit seinem Bruder Arturo) an erster Stelle zu nennen, wenn es um die Geschichte der Bewegungsunschärfe geht. Gewiß war er nicht der erste, auf dessen Fotografien sie als Effekt auftauchte, er ist jedoch einer der wenigen, der darin mehr sah als nur einen Effekt, ja der metaphysische Spekulationen damit verband.

Als Bildphänomen ist die Bewegungsunschärfe viel älter als die Fotografie, und die Ehre, sie als erster auf einem Bild dargestellt zu haben, gebührt wohl **Diego Velazquez:** Die Drehung eines Spinnrads machte er dadurch kenntlich, daß er statt der Speichen lediglich Schlieren und leichte Lichtreflexe malte. Bei den Zeitgenossen, die um 1650 sein Bild *Les Hilanderas* betrachteten, sorgte das vermutlich für Irritation, und so viel Verismus setzte sich auch nicht durch: Lange Zeit – bis zu Turner – war es unüblich, eine Bewegung gleichsam mit ›unschuldigem Auge‹ zu malen – zu zeigen, was man sah, und nicht, was man wußte.

Erst im 19. Jahrhundert wurde die Bewegungsunschärfe zu einem eigens beachteten Sujet – dann als eher unfreiwillige Zutat vieler Fotografien: Aufgrund langer Belichtungszeiten erschien alles, was sich bewegte, verwischt oder nur als schwaches Abbild. Das mochte zwar einmal mehr zu Spekulationen über die Existenz von Geistern und übersinnlichen Ereignissen verleiten, war aber als Phänomen so verbreitet und so leicht erklärbar, daß es nicht wirklich Eindruck machte. Bald wurde das Fotomaterial auch empfindlicher, was die Belichtungszeiten erheblich verkürzte. Der Ehrgeiz vieler Fotografen richtete sich nun darauf, rasche Bewegungen genau zu fixieren, deren Verlauf mit bloßem Auge nicht zu erkennen war. Berühmt wurden die Studien von Edward Muybridge, der mit Hilfe der Fotografie die alte Streitfrage über die Beinstellung des Pferds im Galopp zu klären vermochte.

War es hier fotografische Schärfe, die etwas sonst Unsichtbares sichtbar werden ließ, fungierte eine Generation später – nämlich bei Bragaglia und im Futurismus –

einmal mehr Unschärfe als das Erkennungszeichen einer besonderen bildnerischen Leistung. Nachdem schon im *Technischen Manifest der futuristischen Malerei* von 1910 begeistert festgestellt worden war, »daß Bewegung und Licht die Materialität der Körper auflösen«[135], und nachdem Umberto Boccioni ein Jahr später in einem Vortrag ausgeführt hatte, daß das »Ungreifbare« und »Unsichtbare«, das er als »Schwingungen« umschrieb, »mehr und mehr zum Gegenstand von Forschungen und Beobachtungen« der Künstler werde[136], lag es nahe, dies auch mit Mitteln der Fotografie zu demonstrieren. Die Gebrüder Bragaglia experimentierten damit ab 1911, wobei sie sich zuerst von vermeintlich ähnlichen Versuchen distanzierten, die der französische Arzt **Etienne Jules Marey** bereits in den 1880er Jahren unternommen hatte.

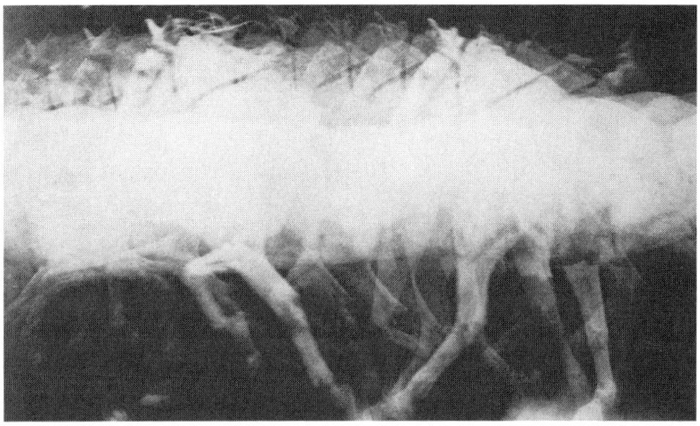

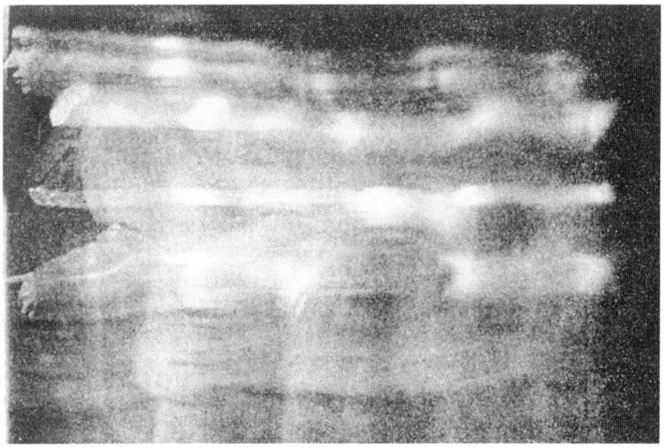

Marey hatte eine Fotoplatte in kurzer Abfolge oftmals hintereinander belichtet, wodurch das sich bewegende Sujet zwar in jeder Phase scharf – aufgrund der kurzen Belichtungszeit nicht immer sehr deutlich – abgebildet wurde, die einzelnen Phasen sich jedoch überlagerten. Auf diese Weise entstand ein insgesamt unscharfes Foto, das aber den Bewegungsablauf – etwa die sich verändernde Position einzelner Körperteile – genau erfaßte. Es war im übrigen kein ästhetisch-künstlerisches, sondern wissenschaftliches Interesse, das die ›Chronofotografien‹ Mareys veranlaßte, der die mechanischen Funktionen des Lebens analysieren wollte.

Anders als Marey wählte **Anton Bragaglia** eine lange Belichtungszeit, so daß die jeweilige Bewegung kontinuierlich auf der Platte festgehalten wurde, das sich bewegende Sujet jedoch in keiner Phase scharf umrissen wiedergegeben ist. Vielmehr erscheint es beinahe durchsichtig, und die materielle Gestalt ist in Lichtbögen, Strudel und verwischte Flächen verwandelt. Auch hierfür existierten freilich Vorbilder, nämlich vor allem Fotos der Tänzerin Loie Fuller, die bereits zur Jahrhundertwende mit ›Geistertänzen‹ die okkultistischen Neigungen vieler Menschen bediente. Die Bewe-

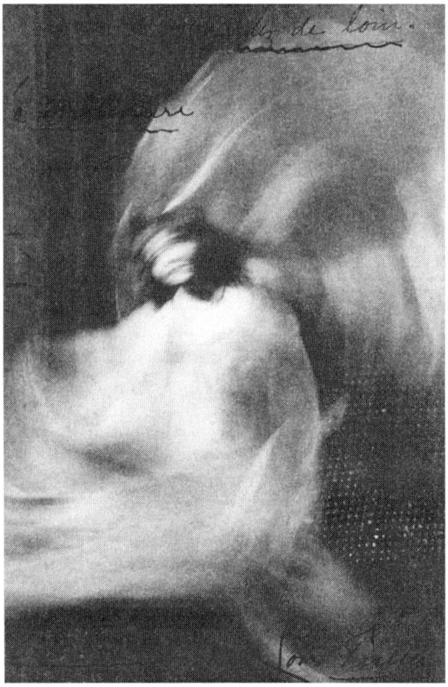

gungen, die sie mit ihrem Gewand vollführte, ergaben, unterstützt von einer raffinierten Lichtregie, gespenstisch-irreale Effekte, die an Phänomene in spiritistischen Sitzungen erinnern und den Glauben an übersinnliche Welten nähren sollten. Auf den zahlreichen – in großem Stil vertriebenen – Bühnenfotos sieht man Fullers Körper in Lichtstrudel verflüchtigt oder zu immateriell wirkenden Bänder verzerrt. Viele Fotografen – darunter etwa **Eugène Druet**, der sonst auch für Rodin arbeitete – sammelten bei Loie Fuller ihre ersten Erfahrungen mit der Bewegungsunschärfe und erkannten, daß diese mehr als nur ein Fehler oder Manko sein kann.

Bragaglia dürfte von einigen dieser Fotografien beeinflußt gewesen sein, zumal er noch stärker als andere Futuristen seinerseits ein okkultistisches Weltbild vertrat und statt einzelner Bewegungsmomente die Energie sichtbar machen wollte, die der jeweiligen Bewegung zugrundeliegt. Gegenstände in einem geometrischen Raum waren für ihn eine Illusion, und in Wirklichkeit gab es nur Dynamik – Licht und Bewegung –, was allein durch seine Art des Fotografierens offenbar werden sollte: »Wir suchen das innere Wesen der Dinge: die reine Bewegung«; nur dann – im dematerialisierten Zustand – komme die »Grundstruktur der Wahrheit« (»forte scheletro di verità«) zum Vorschein. In seinem metaphysischen Pathos trennte Bragaglia auch strikt zwischen herkömmlicher Fotografie, der er vorhielt, alles bloß oberflächlich – statisch-detailliert und leichenhaft – abzubilden, und seinem »Fotodynamismus«; allein dieser – als »fotografia trascendentale« – nobilitiere die Fotografie zu einem wahren Medium, sofern er die sichtbare Welt – ausnahmsweise – hinter sich lasse.[137]

Bragaglias Bewegungsunschärfe war freilich nur ein Versuch unter mehreren, den »universalen Dynamismus« wiederzugeben, den die Futuristen zum Prinzip ihrer Weltanschauung erhoben hatten.[138] So gab es parallel in der Malerei verschiedene Experimente, Bewegung erlebbar zu machen und die Auflösung der Dinge in metamorphotische Energiezustände zu demonstrieren. Am ähnlichsten den Fotos von Bragaglia – noch ähnlicher denen Mareys – sind dabei einige Bilder von **Giacomo Balla**, der den Verlauf einer Bewegung wiedergab, indem er verschiedene Phasen simultan abbildete. Damit realisierte er,

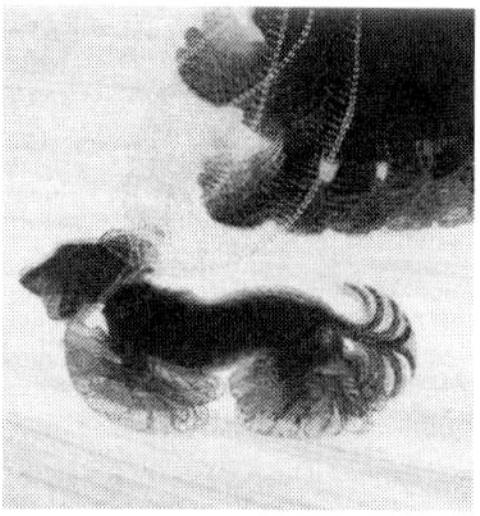

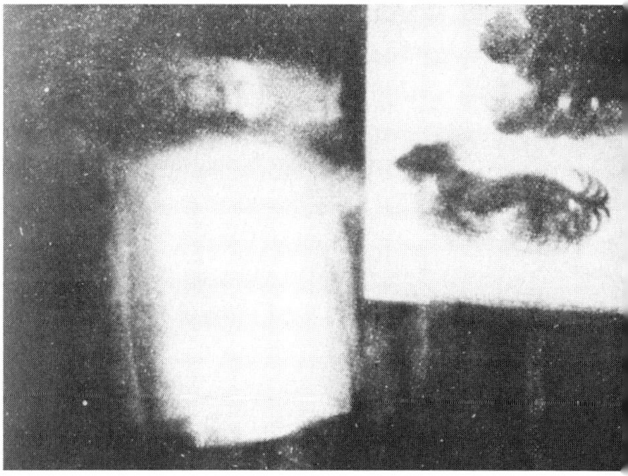

was im *Technischen Manifest der futuristischen Malerei* kurz zuvor bereits beschrieben worden war: »Da das Bild ja auf der Retina beharrt, vervielfältigen sich die bewegten Gegenstände, deformieren sich, wenn sie aufeinanderfolgen, wie überstürzende Vibrationen in dem von ihnen durchlaufenen Raum. So hat ein laufendes Pferd nicht vier Beine, sondern zwanzig, und ihre Bewegungen laufen in Dreiecksform ab«.[139]

Eine gewisse Unschärfe entsteht bei Balla dabei sogar zweifach: Sofern die einzelnen Phasen dicht nebeneinander liegen, das bewegte Sujet also von sich selbst immer wieder leicht verschoben überlagert wird, versucht das Auge des Betrachters, mehrere solcher Phasen zur Deckung zu bringen und eine klare Gegenstandskontur zu bilden. Daß dies jedoch scheitert, führt zum Eindruck der Unschärfe, den Balla noch steigert, wenn er zwischen den jeweils für sich scharf gemalten Momenten verwischte und nur andeutungsweise erkennbare Spuren des Sujets auf das Bild setzt. Dieser Effekt scheint bewegungsunscharfen Fotografien abgeschaut, und es wirkt, als sei das Bild mit zu langer Belichtungszeit gemalt.

Die Konkurrenz der Malerei zum Fotodynamismus veranlaßte **Anton Bragaglia** zu einem Foto, auf dem er die Möglichkeiten seines Mediums direkt der Bildtechnik Ballas gegenüberstellt: Diesen sieht man neben seinem Gemälde *Dinamismo di un cane al guinzaglio* (1912) stehen – genauer: man sieht seine durch die Körperbewegung vervielfachte und zugleich aufgelöste Gestalt, ähnlich einer Geisterfotografie, neben dem Bild eines Hunds, dessen Schwanz und Beine sich fächerartig multiplizieren. Es scheint, als wollte Bragaglia damit für die Nachwelt festhalten, woher die (futuristische) Malerei ihr Wissen über die ›wirkliche‹ Verfaßtheit der Dinge hat – und daß der Fotodynamismus der Vater aller ›richtigen‹ Bildsprachen ist.

Allerdings griff man in anderen Gemälden Unschärfe-Techniken des späten 19. Jahrhunderts auf, um ein »dynamisches Gefühl« zu erzeugen. Ausdrücklich hoben die Futuristen den Neoimpressionismus – und dessen Prinzip, Farbpunkte im Komplementärkontrast aufzutragen – als »wesentlich und notwendig« hervor. Maler wie Umberto Boccioni oder Luigi Russolo sahen dadurch ihre Geisteshaltung – ihren Glauben an flirrende Energien – repräsentiert.[140] Gerade für die Darstellung rascher Bewegung – etwa die eines vorbeifahrenden Zugs – wählte Boccioni eine Ästhetik, die an pointillistische Gemälde erinnert – selbst wenn aus den Punkten zum Teil grelle Striche werden [**Farbabb. S. 134 oben**]. Indem das gesamte Bild derselben Faktur unterliegt, wird nicht zwischen dem rasch sich bewegenden Fahrzeug und der Natur unterschieden – alles präsentiert sich gleichermaßen dynamisch, flackernd und schrill. Daher läßt sich der Futurismus auch nicht auf eine einseitige Technik-Begeisterung reduzieren. Die Technik liefert – vor allem mit der durch Maschinen und Motoren möglichen Geschwindigkeit – lediglich eine besonders intensive, direkt erlebbare Variante allgegenwärtiger Dynamik.

Auch Balla experimentierte auf einigen Bildern mit der pointillistischen Gegenstandsauflösung oder kombinierte dieses Mittel mit der Mareyschen Auffächerung von Bewegungsphasen. Russolo ließ sich ebenfalls vom Neoimpressionismus beeinflussen, bewahrte aber zugleich Beziehungen zu symbolistischen Themen und Malweisen. Bei Bildern wie *Parfum* (1910) [**Farbabb. S. 134 unten**] diente die Auflösung fester Gegenständlichkeit – die Transfiguration von Form in Farbe und Vibration – nicht zuletzt einem synästhetischen Anliegen, war es doch ein weiteres Ziel der Futuristen, auf visuellem Weg Geräusche oder Gerüche zu vermitteln. Parallel zu den flimmernden Gemälden arbeitete Russolo allerdings auch an Bildern, in denen er weitgehend abstrahierte und streng geometrisierende Formen mit klaren Linien favorisierte. So traf sich in einer Person, was sonst Kunstrichtungen voneinander trennte, und es zeigt sich nochmals deutlich, daß die Differenz zwischen Unschärfe und Abstraktion nicht unbedingt als entscheidend angesehen wurde: Immerhin diente beides demselben Ziel, nämlich der Transzendierung der sichtbaren Welt und der Suche nach der Wahrheit – als dem großen ›Anderen‹ und der Ausnahme.

In seiner stilistischen Vielfalt führt der Futurismus vor Augen, daß es im Zeitalter der Avantgarden verschiedene, sich steigernde und miteinander konkurrierende Versuche gab, der Aversion gegenüber der ›normalen‹ Welt Ausdruck zu verleihen. Die Futuristen waren dabei die ersten, die auf mehrere bereits entwickelte Bildsprachen rekurrierten und deren Effekte neu zu kombinieren und zu optimieren trachteten. Insofern zogen sie eine erste Bilanz aus der bis dahin vorliegenden Geschichte der Unschärfe: Während sie sich um Effekte bemühten, die Bewegung und Auflösung suggerierten oder synästhetische Erfahrungen begünstigten, wiesen sie die reine Weichzeichnung als zu romantisch-melancholisch zurück. So sehr es auch ihnen entsprechen mochte, Details zum Verschwinden zu bringen, um die ›wahre‹ Welt hinter der Oberfläche zu entdecken, so wenig ging es ihnen doch um eine Minimierung von Reizen oder um eine Entlastung von der sich beschleunigenden Welt. Wo sich Ruskin, Whistler oder Kühn nach Ruhe sehnten, idealisierten die Futuristen im Gegenteil Tempo, Lärm und Hektik; Boccioni etwa wollte sogar, daß die Dynamik seiner Bilder auf den Rezipienten übergriff, um ihn geradezu in einen Strudel hineinzuziehen.

Obgleich die Futuristen eklektizistisch vorgingen, waren die diversen Stile für sie eher weltanschauliche als ästhetische Phänomene und wurden, wie auch von anderen Strömungen der Avantgarde, daraufhin geprüft, ob sie wiedergeben konnten, was als Wahrheit bereites vorab proklamiert worden war. Ein bildnerischer Effekt stand damit auf derselben Stufe wie eine Aussage – er war ›richtig‹ oder ›falsch‹. Diese ideologische Vereinnahmung von Stilen macht nochmals die Ansprüche bewußt, die der Kunst – und Bildern im allgemeinen – in der Moderne auferlegt wurden.

Allein die Ambition, die Grenzen zwischen dem Sichtbaren und Unsichtbaren zu verschieben, unterwarf die Künstler großem Leistungsdruck und zwang zu andauerneden Überbietungsgesten. So beschworen gerade Futuristen eine potenzierte Sensibilität und reklamierten für sich – ebenfalls inspiriert von der Entdeckung der Röntgenstrahlung – zumindest einen sechsten Sinn, um das ›Eigentliche‹ – unterhalb der Oberfläche – wiedergeben zu können. Wie die Orientierung an der Musik oder der Wunsch, einen Ausnahmezustand auszurufen, drohte auch dies die bildende Kunst zu überfordern. Es macht wohl die Tragik der Moderne aus, sich immer wieder solche im Grunde unerfüllbaren Aufgaben gestellt zu haben. Und vielleicht wurde das Scheitern sogar gesucht, um ein tiefes Mißtrauen gegenüber Bildern – einen latenten ikonoklastischen Drang – bestätigen zu können.

Wie die Futuristen offen gegen die Kunst der Tradition auftraten und zur Stürmung der Museen aufriefen, verriet also auch die Forderung, den universellen Dynamismus sichtbar zu machen, eine Mißachtung von Bildern und ihren Möglichkeiten: Nicht nur ist fraglich, wie etwas Unsichtbares in Bilder übersetzt werden kann, sondern es ist ebenso schwer nachvollziehbar, warum gerade sie – als etwas Statisches – Bewegungen erfahrbar machen sollten. Die Bewegungsunschärfe Bragaglias sowie der ›unscharfe‹ Neoimpressionismus Boccionis oder Ballas lassen sich daher als Symptome einer Tendenz deuten, das Bild selbst (und nicht nur die sichtbaren Sujets) zu transzendieren – oder besser: zu verleugnen. Ehrlicher war allein Russolo, der schon bald zur Musik überwechselte und die Geräusche der beschleunigten Welt in seine ›Intonarumori‹ aufnahm.

Mag der Angriff der Futuristen auf das Bild ›an sich‹ nicht ausdrücklich geführt worden sein, so traten sie zumindest laut gegen den Illusionismus perspektivisch gemalter Räume an und dementierten den Raum als Thema der Kunst. »Der Raum existiert nicht mehr« – dieser apodiktische Satz aus dem zweiten Manifest[141] ließ sich mit kubistischen oder abstrahierenden Bildsprachen umsetzen, begünstigte aber gleichermaßen eine Ästhetik der Unschärfe: Wo Gegenstände sich auflösen und ineinander übergehen, schwindet die Trennung zwischen Vorder- und Hintergrund; erst recht egalisiert Bewegungsunschärfe und verkürzt den Raum zur Fläche. Aber auch das Unscharf-Werden in den Arbeiten Medardo Rossos, den die Futuristen als Geistesverwandten schätzten, reduziert die Räumlichkeit: Hier ist es der Eindruck von

Überbelichtung, der alle Volumen flach werden läßt; der Raum schmilzt im hellen Licht, das die Futuristen auch zur zweiten Ausprägung von Energie (neben der Bewegung) erklärt hatten. Elektrisches Licht und Scheinwerfer verherrlichten sie als Sieger über den Raum – und über die Illusion, die Dinge darin könnten feste Konturen und Materialität besitzen. Andere freilich beklagten diesen Verlust an Räumlichkeit, den sie als typisch für die moderne – elektrifizierte – Welt ansahen. So bemerkte Wilhelm Hausenstein im Zweiten Weltkrieg, als man bei Stromausfällen wieder auf Kerzenlicht angewiesen war, wie viel plastischer und wirklicher die Gegenstände darin erschienen, während »das elektrische Licht die Dinge platter [macht]; es teilt ihnen zuviel Helle mit, und damit verlieren sie an Körper, an Umriß, an Substanz; an Wesen überhaupt«.[142]

Schon viel früher und deutlicher wurde eine (bildexterne) Enträumlichung – als Symptom der Moderne – infolge der Motorisierung beobachtet. Vor allem Eisenbahn-Passagiere, nicht gewohnt an die relativ hohen Geschwindigkeiten, berichteten von Schwindelgefühlen, welche sie sich damit erklärten, daß die durch das Zugfenster betrachtete Welt verwischt – eben bewegungsunscharf – erschien und keinen klaren Raum mehr zur Orientierung bot. In einem Brief aus dem Jahr 1837 schrieb Victor Hugo: »Die Blumen am Feldrain sind keine Blumen mehr, sondern Farbflecken, oder vielmehr rote oder weiße Streifen; es gibt keinen Punkt mehr, alles wird Streifen; die Getreidefelder werden zu langen gelben Strähnen; die Kleefelder erscheinen wie lange grüne Zöpfe; die Städte, die Kirchtürme und die Bäume führen einen Tanz auf und vermischen sich auf eine verrückte Weise mit dem Horizont; ab und zu taucht ein Schatten, eine Figur, ein Gespenst an der Tür auf und verschwindet wie der Blitz, das ist der Zugschaffner«.[143]

Diese Zeilen lesen sich, als sei der Passagier zum Blick mit ›unschuldigem Auge‹ geradezu verdammt: Statt der Gegenstände nimmt er lediglich einzelne Farbreize wahr, die sich aber so rasch ablösen, daß er ihnen passiv ausgesetzt ist. Daher hätte Ruskin sich im übrigen auch dagegen verwehrt, die Eisenbahn als Chance zum gegenstandslosen Sehen zu preisen; vielmehr löste sich das konventionelle Wahrnehmen – so seine Meinung – nur dann auf gemäße Art und Weise in reine Farben und Formen auf, wenn man zu einem ausdauernden Betrachten in der Lage wäre und dazu käme, nach und nach ›durch‹ die Gegenständlichkeit hindurchzublicken – diese gleichsam abzuarbeiten. Was man während einer Zugfahrt sah, bedeutete für Ruskin hingegen lediglich eine weitere Steigerung der Oberflächlichkeit des üblichen Wahrnehmens, ja eine Potenzierung der ohnehin schon beklagten Reizflut.

Bemerkenswert an Victor Hugos Brief ist, daß er neben der Entgegenständlichung des Wahrnehmens auch das Verschwinden des Tiefenraums beschreibt: Bäume, die eher im Vordergrund stehen, ›vermischen‹ sich mit Kirchtürmen und schließlich mit dem Horizont im Hintergrund. Die Raumebenen schieben sich zu einer einzigen homogenen Fläche – zu ›Streifen‹ – zusammen; jegliche Grenze zwischen Sujets sowie deren plastische Profilierung wird aufgehoben – alles ist unscharf. Die Enträumlichung reicht im Fall solcher Bewegungsunschärfe also noch weiter als bei einer Weichzeichnung oder pointillistischen Auflösung der Gegenstände. Anders formuliert: Die Bewegung verlangt den Raum als Opfer, wird manifest um den Preis seines Verschwindens, was einmal mehr einen ›Austausch‹ von Sichtbarkeit bedeutet.

Der Einfluß neuer Formen der Fortbewegung auf die Raumwahrnehmung war Thema vieler Berichte des 19. Jahrhunderts. Wolfgang Schivelbusch, der die *Geschichte der Eisenbahnreise* rekonstruierte, gelangt zu dem Resümee, daß »die Tiefenschärfe der vorindustriellen Wahrnehmung« verloren gegangen sei, »indem durch die Geschwindigkeit die nahegelegenen Objekte sich verflüchtigten«. Als entscheidend hebt er somit »das Ende des Vordergrundes« hervor, verliert der Reisende dadurch doch seinen unmittelbaren Bezug zur Umgebung. Anstatt noch in die Landschaft eingebunden zu sein, erlebt er sie als bildhaftes Gegenüber: »Der Raum, aus dem der Reisende heraustritt, wird diesem zum Tableau«. Was bleibt, ist ein »panoramatischer Blick«, die Reduktion des Raums auf einen endlosen, zweidimensionalen, verwischten Streifen.[144]

Wie abstrakt die ersten Passagiere die an ihrem Abteilfenster vorüberziehende Landschaft empfunden haben mochten, vergegenwärtigen heutzutage wohl am ehesten Fotografien von John Chamberlain [**Farbabb. S. 135**]. Er benutzt sogar eine Panoramakamera, die er während der Belichtung schwenkt, wodurch sich die Gegenstände, freilich nicht ganz gleichmäßig, zu eben solchen Streifen verziehen, wie Hugo sie beschrieben hat. Jede räumliche Ordnung ist hier preisgegeben, und es läßt sich das Entsetzen – oder auch die Faszination – vorstellen, die eine solche Entgegenständlichung für Menschen des 19. Jahrhunderts, die noch keine Erfahrung mit abstrakten Bildern besaßen, bedeuten mußte. Zugleich wird deutlich, wieso gerade Bewegungsunschärfe – in diesem Fall genauer: Verwacklungsunschärfe – immer wieder geschätzt wurde, bietet sie doch dank der Deformationen des Sichtbaren Verfremdungseffekte von großer Wirkung.

Während die Futuristen oder die Fotografen der Loie Fuller darin noch okkultistische Weltbilder bestätigt sahen und der geheimnisvollen Aura jeder Verfremdung erlagen, wurde diese etwas später von zahlreichen Fotografen gesucht, um – im Zuge des ›Neuen Sehens‹ – ungewohnte Motive oder überraschende Bildeindrücke zu kreieren. In den 1920er Jahren entstand diese der Neuen Sachlichkeit nahestehende Richtung gerade in Opposition zur bildmäßigen Fotografie: Da letztere sich an traditionellen Bildmustern orientierte, um als Kunst Anerkennung zu finden, und

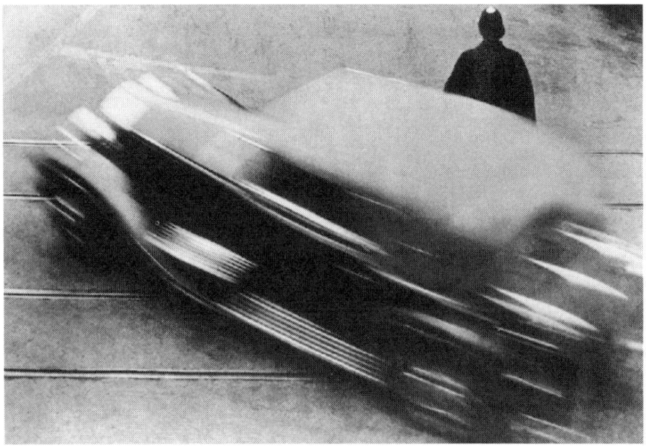

da sich daraus im Lauf von zwei oder drei Jahrzehnten eine ziemlich tautologische Bildproduktion ergeben hatte, versuchten die Vertreter des ›Neuen Sehens‹, die Kamera in extremen – eben verfremdenden – Positionen (z. B. Vogel- oder Froschperspektive) zu gebrauchen – angetrieben von dem pädagogischen Impetus, andere Sehgewohnheiten zu etablieren.

Der Ort der Kamera ist oft sogar eigens Thema, so bei **Anton Stankowskis** Foto *Zeitprotokoll mit Auto* (1929). Schon der Titel weist das Bild als Resultat einer Versuchsanordnung aus (man bedenke den Unterschied gegenüber den Titeln der bildmäßigen Fotografie!), und ebenso nüchtern ist in diesem Fall die Bewegungsunschärfe zu verstehen: Sie soll eine bestimmte Geschwindigkeit dokumentieren und ist darüberhinaus höchstens Ausdruck des Stolzes über den technischen Fortschritt, der es nicht nur erlaubt, schnell zu fahren, sondern dem es zugleich zu verdanken ist, daß dies sogar noch fotografiert werden kann. Zwar ist auch hier etwas im Bild festgehalten, was sich normalerweise nicht sehen läßt, doch wird deshalb, anders als im Futurismus, nicht behauptet, die sonst verborgene – metaphysische – Wahrheit sei endlich – ausnahmsweise – enthüllt und fixiert worden. Das ›Neue Sehen‹ akzeptiert vielmehr verschiedene Perspektiven als gleichberechtigt, wobei ›ausgefallene‹ Bilder grundsätzlich bevorzugt werden. Dies verrät immer noch eine gewisse Lust an Ausnahmezustand und Dissidententum, das sich jedoch weitgehend auf das Ästhetische beschränkt.

Die Betonung des Überraschenden begünstigte im übrigen Bilder, die erst dank neuer technischer Mittel möglich wurden. Die Fotografie schätzte man seit den 1920er Jahren gerade wieder wegen ihres technisch-mechanischen Charakters. Sofern aber Präzision und Detailgenauigkeit als typische Eigenschaften des Fotografischen galten, wurde überwiegend auch Bildschärfe angestrebt. Weichzeichnung und Gummidruck, insbesondere alle druckgraphischen Erscheinungsformen lehnten die Protagonisten des ›Neuen Sehens‹ ab. So bezeichnete es der Fotograf Andreas Feininger als »das einzigartige Vorrecht der Fotografie«, makellos scharfe Bilder produzieren zu können – und verurteilte es umgekehrt als »Verrat und Vergewaltigung«, Schärfe zu opfern. Der Fotograf gebe dann die Möglichkeit der Flächenzeichnung preis und verliere »jegliche Materialwirkung«: »Arme Fotografie, – nein, denn das sind keine Fotos mehr, – armer Fotograf, – nein, denn das ist auch kein Fotograf mehr! – armer Schwächling kann man da nur sagen«.[145]

Freilich: So sehr er Sfumato-Effekte ablehnte, so wenig hatte Feininger etwas gegen Bewegungsunschärfe einzuwenden. Im Gegenteil deklarierte er eine »gestochen scharfe Momentaufnahme« als »eine ›technische Lüge‹«, da sie die Bewegung gleichsam einfriert und damit zunichte macht.[146] Gerade große Geschwindigkeiten – wie auf dem Bild Stankowskis – sollten also in Bewegungsunschärfe wiedergegeben werden, womit diese zugleich zum adäquaten bildnerischen Mittel typisch moderner Phänomene erklärt wurde. Besaß die frühe Bewegungsunschärfe einer Loie Fuller noch mentalitätsgeschichtliche Verwandtschaft zu den geheimnisvollen Bildern einiger bildmäßiger Fotografen und wies selbst die Bewegungsunschärfe der Futuristen – trotz deren Begeisterung für Lärm, Stadt und Tempo – Bezüge zur ›unscharfen Richtung‹ auf, da es jeweils um eine Transformation des Sichtbaren ging, so war mit dem ›Neuen Sehen‹ jede Verbindung zwischen Weichzeichnung und Bewegungsunschärfe beendet: In ersterer übten sich konservative Fotografen, die ihrem Publikum Wunschbilder – Beschauliches – bieten wollten, während letztere forcierte, wer sich progressiv fühlte und neugierig auf technischen Fortschritt und die Errungenschaften der Moderne war.

Auf einmal gab es somit zwei klar getrennte Stränge innerhalb der Geschichte der Unschärfe, was zu einer Zeit paßte, die das Denken in strikten Gegensätzen liebte: Wie sich ›fortschrittlich‹ und ›reaktionär‹ auf die beiden ›Unschärfen‹ verteilte, konnte man auch ›links‹ und ›rechts‹, ›männlich‹ und ›weiblich‹ oder ›Stadt‹ und ›Land‹ jeweils klar einem Unschärfe-Typus zuordnen. Hatten sich die Sujets, für die Weichzeichnung bevorzugt wurde, bereits in den Jahrzehnten zuvor etabliert, entstand nun auch ein Kanon bewegungsunscharfer Motive. Neben Bildern von raschen Fahrten gehören dazu Aufnahmen aus dem Sport sowie Fotos von den Börsen; demonstriert wird heroische Leistung und Energie im einen Fall, Hektik und Unberechenbarkeit im anderen. Die Bewegungsunschärfe ist bei solchen Bildern auch nicht mehr nur ein formales, sondern beinahe ein ikonographisches Mittel, hat sie sich doch im Lauf der Zeit fest mit den jeweiligen Sujets verbunden [**Farbabb. S. 136 oben**]: Daß es sich um eine Börse und nicht um einen beliebigen Markt oder ein Großraumbüro handelt, ist mittlerweile auf den ersten Blick allein dank der Bewegungsunschärfe zu erkennen. Diese erschöpft sich allerdings nur selten darin, Tempo sichtbar zu machen, sondern dient auch der Vermittlung weiterer Stimmungsmomente: Wer seine Sujets bewegungsunscharf über die Bildfläche zieht, strebt meist Dramatik und den Eindruck von Unmittelbarkeit an – sucht Authentizität.

Sensationelle Fotografien sind oft unscharf – und fast ebenso oft macht erst die Unschärfe sie zur Sensation. Was innerhalb der spiritistischen Fotografie oder auch bei Wissenschaftsfotos als ikonographisches Grundprinzip gelten kann, trifft kaum minder für andere Genres zu: Jeder guter Fotojournalist und Kriegsreporter weiß um die dramatisierende Wirkung eines verwackelten oder verwischten Bilds, und es gibt wohl keinen Bildredakteur, der nicht gelegentlich ein unscharfes Foto bevorzugt, obgleich ihm dieselbe Szene ebenso in aller Schärfe vorliegt. Lediglich manchmal ist die Unschärfe tatsächlich ein bedauerliches Versehen, und ein entsprechendes Foto wird nur veröffentlicht, weil es ein einmaliges Ereignis als einziges doch noch irgendwie dokumentiert.

Gerade weil – zumal im Bildjournalismus – technisch einwandfreie – scharfe – Bilder als ›normal‹ gelten, besitzen unscharfe Bilder einen Sensationscharakter: Muß es sich nicht um ein außerordentliches Sujet handeln, wenn ein Foto trotz schlechter Qualität publiziert wird? Nur weil Unschärfe eigentlich ein Fehler ist, kann sie auch zum Stilmittel von Superlativen – Ausnahmezuständen – werden und diese letztlich sogar simulieren. Daher wäre es wohl nicht einmal angemessen gewesen, hätte man von einem Ereignis wie der ersten Mondlandung gestochen scharfe Fotos veröffentlicht. Nur Bilder, die nahezu nichts erkennen lassen, zeigen die exzeptionellen Bedingungen, unter denen sie entstanden sind. Die herausfordernden Umstände der Bildwerdung sind sogar das eigentliche – einzige? – Thema solcher Fotos. Freilich erhält ein Bild, auf dem nichts zu identifizieren ist, erst durch die Textlegende seine dramatische oder erhabene Bedeutung. Was sonst ebenso ein Werk des abstrakten Expressionismus sein könnte, wird durch ein paar Worte zum Dokument eines Wunders oder einer Katastrophe.[147]

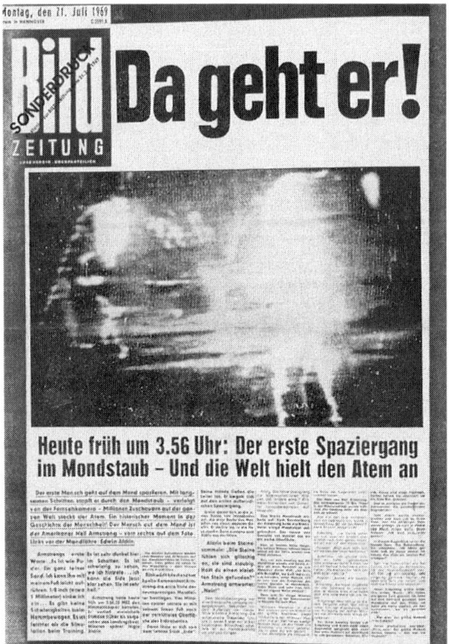
Montag, den 21. Juli 1969

Bild Zeitung

SONDERDRUCK

Da geht er!

Heute früh um 3.56 Uhr: Der erste Spaziergang im Mondstaub – Und die Welt hielt den Atem an

Der laienhafte Betrachter staunt, wie genau ihm die Flecken und Schlieren auf einem unscharfen Bild entschlüsselt werden, und eine Zeitung verschafft sich nicht zuletzt dadurch Autorität und Leservertrauen, daß sie selbst fast unentzifferbare Sachverhalte aufzuklären vermag. Man bedenke nur, was eine Zeitung wie *BILD* auf Paparazzi-Fotos oder einem bis zur Unkenntlichkeit vergrößerten Bildauschnitt noch alles identifiziert: Pistolen, Kuß- oder ›Oben-ohne‹-Szenen, einen Streit, die Übergabe von Lösegeld oder eine Hinrichtung [**Farbabb. S. 136 unten**]. Es kommt auch vor, daß Boulevardblätter ein Foto zuerst – solange die Sensation noch neu ist – unscharf drucken, es dann aber ein paar Tage später – gleichsam als zweite Sensation – nochmals in einer scharfen Version bringen. Selbstverständlich hatte man das Bild von Anfang an in dieser Form, machte es aber eigens grobkörnig oder wattig, damit der Enthüllungscharakter – das Ungeheure – deutlicher zum Ausdruck kommt und die voyeuristische Neugier des Publikums angefacht wird.

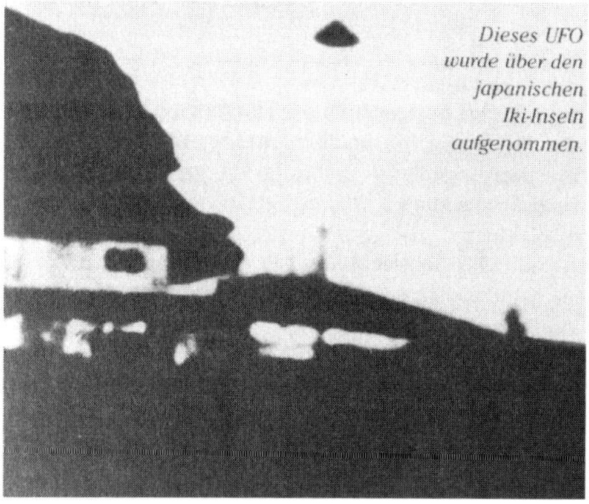

Dieses UFO wurde über den japanischen Iki-Inseln aufgenommen.

Vor allem aber besitzt ein unscharfes Foto den Vorzug, als authentisch angesehen zu werden. Man vermutet, es sei der unbeholfene und eben deshalb ehrliche Schnappschuß eines Hobbyfotografen – ein Bild, das frei von Kalkül oder Verwertungsinteressen entstanden ist. Gerade die Fotos, für die sich ein Reporter stunden- oder tagelang auf die Lauer legte, wirken vielleicht am ehesten als Zufallsstücke oder Glückstreffer. Dasselbe gilt für die Klasse der UFO-Fotografien, die auffälligerweise nie scharf sind und deren Verhuschtheit die Überraschung – oder die Beunruhigung – zu verraten scheint, die den Fotografen in dem Moment überfiel, als er den Auslöser drückte. So ist kaum einmal das UFO alleine unscharf, sondern das gesamte Bild wirkt leicht verwackelt oder ›verrutscht‹. Wenn sich die Aufregung über das plötzlich Gesehene aber so direkt zeigt, schwinden beim Betrachter auch die Zweifel an der Echtheit des Fotos.

Allerdings verleiht die Unschärfe dem Bild hier nicht nur Authentizität, sondern ist geradezu notwendig: Wie sonst sollte ein unidentifizierbares Objekt in Erscheinung treten? Wann immer es scharf auftauchte, wäre man desillusioniert, da man dann vermutlich sähe, daß es aus keiner so anderen Form und vielleicht nicht einmal aus anderen Materialien bestünde als irdische Gegenstände. Jegliche Ähnlichkeit mit Bekanntem jedoch schafft bereits ein Stück Identifizierbarkeit und mindert entsprechend die Glaubwürdigkeit der Behauptung, es müsse sich auf dem Foto um ein UFO – etwas geheimnisvoll Außerirdisches – handeln. Denn daß Zivilisationen ferner Sterne etwas entwickelt haben sollten, das menschlichen Produkten nahekommt, gehört höchstens zur Vorstellungswelt einer naiv-schlichten Fantasie; die meisten hingegen spekulieren lieber über das ›absolut Andere‹, das freilich niemals darstellbar ist – sonst wäre es höchstens noch relativ anders. Radikale Differenz kann höchstens durch Unschärfe repräsentiert werden, weshalb eine scharfe UFO-Fotografie zwangsläufig eine Ernüchterung bedeutete.

Wie schon UFO-Bilder ihre Legitimation daraus beziehen, daß sie gleichsam mit zitternden Händen fotografiert wurden, steigert es die Authentizität erst recht, wenn ein Foto Hektik vermittelt, also stark verwackelt ist oder gegen alle Regeln der Komposition verstößt. Dann scheint der Fotograf nicht nur Beobachter einer extremen Szene gewesen zu sein, sondern selbst in das Geschehen involviert, das er dokumentiert. Eventuell befand er sich sogar in akuter Gefahr, als er fotografierte – und entsprechend erwartet er nun, als Held bewundert zu werden.

Besonders wichtig kann die authentische Geste eines Bilds innerhalb der politischen Fotografie werden, da damit Emotionen zu wecken sind, die in Agitation umschlagen können. Fotografen und Kriegsreporter wie **Robert Capa** verstehen es sehr gut, ihren Bildern gerade mit Unschärfe-Effekten die Ausstrahlung direkter Augenzeugenschaft zu geben. Unscharf suggeriert: Hier war jemand schneller und näher dran als andere. Als Medium der Unmittelbarkeit wird die Unschärfe einmal mehr zu einem Wahrheitsfaktor – diesmal nicht im Zuge einer Mimesis-Bemühung oder einer Durchleuchtung der Oberfläche des Sichtbaren, sondern als Spur des dokumentierten Geschehens selbst. Anstatt Teil eines Abbilds zu sein, ist die Unschärfe wie ein Eingriff in das Foto: Das Ereignis stört seine eigene Wiedergabe und ist damit direkt präsent. Im Extremfall löscht es sein eigenes Abbild aus oder läßt es gar nicht erst entstehen.

Gerade diese Negation des Wiedergabecharakters der Fotografie macht auch bewußt, daß diese sich, anders als ein Gemälde, nie darin erschöpft, etwas abzubilden; als fotochemischer Prozeß ist ein Foto vielmehr eine kausale Reaktion und damit immer – fixierter – Teil eben der Situation, die es zeigt. Susan Sontag vergleicht ein Foto daher mit einem Fußabdruck oder einer Totenmaske und bezeichnet es als »Aufzeichnung einer Emanation« (von Licht), was es jedem gemalten Bild überlegen sein lasse und ihm »einen praktisch unbegrenzten Einfluß« verleihe. Weiter führt sie aus, daß diese Unmittelbarkeit – die *eine* Wahrheit – oft mehr gilt als die Abbildgenauigkeit – die *andere* Wahrheit: »Hätte Holbein der Jüngere lange genug gelebt, um Shakespeare malen zu können, und hätte man andererseits bereits damals ein Foto von

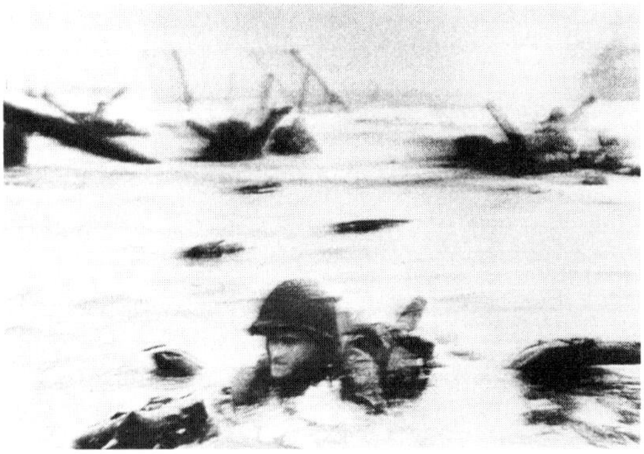

Shakespeare machen können, so würden sich die meisten Shakespeare-Fans für das Foto entscheiden. [...] selbst wenn die hypothetische Aufnahme verblichen wäre, undeutlich, vergilbt, würden wir sie wahrscheinlich einem prachtvollen Holbein vorziehen. Ein Foto von Shakespeare besitzen wäre, als besäße man einen Nagel vom Kreuz Christi«.[148]

Sontags Behauptung ließe sich sogar zuspitzen, besäße ein unscharfes und verblichenes Shakespeare-Foto doch wohl einen noch stärkeren Reliquien-Charakter als ein durch und durch scharfes und wäre damit einem Holbein-Gemälde um so überlegener: Während das scharfe Foto mit dem Gemälde daraufhin verglichen würde, ob es mehr oder weniger von Shakespeares Charakter zu vermitteln vermag (wobei durchaus unklar wäre, welchem der beiden Bilder man den Vorrang gäbe), stünde das unscharfe Foto gar nicht mehr in Konkurrenz zum gemalten Bild, sondern faszinierte allein als Spur, als (letztes) Zeugnis einer längst verstorbenen Person.

Freilich bedeutet es einen Unterschied, ob ein Foto von vornherein unscharf war oder ob es im Lauf der Zeit ausgeblichen ist. Im ersten Fall bleibt vor allem der Moment der Aufnahme – das fotografische Geschehen – präsent; hingegen dominiert sonst der Eindruck des Reliquienhaften. Beides sind Grenzfälle, ist das Sujet doch einmal gerade noch eingefangen und festgehalten, im anderen Fall gerade noch nicht (wieder) verschwunden. Und wie sich einmal das Fotografierte dramatisch inszeniert, wird beim anderen Mal die Vergänglichkeit zum Drama. Ähnliches kann eine extreme Vergrößerung bewirken, durch die – man denke an Antonionis Film *Blow Up* – die Details zunehmend verschwimmen: Dann wird bewußt, wie vieles, vielleicht Entscheidendes, einer Szene nicht fixiert werden konnte und für immer verloren ist. Je stärker man einen Ausschnitt vergrößert, in der Hoffnung, doch noch einige Einzelheiten sichtbar zu machen, desto weiter zieht sich das Foto ins Reich der Indifferenz zurück.

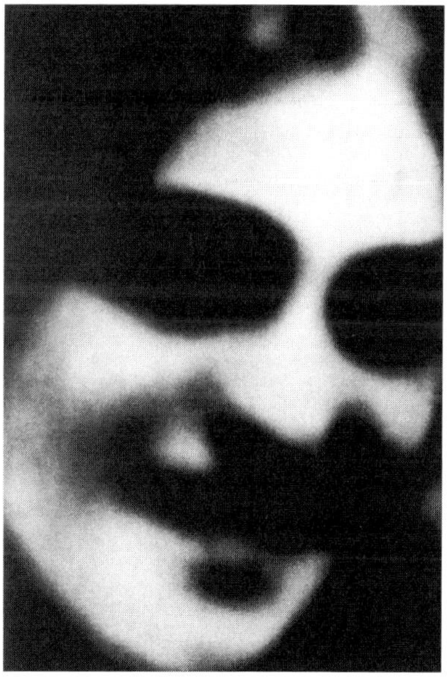

Ein Künstler wie **Christian Boltanski** nützt diesen melodramatischen Effekt vergrößerter Fotoausschnitte in vielen seiner Arbeiten. Als Ausgangspunkt diente ihm etwa das Klassenfoto eines Wiener jüdischen Gymnasiums aus dem Jahr 1931; die Gesichter der ursprünglich nur sehr klein darauf abgebildeten Schüler reproduzierte er so stark vergrößert, daß sie nicht nur unscharf werden, sondern sogar jegliche Individualität verlieren. Die Augen verwandeln sich in dunkle Höhlen, Stirn und Wangen zu weißen Flächen, weshalb die Assoziation mit Totenköpfen kaum vermeidbar ist. Gerade der Versuch, jeden Schüler durch ein eigenes Bild zu würdigen, muß in dem Eingeständnis enden, daß dafür nicht genügend Substanz vorhanden ist. Vielmehr ist nur eine schwache Lichtspur geblieben; sonst ist der Moment, in dem das Foto aufgenommen wurde, nichtig geworden und auch nicht rekonstruierbar. Der Betrachter leidet an der Unschärfe und dem Entzug der einst fotografierten Menschen, er fragt sich, was aus diesen wohl geworden ist, ob man sie noch ausfindig machen, mehr über sie erfahren könnte – und wie viele von ihnen einige Jahre nach dem Foto zu NS-Opfern in einem Konzentrationslager wurden, auf der Flucht umkamen oder vielleicht in einem anderen Land ein neues Leben beginnen konnten.

Aber nicht nur als existenziell bedrohte Juden der 1930er Jahre, sondern auch wegen ihrer Noch-Jugendlichkeit machen die Schüler auf dem Klassenfoto für Boltanski die Vergangenheit exemplarisch bewußt. So wird das Foto in doppelter Weise zu einem Dokument des Verschwindens – und die Unschärfe der Detailvergrößerungen zum vielleicht eindringlichsten Vanitas-Symbol des 20. Jahrhunderts. Zur Erklärung seiner Arbeit äußerte Boltanski entsprechend: »Man stirbt jeden Tag. Man verliert jeden Moment etwas. [...] Mich interessiert das eher in einem abstrakten Sinne, das Verschwinden, oder die sonderbare Passage von jemandem zu nichts. Leiden interessiert mich nicht, sondern jener verschwundene Moment, der unwiederbringliche Augenblick. Was mich am Tod interessiert, ist dies Verschwinden. Die Umwandlung in etwas Namenloses«.[149]

Nichts könnte jene »sonderbare Passage« besser sichtbar machen als die Unschärfe, die das Bild einer Person auf ein bloßes Hell-Dunkel, das Gesicht auf eine Fläche reduziert. Sich die Ohnmacht einzugestehen, daß die Vergangenheit nicht zu verlebendigen und nicht einmal wirklich zu erkunden ist, fällt freilich schwer, und so löst die Unschärfe hier ein Gefühl der Trauer aus – eventuell auch Reue darüber, etwas versäumt, vergessen oder verloren zu haben. Damit entsteht ein verstärktes Bedürfnis nach Erinnerung, und das Foto fungiert nicht nur als memento mori, sondern ebenso als memento meminisse, als Aufforderung, sich genauer, häufiger, an mehr zu erinnern.

Wie die Unschärfe ein Foto zu etwas rein Vergangenem – zur traurigen Reliquie – werden läßt und Authentizität gerade ausstrahlt, weil der fotochemische Ursprung des Bilds offener zutage liegt als bei einem scharfen Foto, gibt es ebenso Unschärfe-Effekte, die ein Bild authentisch machen, weil sie dessen Sujets besonders gegenwärtig erscheinen lassen. Das Foto ist dann eher eine Konserve, die gespeichertes Leben jederzeit wiederaufleben läßt, und nichts liegt bei seiner Betrachtung ferner als Nostalgie. Meist handelt es sich dabei um flüchtig wirkende, leicht verwischte, bewegungsunscharfe oder ›schiefe‹ Bilder, um eilige, sorglos angefertigte Schnappschüsse, die um so frischer und lebendiger wirken, je weniger der Fotograf eine besondere inhaltliche oder kompositorisch-künstlerische Intention damit zu verfolgen schien.

Gerade die Beiläufigkeit eines Bilds verheißt Echtheit, da der Film ›nur‹ zeigt, worauf das Objektiv zufällig gerichtet war, und keiner Gestaltungsabsicht – manipulativen Energie – unterworfen war.

Gegen Ende des 20. Jahrhunderts wuchs das Bedürfnis nach authentischen Fotografien – wohl auch als Reaktion auf die neuen digitalen Möglichkeiten der Bildbearbeitung. Innerhalb weniger Jahre wurden die Zweifel an der Echtheit von Fotos beinahe habituell, und obwohl die meisten ihnen weiterhin einen anderen – authentischeren – Status als Gemälden attestieren, ist es zumindest kritischeren Naturen zur Regel geworden, auf einem Bild nach Indizien Ausschau zu halten, die eine eventuelle nachträgliche Bearbeitung verraten. Die Entwicklung der Fotografie zu einem (digitalen) High-Tech-Produkt droht somit gerade die Eigenschaft zu verdrängen, die vielen am wichtigsten war, nämlich jene ihr allein zukommende Fähigkeit, statt Abbildern direkte Spuren des Abgebildeten zu bieten.[150] Indem sich in die simple Kausalität zwischen dem lichtempfindlichen Film und dem kameraexternen Licht immer weitere technische Prozesse einmischen, ist oft nicht mehr zu sagen, inwiefern ein Foto überhaupt noch dem Einwirken seiner Sujets zu verdanken ist.

Um den Reiz des Unmittelbaren zurückzugewinnen, bedarf es also einer möglichst einfachen Kamera und einer betont unprätentiösen Art des Fotografierens – geradezu einer plakativen Demonstration von Gleichgültigkeit, was die ästhetische Qualität der Fotos anbelangt. In den 1990er Jahren entwickelte sich als Gegenbewegung zur technischen Aufrüstung und Digitalisierung der Fotografie die Lomographie, eine zuerst von Wiener Studenten ausgehende, bald in ganz Europa verbreitete Knipserei mit einer als kultig gefeierten russischen Billigkamera. Die Lomo[151] ist technisch auf dem Stand der 1960er Jahre, besitzt als einzigen Komfort eine elektronische Belichtungsmessung, während nur zwischen vier Entfernungseinstellungen gewählt werden kann; läßt man den Finger auf dem Auslöser, ist eine Langzeitbelichtung möglich. Dazu kommt der Charme eines Ostblockprodukts, das in seiner technischen Simplizität als besonders robust gilt.

Die eigens gegründete Lomographische Gesellschaft, die 1998 über 22000 Mitglieder hatte, sorgte nicht nur für den Import der Kameras (monatlich vertrieb man mehrere tausend Stück), sondern schwor ihre Mitglieder auch auf eine bestimmte Haltung ein, die in »10 goldenen Regeln« zusammengefaßt wurde. Dazu gehört die Losung »Don't think« oder »Sei schnell«, aber auch der Satz »Du mußt nicht im vorneherein wissen, was auf Deinem Film drauf ist« sowie die Aufforderung »Übe den Schuß aus der Hand«.[152] All diese Maximen betonen die Beiläufigkeit des Fotografierens, das keine Unterbrechung des sonstigen Tuns darstellen, sondern nebenbei geschehen soll – ohne Nachdenken, ohne Planung, ohne Zuhilfenahme des Suchers. Entsprechend sind die meisten Bilder verwackelt, zeigen ihre Sujets aus der Untersicht – als hätte der Knipser seine Augen in Hüfthöhe – oder angeschnitten [**Farbabb. S. 137 oben**]. Der Fotograf steht seinem Motiv nicht distanziert gegenüber, sondern es wirkt, als sei der Fotoapparat – die Lomo – selbst Teil des Geschehens, das sie dokumentiert.

Die Lomographen bemühen sich also in doppelter Weise – mit der Wahl des Apparats sowie mit dem Dementi bewußt komponierter Bilder – um Authentizität, was sie als Vorboten anderer Bildtypen der 1990er Jahre ausweist. Die vielen Daten von rund um die Uhr angeschalteten, oft auch geheim plazierten Webcams, die im Internet großen Zulauf finden, aber ebenso der kurzzeitige Boom von Reality-TV-Shows wie *Big Brother* beweisen dasselbe Verlangen nach direkt übermittelten, nicht weiter gestalteten Bildern. Nur eine Kamera, die einfach ›mitläuft‹, verspricht unverfälschte Dokumente, und daß es sich oft um fehlbelichtetes, verschwommenes und vor allem langweiliges Bildmaterial handelt, steigert auch hier den Eindruck des Zufälligen – und damit die Authentizität. Viele dieser Bilder sind sogar auf den Charakter des ›Echten‹ reduziert und haben darüber hinaus nichts an Information zu bieten.

Dazu paßt die unter Lomographen verbreitete Losung »Je unschärfer, desto schärfer« sowie der Grundsatz, daß es »keine ›guten‹ oder ›schlechten‹, nur mehr oder weniger ›wahre‹, ›authentische‹ Bilder« gebe.[153] Für überholt erklärt wird damit die Vorstellung von einem Bild als Meisterwerk, und man verabschiedet den lange gültigen Wunsch, einige wenige Bilder als etwas Herausragendes zu singularisieren. Vielmehr steigert gerade die Bilderflut, die unübersehbare Menge von Bildern, die alle nichts Besonderes zeigen, die Gewißheit, sie könnten nicht manipuliert sein und müßten das Leben zeigen, wie es ist. Folgerichtig präsentieren die Lomographen ihre Fotos nie als Einzelstücke, sondern kleben sie auf großen Wänden nahtlos – und oft wahllos – nebeneinander. Damit entsteht eine Art Ornament, das das einzelne Foto erst recht nicht mehr als Abbild – und damit von einer Aussage her – rezipieren läßt, sondern als Spur, als Partikel eines unbeschwert-flotten Lebensgefühls wahrnehmbar macht.

Da aber verwackelte, schräge und nahsichtige Fotos gegenüber anderen Schnappschüssen favorisiert werden, unterscheiden auch die Lomographen zwischen ›guten‹ und ›schlechten‹ Bildern. Anstatt ›einfach so‹ zu fotografieren, achten sie etwa darauf, daß sich auf dem Foto etwas bewegt oder nur teilweise auf das Bild kommt. Folge ist eine gleichsam ritualisierte – zelebrierte – Unschärfe, die doch wieder alles andere als ›unmittelbar‹ ist. In Publikationen der Lomographischen Gesellschaft ist sogar von »speziellen Lomo-Effekten« die Rede, die man beherrschen sollte. Dazu gehört der »Lange-Nase-Effekt«, der »bei längeren Belichtungszeiten« entsteht und die Motive verzogen präsentiert. Der »Niederländereffekt« (»idyllische Malerei«) hingegen tritt ein, wenn man nicht scharfstellt: »Schaut fein aus und freut das von Schärfe gelangweilte Auge!« Schließlich gibt es noch den »Parkinson-Effekt« – gemäß dem Motto: »Wackeln und Zappeln bringt Bewegung ins Bild«.[154] Die Titulierung und Charakterisierung der verschiedenen Effekte verrät, daß die Tugend der Spontaneität nicht nur wegen der daraus resultierenden ›Echtheit‹ der Bilder, sondern ebenso als Ausdruck von Spaß und guter Laune gepflegt wird.

Gerade Jugendliche spricht die Lomographie sogar in dreifacher Hinsicht an. Nicht nur besitzen sie stärker als die meisten Älteren eine Sehnsucht nach dem Unmittelbaren und Wahren, sondern es gefällt ihnen auch (ähnlich wie ehedem den Vertretern des ›Neuen Sehens‹), gegen tradierte Standards zu rebellieren und mit Bildern, die verwackelt und falsch belichtet sind, herkömmliche Schönheitsvorstellungen herauszufordern. Alles, was traditionelle Fotoratgeber als fehlerhaft bezeichnen, wird für sie auf einmal interessant – und besitzt zudem den Vorzug, spritzig, lustig und ein bißchen albern auszusehen. So fotografieren Lomographen bevorzugt auf Partys oder Ausflügen und bemühen sich um Bilder, die eine ausgelassene Stimmung und viel Action dokumentieren. Schließlich ist es Jugendlichen wichtig, daß sie mit dem Besitz einer Lomo einer Gemeinschaft angehören und in anderen Ländern und Städten Gleichgesinnte finden. Die Lomographie – und die ihr eigene Unschärfe – ist somit für viele in der Generation der Love Parade ähnlich identitätsstiftend geworden, wie es ein knappes Jahrhundert zuvor ein fester Liederkanon für die Jugend- und Wandervogelbewegung war.

Um dem Lifestyle Jugendlicher noch besser zu entsprechen, entwickelte die Lomographische Gesellschaft am Ende der 1990er Jahre ein weiteres Produkt, zumal der Reiz der Lomo als Osterzeugnis zu verblassen begann. Der neue ›Action Sampler‹ ist technisch noch einfacher (ohne Blenden, Entfernungseinstellung oder richtigen Sucher), zugleich aber als Spaßkamera konzipiert: In einem durchsichtigen Kunststoffgehäuse sieht man die bunten Teile der Mechanik, die, ebenfalls aus Plastik und ziemlich grob gefertigt, nicht nur Low-Tech – »No tech« heißt es sogar in einer Begleitbroschüre – signalisieren, sondern die auch rasch kaputt gehen. So funktioniert diese Kamera ›nur gerade mal‹, was andererseits den Authentizitätscharakter der Fotos steigert, die garantiert nicht manipuliert, noch nicht einmal ›gut‹, sondern einfach nur ein flüchtiger Gag sind. Es sind eher Spuren als Bilder, zumal der ›Action Sampler‹ die erste Kamera sein dürfte, bei der die Unschärfe bereits vorprogrammiert ist: Drückt man auf den Auslöser, wird jeweils ein Viertel des Negativs im Abstand von 1/4 sec belichtet, womit in recht schlechter Qualität und nicht genau kalkulierbar vier Phasen eines Handlungsablaufs – oder der Kamerabewegung – festgehalten werden. Scharfe Bilder sind bei dieser fast filmischen Aufzeichnung die Ausnahme; dafür ergibt sich gleichsam automatisch ein Flair von Spontaneität, ist doch kaum ein Bildquartett frei von slapstickhaften Momenten oder absurden Ausschnitten.

Damit kann man den ›Action Sampler‹ sogar als Authentizitäts-Maschine bezeichnen, sind in den Apparat mit Kontingenz und Unschärfe doch die wichtigsten Elemente einer Rhetorik der Unmittelbarkeit eingebaut. Wie die digitalen High-Tech-Kameras dem Wunsch nach perfekt-klaren, schönen, beliebig variablen und bis ins Detail kontrollierten Bildern dienen, erfüllt ein ›Action Sampler‹ umgekehrt das Bedürfnis nach echten Bildern, denen schon anzusehen ist, daß sie frei von nachträglichen Eingriffen und sogar unabhängig von den Intentionen des Fotografen entstanden sind. Der Wahrheit im Sinne einer Abbildgenauigkeit oder auch verstanden als Idealisierung oder als Reduktion und Verdichtung auf das Wesentliche steht also die Wahrheit in der Weise größtmöglicher Direktheit gegenüber: Der ›Action Sampler‹ kann als Ausdruck der Utopie interpretiert werden, Bilder ›von alleine‹, ohne beeinflussende Zwischenstation – ohne Medium – hervorzubringen.

Diese Utopie ist vielleicht so alt wie Bilder überhaupt und findet in verschiedenen Epochen und Kulturen ihren Niederschlag, besonders eindrucksvoll etwa in der Tradition der Ikonen, die angeblich ohne menschliche Einwirkung auftauchten. Einmal mehr zeigt sich dabei aber eine große Skepsis gegenüber dem Bild – sogar eine Abwehr und Negation: Als Abbild – als etwas eigens Gemachtes – traut man ihm (bereits seit Platon) nicht genügend Kraft und Geltung zu; es steht im Ruf des Sekundären und ontologisch Zweifelhaften. Wie schon die Versuche, das Bild an der Literatur oder der Musik zu orientieren oder es mit der Darstellung von Unsichtbarem zu beauftragen, ein Ungenügen an Bildern qua ›bloßen‹ Abbildern verraten, bedeutet erst recht der Wunsch nach wirklichen, ›starken‹ Bildern ein Dementi des Abbildens: Nur ein diffuses, vielleicht sogar bis zur Unkenntlichkeit verwischtes Bild besitzt die Aura des Authentischen, und gerade Unschärfe fungiert im Zeitalter des fotografischen Bilds als Echtheitssiegel.

»Ich male nicht mehr. Ich kann es nicht, um nicht Terror, Angst und Schrecken zu verbreiten, um nicht die Erde zu entvölkern«. In einem fiktiven Interview mit dem Kunstkritiker Anthony Twaites, das er sich 1964 zusammen mit Sigmar Polke ausdachte, persiflierte **Gerhard Richter** künstlerischen Größenwahn. So gewaltig stellte er sich die Wirkung seiner Bilder vor, daß sie niemand gezeigt werden dürften, »denn alle würden zusammenbrechen«. Die Nazis hätten in den Konzentrationslagern mit seinen Bildern ›gearbeitet‹, um ihre Massenmorde effektiv begehen zu können, Stalin hätten sogar zwei Bilder genügt, um seine Schreckensherrschaft zu errichten – und sei dann schließlich selbst am Anblick eines dieser Bilder zu Tode gekommen.[155]

Was hier bis an die Grenze der Geschmacklosigkeit durchgespielt wird, geht von einer berechtigten und naheliegenden Überlegung aus: Was könnte der beste Maler mit seinen Bildern erreichen? Und wie ›stark‹ können Bilder überhaupt sein? Tatsächlich glaubten gerade politisch-ideologische Gewaltsysteme an die Macht der Kunst und versuchten sie für sich zu nutzen. Richter, selbst im sozialistischen Realismus ausgebildet, wurde dieser gegenüber der Kunst erhobene hohe Wirkanspruch zum kritisch erörterten Thema, nachdem er 1961 nach Westdeutschland gegangen war. Er beschäftigte sich fortan – unter dem ironischen Label eines ›kapitalistischen Realismus‹ – mit der Frage, was Bildern Autorität verleiht, was sie glaubwürdig oder schockierend macht. Dabei bezog er sich – malend – vor allem auf die fotografische Ästhetik und auf kein anderes Stilmittel so häufig wie auf die Unschärfe.

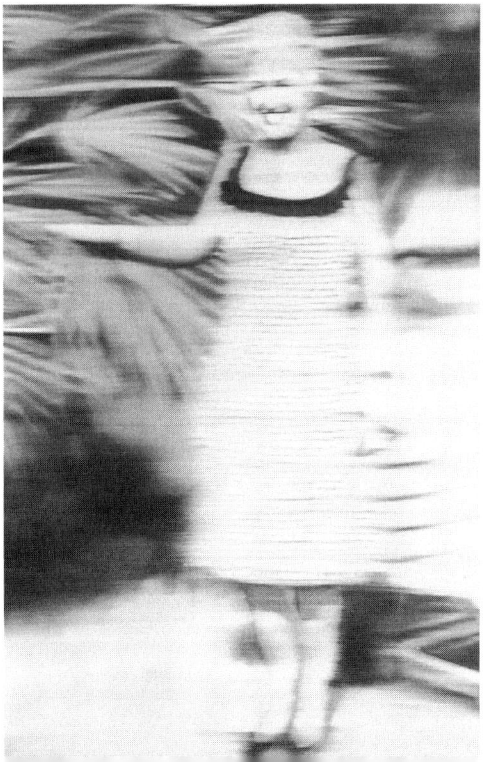

Zuerst malte Richter bevorzugt Fotografien aus Zeitungen oder Illustrierten vergrößert nach; oft wählte er als Vorlagen schlecht reproduzierte oder ohnehin bereits leicht unscharfe Bilder, die er durch zusätzliche Effekte fast ganz unkenntlich machte. Diese Effekte entstammten jedoch immer dem Repertoire des Fotografischen und simulierten ein Verwackeln oder eine Weichzeichnung. Auch ihr Schwarz-Weiß verwies eindeutig auf den fotografischen Ursprung der Bilder. Damit führte Richter

Stilmittel in die Malerei ein, denen es sonst zukam, die Authentizität und damit zugleich die Macht von Fotos zu garantieren; er erprobte, ob dieselben Effekte auch in einem anderen, als weniger glaubwürdig eingeschätzten Medium wirksam werden könnten. Seine Faszination für die der Fotografie unterstellte Echtheit gestand er auch immer wieder ein. So hielt er 1964/65 in einer Notiz fest, das Foto sei »das einzige Bild, das absolut wahr berichtet, weil es ›objektiv‹ sieht; ihm wird vorrangig geglaubt, auch wenn es technisch mangelhaft und das Dargestellte kaum erkennbar ist«.[156]

Richter reflektiert also das Verhältnis zwischen Abbildgenauigkeit und Authentizität sowie das Glaubwürdigkeitsgefälle zwischen verschiedenen Bildtypen: Wieso kann ein detailarmes, verwischtes Bild ohne Farben, auf dem nur ein paar Schemen zu sehen sind, viel dringlicher sein als ein präzis gemaltes, das alle Sujets in vollem Illusionismus zeigt? In einem Interview stellte Richter 1966 fest: »Ein gemalter Mord ist gänzlich uninteressant, ein photographierter ergreift alle. So etwas muß man doch einfach in die Malerei einführen«.[157] Er verhält sich dabei ähnlich einem Ikonenmaler, der ein als authentisch geschätztes, wie eine Reliquie verehrtes Urbild immer wieder kopiert, um an der Kraft dieses vermeintlich nicht von Menschenhand entstandenen Bilds zu partizipieren. Entsprechend besitzen für Richter Fotografien »eine kultische Funktion«; er bezeichnet sie als »Andachtsbilder«[158], was nicht nur an Susan Sontag erinnert, sondern auch einen Grund dafür nennt, daß er »keine Malerei malen« will und nach einem Stil strebt, der »den Anschein von Malerei verhindert«.[159] Damit wird Richter zum Antipoden von Steichen, dem es bei seinen Fotos ja gerade darum zu tun war, den Anschein von Fotografie zu verhindern.

Was dem einen das Kunstwollen, ist dem anderen der Gedanke an Geltung. Für diese braucht es aber keine sensationellen Motive oder spektakulären Kompositionen, keine drastisch und hinreißend gemalten Einzelheiten, sondern im Gegenteil vermag ein ganz banales Bild zu bannen, sobald es nur den Anschein des Fotografischen – und damit des Authentischen – erweckt: Ausschließlich der Stil und die Faktur, nicht aber das Sujet eines Bilds definiert dessen Status. Richter malt dabei sogar idealisierte Fotos, wenn er den fotografischen Charakter – zumal Unschärfen – noch verstärkt und die Effekte isoliert, die die Aura der Authentizität konstituieren. Andererseits macht die Tafelbildgröße seiner Gemälde klar, daß sie gemalt sein müssen. Dies zu erkennen, droht jene Aura sogleich zu negieren – und die zuerst empfundene Dringlichkeit verwandelt sich in Leere.

Dadurch wird dem Rezipienten oft erst bewußt, es mit einem Bild zu tun zu haben, was gerade bei Fotos leicht vergessen wird, absorbiert doch die (vermeintliche) Authentizität vollständig. Richters gemalte Fotos reißen aus dieser Naivität heraus, wobei wiederum der Unschärfe eine besondere Rolle zukommt: So sehr sie einerseits das fotografisch-echte Aussehen der Bilder fördert und damit ihr Bildsein ›übersehen‹ läßt, so sehr beeinträchtigt sie andererseits – erst recht in ihrer Übersteigerung – die Erkennbarkeit der Sujets und wirkt als Bildstörung, was es fast unvermeidbar macht, die Medialität des Bilds eigens wahrzunehmen. Indem er die Unschärfe gegenüber den Vorlagen ausbaut, bringt Richter die fotografische Ästhetik schließlich zum Kippen – aus authentischen werden fast abstrakte Bilder, die auf ihre eigene Machart verweisen.

Seit den 1970er Jahren demonstrierte Richter die gegenläufige Wirkung der Unschärfe manchmal geradezu didaktisch, wenn er nämlich Serien mit dem jeweils selben Sujet – nun oft in Farbe und ausgehend von eigenen Fotos oder von Werken der Kunstgeschichte – in unterschiedlich dosierter Diffusion malte: Akzeptiert der Betrachter ein Bild (zuerst) noch als unscharfes Foto, ist beim nächsten die Gegenständlichkeit bereits so infragegestellt, daß die Faktur zum eigentlichen Thema wird [**Farbabb. S. 137 unten**]. Bald bediente sich Richter auch zusätzlicher Effekte, um den Illusionismus zu sabotieren; Teile des Bilds verwischte er mit einem Pinsel oder einer Rakel, bis aus der jeweiligen Lokalfarbe autonome Farbe wurde, oder er legte, in einer weiteren Steigerung und einem Ikonoklasten ähnlich, grelle Farbbahnen über die gegenständliche Bildschicht.

Mit den innerhalb einer Serie heftiger werdenden Dementis des Illusionismus scheint der Fortgang der modernen Kunstgeschichte, der Weg von der Unschärfe bis hin zur völligen Abstraktion nachvollzogen. Die Linearität paßt jedenfalls zu Clement Greenbergs schon in den 1940er Jahren publizierter, lange einflußreich(st)er Beschreibung der Avantgarde-Malerei, wonach diese eine »schrittweise Anerkennung der Widerständigkeit ihres Mediums« betreibe; Greenberg verbindet damit eine klare Wertung und sieht es als Fortschritt an, wenn »die Bildfläche selbst zusehends flacher wird«, bis schließlich jeglicher Bildraum verloren geht. Erst eine Malerei, die sich selbst inszeniere und nur noch Materie, nicht mehr Bildträger sei, habe sich gefunden und sei ›rein‹.[160] Aus dieser Sicht kann Unschärfe höchstens als ein erster, halbherziger Schritt gelten, wie die Entwicklung der modernen Kunst ja ebenfalls nahelegt, deren Protagonisten schon bald als soft und kitschig verriefen, was doch mit derselben Ambition verbunden gewesen war wie ihre eigenen Versuche der Abstraktion.

Gerade indem Richter den Verlauf der neueren Kunstgeschichte ›illustriert‹, unterscheidet sich sein Bildprogramm aber von den Grundlagen der Avantgarde: Für ihn gibt es kein definites Ziel der Malerei, und schon gar nicht könnte es darin bestehen, Bildern pauschal das Recht des Abbildens abzusprechen. Vielmehr ist es Richters Interesse, verschiedene Typen von Bildern parallel zu studieren; die einzelnen Tafeln seiner Serien sind weniger als Bestätigung einer Entwicklung denn als gleichberechtigte Alternativen zu verstehen. Dabei kommt der Unschärfe insofern eine Schlüsselrolle zu, als sich von ihr aus sowohl die Tradition des Illusionismus als auch die moderne Verweigerung von Abbildlichkeit reflektieren läßt: In der Unschärfe changieren nicht nur Bildsujets, sondern die Erwartungen an das Bild selbst.

Daß Richter in seinem Werk auf beinahe alle klassischen Gattungen referiert, unterstreicht seinen Anspruch, das Bild ›an sich‹ – seine möglichen Rollen und Funktionen – zum Thema zu machen. Aufgrund der Unschärfe gehen die Stilleben, Akte oder Landschaften nie in ihrem Genre auf; die eingeschränkte Präsenz des Abgebildeten – die leichte Verfremdung – läßt sie eher wie Zitate oder indirekte Reden erscheinen. In Analogie zum ›uneigentlichen Sprechen‹ ließen sich Richters Bilder als ›uneigentliche‹ Akte oder Stilleben bezeichnen, was sie zu typischen Werken der Postmoderne macht: Eine Landschaftsidylle ist bei Richter zugleich die Reflexion oder auch Parodie ihrer selbst, und sein Erfolg erklärt sich nicht zuletzt daraus, daß er seine Gemälde doppelt zu codieren versteht, nämlich als Bilder und als Bilder über Bilder. Er selbst bezeichnete sie als »Kuckuckseier«, »weil sie von den Leuten als etwas genommen werden, was sie gar nicht sind«.[161]

Wenn manche sie sogar als romantisch anmutende Landschaften und Stilleben empfinden, liegt das daran, daß Richter die Unschärfe spätestens in den 1990er Jahren nicht mehr unbedingt als Bildstörung, als Mittel eines »visuellen Sadismus«[162], sondern häufig in Form von Weichzeichnung einsetzt. Auf einmal erinnern seine Bilder an die frühen Farbfotos Heinrich Kühns, werden also auch hinsichtlich ihres Stilklimas zum Zitat – und entsprechend als sanfte, vor Überreizung bewahrende Kompositionen geschätzt [**Farbabb. S. 138**]. Anders als die Pioniere der Unschärfe, die jeweils nur eine Variante pflegten und eine bestimmte Weltanschauung vertraten, bedient Richter sich somit des gesamten Repertoires an Unschärfe-Effekten, kennt ihre Wirkungen und spielt souverän damit. Auch das ist Zeichen postmodernen Bewußtseins: Ziel ist die Beherrschung verschiedener Bildsprachen, gleichsam ein neuer Universalismus statt bekenntnishafter Abgrenzung und strengem Stilwillen.

Am virtuosesten – differenziertesten – dürfte Richter von der Unschärfe innerhalb seines Zyklus *18. Oktober 1977* Gebrauch gemacht haben; auf fünfzehn Tafeln malte er 1988, ausgehend von Presse- und Polizeifotos, Szenen der Hauptakteure der RAF. Das titelgebende Datum des Zyklus markiert das Ende des ›heißen Herbsts‹, als Andreas Baader, Jan-Carl Raspe und Gudrun Ensslin tot in ihren Stammheimer Zellen aufgefunden wurden. Bei einigen der Bildmotive ist die Unschärfe – sowie das Schwarz-Weiß – von vornherein plausibel und erscheint nicht als nachträgliche Verfremdung. So setzte Richter ein Jugendfoto Ulrike Meinhofs um, bei dem die Unschärfe an leicht verwitterte Fotoamulette auf Grabsteinen denken läßt, was dem Betrachter sofort signalisiert, daß es sich um das Bild einer mittlerweile Toten handeln muß. Zwei andere Tafeln zeigen die Verhaftung von Andreas Baader und Holger Meins (1972), aus Vogelperspektive und stark verwischt – hier ahnt man, daß eine Überwachungskamera die Vorlagen geliefert hat (die freilich in Wirklichkeit größere Bildschärfe besitzen). Weitere Bilder dokumentieren eine Gegenüberstellung [**Abb. Frontespiz**], das Zelleninventar oder die toten Terroristen. Bei ihnen weckt die Unschärfe sogleich einen detektivischen Blick, und der Betrachter versucht, hinter dem Erkennbaren noch mehr zu entdecken – Indizien zu sammeln, die Aufschluß über den nie ganz geklärten Tod geben könnten. Dies gilt erst recht für einige Motive, die Richter in zwei oder drei Variationen gemalt hat: Man sucht ähnlich wie bei »Wo-ist-der-Fehler?«-Bildern nach Differenzen, schaut noch genauer hin und übernimmt so den Blick eines Staatsanwalts oder eines mißtrauischen RAF-Sympathisanten. Zugleich zitiert Richter die Ästhetik der Fahndungsplakate, die in den 1970er Jahren an Tankstellen und Litfaßsäulen klebten und die die Köpfe der Terroristen ebenfalls mehr oder weniger verschwommen abbildeten: Spätestens damals wurden Kriminalität und Unschärfe miteinander assoziiert.

Auch bei diesem Zyklus dramatisiert die Unschärfe und steigert die Dringlichkeit der Sujets, löscht sie andererseits aber auch weitgehend aus; während sie die Sensationslust anfacht, taucht sie gerade heftigere Szenen – wie die Porträts der Toten oder das Begräbnis – in gewisse Milde und setzt dem Voyeurismus strenge Grenzen. Die Brutalität des Terrorismus wie auch die Härte, mit der der Staat darauf reagierte, sind fast ganz verschwunden, und übrig bleiben Erinnerungsbilder in Schwarz-Weiß, die beinahe privat und versöhnlich anmuten – die dem Betrachter aber auch seine Ohnmacht deutlich machen: Es ist nichts mehr zu ändern, nicht einmal mehr etwas zu klären. Die Bilder sind vielmehr wie letzte Reste großer Ereignisse und heftiger Emotionen, und aufgrund ihrer Undeutlichkeit kann nie vergessen werden, daß es ›nur‹ Bilder sind. Wo ein Foto nach wie vor Entsetzen auslösen mag, bleibt gegenüber Richters Gemälden lediglich Trauer.[163]

Es gibt nur wenige Beispiele, bei denen vergleichbar komplex mit Unschärfe gearbeitet wurde: Nahezu alle rhetorischen Möglichkeiten, die diesem Stilmittel in seinen Varianten zueigen sind, aktiviert Richter in seinem RAF-Zyklus. Wollte man es pathetisch formulieren, könnte man diesen als Reifeprüfung eines noch immer relativ neuen gestalterischen Mittels bezeichnen, als Beweis dafür, daß die Unschärfe mittlerweile sogar fast unverzichtbar geworden ist, wenn es darum geht, Bilder zu machen, die den Betrachter etwas angehen und die doch nicht nur einnehmen, sondern die zugleich eine Reflexion über Bildlichkeit erlauben.

Richter ist jedoch keineswegs der einzige Künstler, der sich im letzten Drittel des 20. Jahrhunderts auf subtile Weise der Unschärfe bedient. Im Gegenteil: Spätestens im letzten Jahrzehnt fanden so viele Maler und Fotografen Gefallen an deren Effekten, daß man längst von einer neuen ›unscharfen Richtung‹ sprechen könnte – und auch von einer Mode, die zunehmend dem Geschmack einer Mehrheit entspricht. Es scheint, als sei die Unschärfe nach dem Ende der Ideologien der Avantgarde die große Gewinnerin, ja als sei sie, nach ihrer Verbreitung im späten 19. Jahrhundert, nur für einige Zeit in den Hintergrund getreten, um nun ganz neu und um zusätzliche Valenzen bereichert zum Star der Stilmittel zu avancieren.

Diese Renaissance, die bereits mehr ist als nur eine Wiederentdeckung, kam durchaus überraschend. Immerhin galten Unschärfe-Effekte über etliche Jahrzehnte hinweg als unseriös, waren sie den Abstrakten doch nicht radikal genug, den gegenständlichen Malern zu wenig entschieden. Nicht nur die Pioniere der Klassischen Moderne, sondern mehr noch die Vertreter der Nachkriegskunst beharrten auf klaren Linien und Formen – alles Verwischte und Weichgezeichnete empfanden sie einem ernsten und existenziellen Lebensgefühl unangemessen. So deklarierte der gegenständlich malende Rudolf Schlichter es als »fatal«, wenn »wattige Verschwommenheit« die Malerei auf das Niveau von Stimmungsfotografien hinabziehe.[164] Entsprechend freute sich der engagierte Sammler abstrakter Kunst, der Arzt Ottomar Domnick, daß in der »neuen Kunst« keine Bilder mehr entstünden, »die weich und verschwimmend einer Entscheidung ausweichen, daß es keine Stimmungsmalerei mehr gibt«.[165] Und in kunstessayistischen Beiträgen der Zeit um 1950 konnte man immer wieder lesen, die moderne Kunst habe »das Verschwimmende und Zerfließende der Diktion verlassen«; nun würden alle Gegenstände »erlebt in ihrem Für-sich-Sein«.[166]

Alles andere als ein ›eigentliches Sprechen‹, jegliche Doppelbödigkeit oder reflektierende Distanz galt in jener Zeit als Zeichen von Unernst und damit von Beliebigkeit; zumal in der Malerei wurde das Scharfkantige und Formstrenge als das ›Echte‹ und im expressionistischen Sinn Unmittelbare angesehen. Unschärfe und Authentizität schlossen einander also aus, und an der Weichzeichnung störte wohl auch die Konzilianz: Kunst mußte vom Betrachter etwas fordern, hart und unbequem sein, um ihre Dringlichkeit beweisen und um läuternd wirken zu können. Hierin waren sich Abstrakte und gegenständliche Künstler, sonst in heftigem Streit miteinander, einig. Unschärfe verdächtigten sie mißtrauisch als falschen Kompromiß, fungiert sie doch als Mittel der Abstraktion, ohne deshalb Gegenständlichkeit ›an sich‹ infragezustellen. Man könnte ihr vorhalten, nicht nur dem Betrachter zu schmeicheln, sondern auch ideologische Gegensätze zu nivellieren.

Gerade als Möglichkeit einer Synthese von abstrakter und gegenständlicher Kunst ist die Unschärfe jedoch gegen Ende des 20. Jahrhunderts attraktiv geworden. Die Gegensätze werden kaum noch polemisch ausgetragen, viele Künstler pflegen sogar beide Bildtraditionen und beschäftigen sich damit, wie Elemente abstrakter Bildsprachen mit Stilformen gegenständlicher Malerei kombinierbar sind. So nutzen

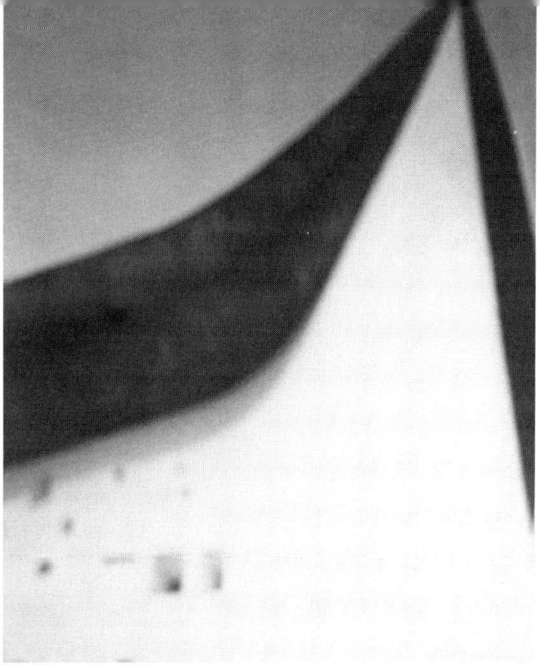

Maler wie Richard Hamilton oder Pablo Alonso und Fotografen wie **Hiroshi Sugimoto,** Jörg Sasse, Annelies Strba, Bill Jacobson, Heidi Specker oder Sabine Schirdewahn [**Farbabb. S. 139**] Unschärfen primär dazu, abstrakt-minimalistisch wirkende Bilder zu schaffen, die bei genauerer Betrachtung – für jemanden mit mehr Unschärfe-Routine – klassische Sujets wie Landschaften oder Stilleben zeigen. Immer wieder kommt es hierbei auch zu neuartigen Verbindungen von Unschärfe-Effekten – etwa von Bewegungsunschärfe und Weichzeichnung –, die wegen ihres jeweils unterschiedlichen weltanschaulichen Kontexts lange Zeit inkommensurabel schienen. Nicht zuletzt insofern taugt die Unschärfe – in ihrer enormen Variationsbreite und Vereinigungsfähigkeit – als ein Symbol der Postmoderne.

Zu den Künstlern, die schon seit den 1970er Jahren mit Unschärfe operieren, gehören auch **Anna und Bernhard Blume.** Sie dient ihnen vor allem als Mittel der Verfremdung, wobei es weniger um eine Irritation der Bildbetrachtung – um Bilder über Bilder – als um die Inszenierung surrealer Welten geht. Zu sehen sind, bevorzugt in Bildserien, alltägliche Situationen, die plötzlich eskalieren und eine Eigendynamik entwickeln, so daß die handelnden Figuren nicht mehr Herr der Lage sind und im Strudel der Ereignisse grotesk scheitern. Die einzelnen Bilder erscheinen wie Stills aus Slapstick-Filmen, wobei die Gesichter und Körper der Bildakteure durch die jeweilige Mimik und Gestik, zuerst aber durch die Unschärfe ins Tragikomische verzerrt sind. Da neben Bewegungs- ebenso Verwacklungsunschärfe im Spiel ist und die Sujets zudem meist schief oder abgeschnitten gezeigt werden, wirkt es, als sei der Fotograf ebenfalls von jener seltsamen Dynamik erfaßt und selbst Teil eines absurden Taumels. Mangelnde Tiefenschärfe enträumlicht das Geschehen noch weiter, der Betrachter findet somit erst recht keine Orientierung, und die natürliche Schwerkraft der Dinge scheint aufgehoben oder verändert – es herrscht der Ausnahmezustand, diesmal freilich nicht in revolutionärem Ernst, sondern als bizarrer Unfall.

Ohne nachträgliche digitale Bearbeitung gelingt es Blumes, verschiedene Unschärfe-Effekte gleichzeitig ins Bild zu setzen. Dabei benennen sie selbst nicht nur die Wiedergabe eines »ekstatischen Moments« als Grund für ihr virtuoses Spiel mit den Unschärfen, sondern sie sprechen auch deren aufmerksamkeitsregulierende Funktion an: Bei durchwegs scharfen Fotos werde das Auge von vielen Details gleichzeitig

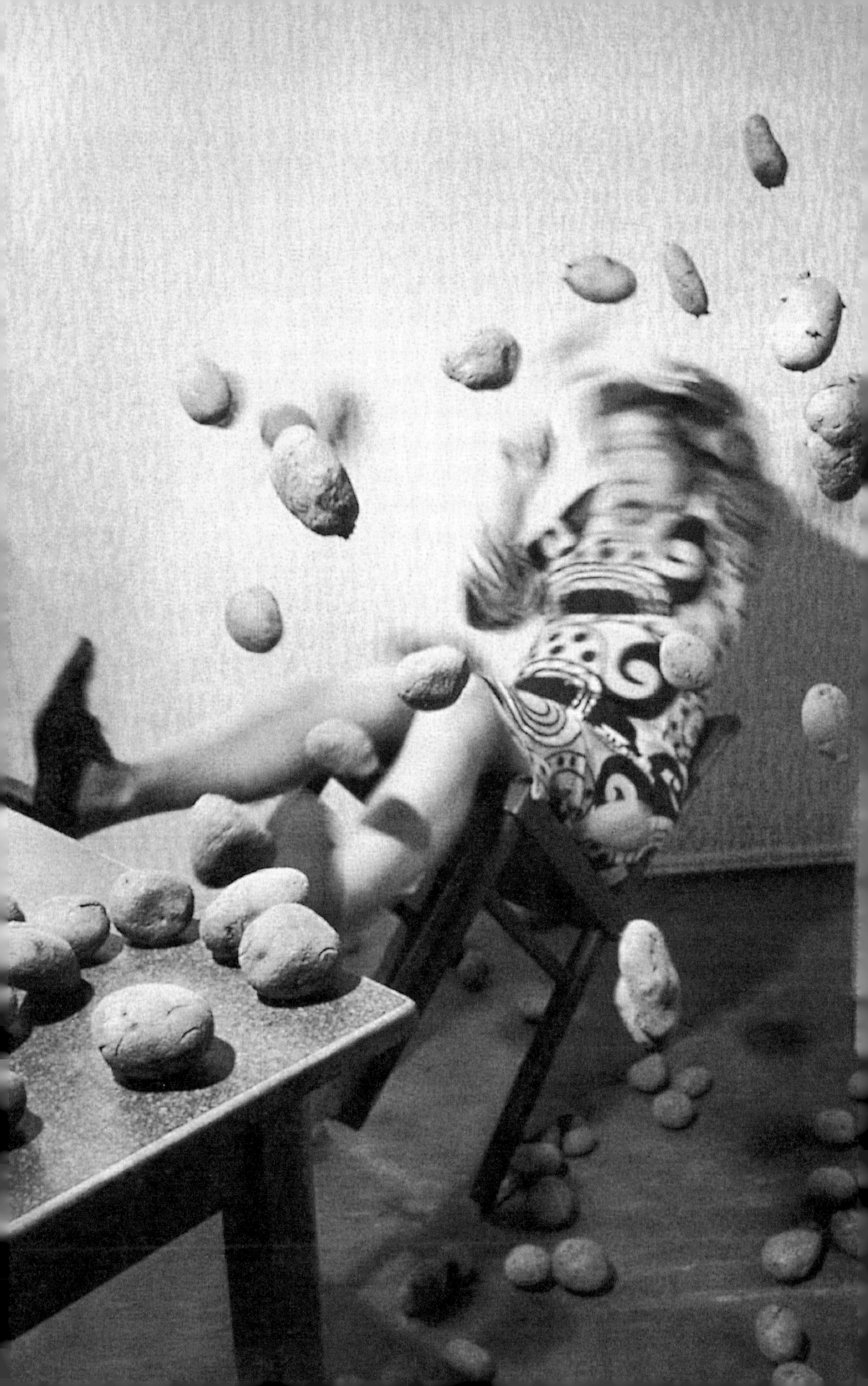

und gleichermaßen stark angezogen – damit aber sei das Bild zu wenig moduliert, letztlich erscheine die Bildfläche monoton und beliebig: »Wenn [...] Teile des Abgebildeten undeutlicher, in die Unschärfe gerückt sind, dann wird das Deutliche wichtiger oder bedeutsamer und die Beliebigkeit verschwindet«.[167]

Mit Unschärfen den Blick des Betrachters gezielt zu lenken, ja sie dazu zu benutzen, auf Bildern Geschichten anzudeuten, zeichnet ebenso den amerikanischen Fotografen **Duane Michals** aus. Das Besondere seiner Bildserien besteht jedoch darin, daß sich die Unschärfe verselbständigt und plötzlich etwas ganz Reales – nicht nur ein bildnerisches Mittel – zu sein scheint (ähnlich wie (1998) in Woody Allens Film *Deconstructing Harry*, in dem ein Schauspieler eines Tags nicht mehr scharf gefilmt werden kann). Unschärfe wird hier zur Krankheit und zum beunruhigenden Zwischenfall, von Michals virtuos als Medium schwarzen Humors instrumentiert.

Noch raffinierter versteht der britische Fotograf John Hilliard, mit Effekten der Unschärfe die jeweilige Bilddramatik zu steigern – und zugleich das Bild selbst zum Thema zu machen. Beides geschieht bei ihm, indem die Unschärfe als Bildstörung eingesetzt wird [**Farbabb. S. 140**]. So fällt der Blick des Betrachters bei *Miss Tracy* auf einen nackten Frauenkörper, dessen pornographische Pose jedoch nur verschwommen zu sehen ist. Das erinnert an moderne Techniken der Bildzensur und mag vor allem von männlichen Betrachtern bedauert werden: Ihr Voyeurismus wird im selben Moment, in dem er entfacht wird, bereits wieder enttäuscht. Um doch noch etwas eventuell Frivoles zu entdecken, wandert der Blick zu den Randzonen des Bilds, die scharf fotografiert sind – und nun ist auf einmal zu erkennen, daß die Frau sich nicht etwa lustvoll auf einem Bett mit roter Decke räkelt, sondern offenbar Opfer eines Gewaltverbrechens wurde. Das Rot ist Blut auf ihrem Laken, weshalb sich der Betrachter entlarvt fühlen muß: Seine Lüsternheit ließ ihn die mögliche Brutalität der Szene ausblenden und umdeuten, und daß er sie schließlich doch noch bemerkte, ist allein seiner sexuellen Neugier, dem unruhig schweifenden Blick, zuzuschreiben. Freilich: Hätte der Betrachter sich mit dem unscharfen Bild begnügt und dessen Verschwommenheit als Projektionsfläche für seine Phantasien genutzt, wäre er ebenso der Verdrängung zu bezichtigen – immerhin sind die Spuren der Gewalt eigentlich nicht zu übersehen.

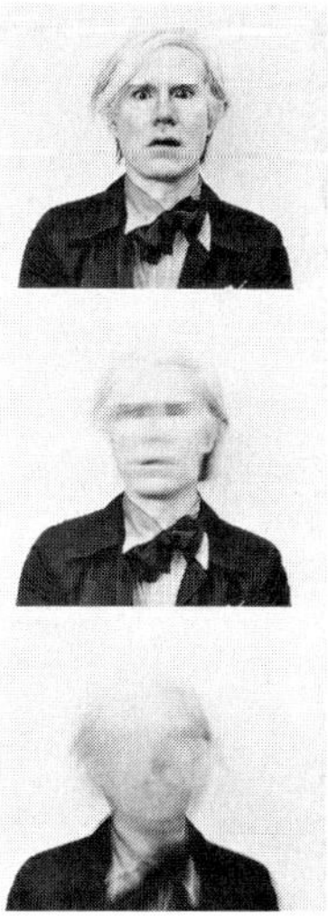

Hilliard nutzt die Unschärfe also, um den Betrachter auf geradezu moralistische Weise dazu zu bringen, über sein Rezeptionsverhalten gegenüber Bildern, vor allem gegenüber Fotografien, nachzudenken. Beinahe schulmeisterlich demonstriert er, wie naiv normalerweise dem ersten Eindruck – und dem, was man sehen will – geglaubt wird; erst wenn eine Bildstörung wie die Unschärfe eintritt, kann diese Selbstverständlichkeit und Voreiligkeit des Betrachtens infragegestellt werden: »... nebulöse, unfokussierte Ungewißheit, bis zur Unkenntlichkeit verschwommene Bewegung [...] läuft der sonst von der Photographie angestrebten Transparenz zuwider«.[168]

So sehr jede Störung glatter Konsumierbarkeit die Erwartungen gegenüber der Fotografie verletzt, so sehr nützt Hilliard Unschärfe-Effekte zugleich dazu, jeweils die Emotionen des Betrachters zu steuern. Immerhin entlarvt es nicht nur blinden Voyeurismus, wenn man erst verspätet auf das Gewaltverbrechen achtet, sondern das Schwelgen in Lust endet auch in einem Schock, die zuerst stimulierte erotische Fantasie wird jäh und definitiv gebremst. Das Foto erzeugt also ein ähnliches Wechselbad der Gefühle wie ein Drama oder eine Erzählung – und die Unschärfe dient hier einmal nicht der Annäherung des Bilds an die Musik, sondern, beinahe klassisch, einem Programm von ›ut pictura poiesis‹.

Noch deutlicher wird Hilliards Erzählabsicht bei einer Reihe von Fotodiptychen oder -triptychen. Sie zeigen jeweils dasselbe Bild, was jedoch bei flüchtigem Blick kaum zu erkennen ist, da die Schärfe-Unschärfe-Verteilung so stark differiert, daß es sich um unterschiedliche Szenen zu handeln scheint [**Abb. Cover**]. Oft durch eine reduzierte Tiefenschärfe, aber auch durch Formen der Bewegungsunschärfe gelingt es Hilliard, jeweils einen Teil einer Szene fast vollständig auszublenden. Was – als Nebeneinander von zwei oder drei Bildtafeln – wie eine Handlungsabfolge wirken mag, ist tatsächlich also bloß ein Akzentwechsel. So sieht man auf der linken Tafel von *Tempo* eine junge Frau auf einem Sofa, bekleidet nur mit Unterwäsche und gerade dabei, sich einen schwarzen Strumpf anzuziehen. Sie scheint allein im Raum – rotschwarze Farbschlieren im rechten Teil des Bilds nimmt der Betrachter kaum zur Kenntnis. Erst durch die rechte Tafel wird klar, daß es sich dabei um Spuren eines älteren Manns handelt, der sinnierend in einem Schaukelstuhl sitzt; dessen Bewegung läßt ihn – wegen der relativ langen Belichtungszeit – auf der linken Tafel nahezu verschwinden. Dagegen ist er auf dem rechten Bild scharf zu sehen, da die Kamera synchron zum Schaukelstuhl bewegt wurde, wodurch allerdings das Sofa mit der Frau im Hintergrund kaum zu identifizieren ist. Gezeigt ist also jeweils ein Mensch, der für sich zu sein scheint, und erst genauere Betrachtung ergibt, daß beide im selben Raum sitzen. Das weckt Spekulationen über ihr Verhältnis zueinander: Handelt es sich um Vater und Tochter oder um ein Callgirl, das sich nach vollbrachter Dienstleistung wieder ankleidet? Doch warum sitzt der Mann dann so abwesend, von ihr abgewandt, in seinem Stuhl? Haben sie Streit? Kein denkbares Szenario vermag die Situation befriedigend zu erklären – Hilliard erzählt ein Dramolett mit offenem Ende.

Die Unschärfe fungiert hier anders als bei Richter nicht selbst als Bedeutungsträger, verselbständigt sich auch nicht, sondern dient allein dazu, die Aufmerksamkeit des Betrachters zu regulieren. Indem jeweils anderes sichtbar (und unsichtbar) ist, lassen sich mehr Bezüge erkennen, als wenn alles auf einmal – in einem Bild – präsent wäre. Daß sie Sujets auszublenden vermag, verleiht der Unschärfe die Fähigkeit, Bildinformation zu dosieren, bis ein Maximum an Dramatik oder Geheimnis erreicht ist.

Ein solcher rein instrumenteller Gebrauch der Unschärfe – ohne ästhetischen Eigenwert – ist ungewöhnlich – und dennoch typisch, da der Umgang mit diesem ehedem in seinen Spielarten jeweils weltanschaulich aufgeladenen Stilmittel mittlerweile generell ganz pragmatisch und entsprechend flexibel geworden ist: Es gibt kaum noch einen Künstler, der nur einen Typ von Unschärfe verwendet – und es gibt viele Künstler, die Unschärfe lediglich als einen Effekt neben anderen in ihr Werk einbeziehen, sich also nicht speziell über ein Formklima definieren. Gerade in den 1990er Jahren erprobten zahlreiche postmodernem Stilpluralismus anhängende Künstler wie Rosemarie Trockel oder Thomas Schütte Unschärfe-Effekte – so wie sie auch mit verschiedenen bildnerischen Techniken – Aquarell oder Holzschnitt – experimentierten. Dabei ist es ihnen nicht wichtig, einem Mittel wie der Unschärfe nochmals neue Valenzen abzugewinnen; vielmehr haben sie aus der Tradition gelernt und wissen, wie die einzelnen Varianten wirken, um sie je nach Situation einzusetzen. Das aber heißt: Die Unschärfe ist zu einem selbstverständlichen Element der Bildrhetorik geworden, verfügbar wie Schraffur oder Grisaille – und in bestimmten Œuvres angemessen: Sie gehört zum festen Repertoire.

11. IM PLURAL

Heutzutage genügen ein paar Klicks am Computer, um ein Bild in eine andere Klimazone zu transferieren. Mit Programmen wie *Photoshop* lassen sich die Bilddaten so umrechnen, daß bestimmte Effekte wie Rotstich, Sfumato oder Bewegungsunschärfe entstehen. Eine Vielzahl von Ästhetiken ist damit frei verfügbar, ja beinahe das gesamte, über Jahrhunderte aufgebaute Arsenal an Bildsprachen kann abgerufen werden. Und was nicht gefällt, läßt sich sofort wieder rückgängig machen. Noch nie war es so leicht, eine momentane Stimmung oder spontane Idee unmittelbar gestalterisch umzusetzen, sich an Vorbildern zu orientieren oder auch nach neuartigen Kombinationen von Stilmitteln zu suchen.

Diese technischen Freiheiten sind in einer Zeit möglich geworden, in der sich auch sonst viele traditionelle Bindungen gelockert oder gar aufgelöst haben. Die Postmoderne verlangt kaum noch Treuebekenntnisse zu Weltanschauungen und Werten, sondern überläßt es dem einzelnen, was und wie viel er sich zueigen macht. Entsprechend gefällt es vielen, mit verschiedenen Stilen, Lebensformen und sozialen Milieus gleichermaßen vertraut zu sein, jeweils mit Divergentem zu kokettieren und Selbstvertrauen sowie Lebensfreude daraus zu beziehen, daß man sogar scheinbar Inkommensurables spielend in sich vereint. Fern ist die Vorstellung, man müsse sich einer bestimmten Ästhetik, einer festen Reihe von Stilmitteln verpflichten, und erst recht absurd erscheint es, manche Bildsprachen für ›wahrer‹ zu halten als andere. Die einzige ›Wahrheit‹, die von Bildern gelegentlich noch verlangt wird, ist Authentizität.

Was für die Kunst gilt, ist ebenso innerhalb des Bildjournalismus zu bemerken. So reduziert sich die Aufgabe vieler Bilder in Zeitungen und Magazinen heute darauf, einen kleinen Überraschungseffekt auszulösen oder – via Buntheit und Verfremdung – als harmloser Augenkitzel zu wirken. Oft handelt es sich um assoziative Illustrationen der jeweiligen Artikel und redaktionellen Beiträge, und nur ein kleinerer Teil der Abbildungen dient der Information, Orientierung oder Erzählung. Nicht selten scheint es auch darum zu gehen, mit Abbildungen die jeweilige Corporate Identity zu stützen und einen Lifestyle zu fördern. Freilich: Das war vor Jahrzehnten nur deshalb anders, weil viele Beiträge gar nicht erst bebildert wurden und man Bilder fast nur druckte, wenn sie einen informativen Zugewinn brachten. Die verstärkte Konkurrenz innerhalb der Presselandschaft, die Umstellung vieler Publikationen auf Farbabbildungen und auch die technisch vereinfachten Reproduktionsmöglichkeiten führten in den letzten Jahren jedoch zu einer Inflation der Bilder gerade in Zeitungen. So werden heute viele Artikel mit Bildern versehen, die es dazu eigentlich gar nicht gibt.

Bei diesem Typ von Bildern ist Unschärfe fast die Regel. Wo es ohnehin nicht um Information – um Details – geht, versucht man aus der Not eine Tugend zu machen und das Publikum wengistens mit geheimnisvollen, flotten oder originellen Bildern zu unterhalten. Sie fungieren als atmosphärische Beigaben, zerstreuende Einschübe, als visuelle Gags oder auch einfach nur als Blickfang. Ferner sind sie das Spielfeld experimentierfreudiger Fotografen sowie selbstbewußter Bildredakteure und führen die vielen Bildsprachen und Effekt-Mischungen vor, die die moderne Bildbearbeitung erlaubt. Nicht selten gibt man sogar eine rein fotografische Ästhetik preis, um Bilder mit extrem veränderten, geradezu psychedelisch aufgepeppten Farben und graphischen Elementen ins Sur- oder Irreale zu transportieren [**Farbabb. S. 141 oben**]. Grundlage dieser Bildkreationen ist aber jeweils wenigstens *eine* Spielart von Unschärfe, wobei auch Varianten zum Einsatz kommen, die sich allein den Computerprogrammen verdanken: Ein Bild wird etwa auf wenige Pixel – auf bunte Folgen kleiner Quadrate – reduziert, die höchstens bei zusammengekniffenen Augen einen vagen Eindruck dessen geben, was abgebildet ist. Oder man legt eine Bewegungsunschärfe so über die Bildfläche, daß es wirkt, als würden die einzelnen Sujets wie magnetisiert von einer starken Kraft zentripetal aufgesaugt [**Farbabb. S. 141 mitte**].

Solche visuellen Tricks werden oft ohne Rücksicht auf den Inhalt der Textbeiträge eingesetzt, die das jeweilige Bild illustriert. Das läßt sich als neckisches Spiel und Blüte des Infotainment, als pure Beliebigkeit oder Ausdruck von Wichtigtuerei kritisieren, kann aber mit selbem Recht als erstaunliche Emanzipation der Pressefotografie bewertet werden. Innerhalb weniger Jahre sind hier Freiräume entstanden, die das Berufsverständnis vieler Fotografen revolutionierten: Konnte man als Bildjournalist lange Zeit mit ausgefallenen Kompositionen oder mit dem Blick für Schnappschüsse besondere Befähigung unter Beweis stellen, ist mittlerweile eine virtuose Beherrschung der Bildprogramme die Basis des Erfolgs. Wer es schafft, verblüffende Effekte zu produzieren, wird reichlich Abnehmer für seine Bilder finden. Tatsächlich werden witzig-bewegungsunscharfe oder in weiche Farbspiele aufgelöste Bilder oft mehrfach gedruckt – zwei- oder dreimal pro Jahr sogar in derselben Zeitung: Da der Leser sich solche Bilder wegen ihres geringen Informationsgehalts nicht merkt, können sie bedenkenlos wiederholt werden.

Der Unschärfe-Boom im Bildjournalismus hat somit nicht zuletzt ökonomische Gründe, besitzen unscharfe Fotos doch sowohl einen höheren Überraschungswert als auch größere Unverbindlichkeit – beides macht sie zu einer begehrten Ware. Oft gehen die Fotografen und Graphiker mit den Unschärfen und Kombinationen verschiedener Effekte sogar so weit, daß auf den Bildern kaum noch etwas zu erkennen ist und es einer erklärenden Unterschrift bedarf, damit sich überhaupt ein Bezug zu einem Artikel herstellen läßt [**Farbabb. S. 141 unten**]. Insofern gibt es so etwas wie einen autonomen Bildjournalismus, und nicht selten sind die in großen Tageszeitungen abgedruckten Fotos sogar experimenteller und ästhetisch fremder – radikaler – als vieles, was parallel im Bereich der – traditionell autonomen – Kunst passiert. So sind die durch Unschärfe verfremdeten, ursprünglich aus dem Internet stammenden Porno-Bilder, mit denen Thomas Ruff auf Kunstmessen und in Kunstmagazinen seit 2000 größere Aufmerksamkeit findet, im Vergleich zu vielen Bildern der Tagespresse ziemlich eindimensional [**Farbabb. S. 142 oben**]. Ist es hier lediglich eine einzige – zudem offenbare und wenig originelle – Transformation, denen die Vorbilder unterzogen wurden, geben Bilder weitgehend anonym bleibender Fotografen nicht selten mehr Rätsel auf und fesseln den Blick der Betrachter entsprechend länger [**Farbabb. S. 142 unten**]. Gewiß wird ein Kenner der Bildbearbeitungsprogramme auch in diesen Fällen meist rekonstruieren können, wie die Manipulationen zustandekamen, und erst recht stört oft, daß Effekte bloß um ihrer selbst willen – wie Dekor und modisch-formales Accessoire – eingesetzt werden. Dennoch rechtfertigt das nicht länger eine strikte Trennung zwischen Bildern der Kunst und Bildern des Bildjournalismus.

In beiden Bereichen wird mit denselben Bildprogrammen und ähnlichen Verfremdungs-Intentionen gearbeitet, und außerhalb ihres jeweiligen Kontexts – Galerie oder Zeitung – sind die wenigsten Bilder eindeutig der Kunst oder dem Journalismus zuzuordnen, was im übrigen nicht damit zu erklären ist, daß die Künstler als Vorreiter gewirkt und andere Bildproduzenten maßgeblich beeinflußt haben. Vielmehr sind – vielleicht auch wegen der Neuheit und zugleich großen Verbreitung der Bildprogramme – an verschiedenen Orten ganz ähnliche Entwicklungen zu beobachten. Erstmals seit langem läßt sich daher sogar von einer einheitlichen Ästhetik sprechen, deren Hauptmerkmal das Spektrum an Unschärfe-Effekten darstellt. Für nichts anderes jedenfalls werden die digitalen Möglichkeiten der Bildbearbeitung so häufig genutzt.

Ohne Vertrautheit mit modernen – abstrakten – Bildsprachen wären durch Unschärfen verfremdete Fotos freilich nicht so beliebt, bereitete es dann doch größere Probleme, das darauf Abgebildete kaum oder nicht erkennen zu können. Eine gewisse Exklusivität ist der Unschärfe-Ästhetik ohnehin zueigen; älteren oder weniger gebildeten Lesern von Tageszeitungen dürften die semiabstrakten Farb- und Formimpressionen jedenfalls oft zu weit gehen und kryptisch erscheinen. Sie erleben hier dasselbe wie gegenüber moderner Kunst, die sie schon längst als spröde, schwierig und vielleicht sogar abwegig erfahren. Je mehr sich die Sujets auflösen und je weniger ein Foto noch illusionistische Elemente besitzt, desto eher richtet es sich an junge, im Umgang mit Bildern versierte Menschen.

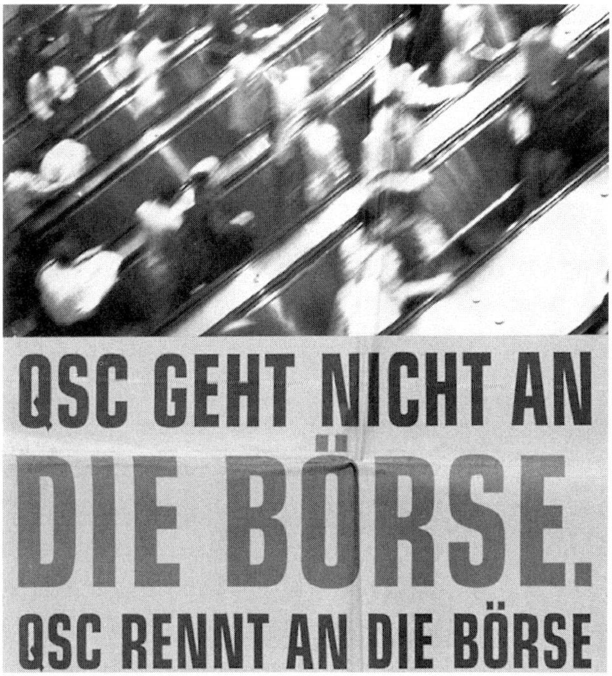

Dasselbe gilt für die Werbefotografie: Gerade junge Marken bauen ihr Image häufig über Anzeigen mit – extrem – unscharfen Bildern auf; entsprechend werden sie von vornherein nur von einer Minderheit bewußt wahrgenommen – und gelten nach traditionellen Maßstäben als Negativbeispiel der Markenführung, da sie klassische Regeln – etwa Plakativität oder das Andocken an Bekanntes – mißachten. Eine solche Exklusivität kann beabsichtigt sein, sofern man eine klar definierte Zielgruppe ansprechen will, sie war aber, zumal in den Jahren des Börsen-Hype, ebenso Ausdruck des unter Start-up-Firmen verbreiteten Glaubens, als New Economy ganz ›anders‹ zu sein als herkömmliche Unternehmen. Überschwemmt von Geld, genoß man es, ganze Zeitungsseiten mit Anzeigen zu füllen, mußte nicht auf Effizienz achten und konnte sich ausgeflippt geben. Während viele Leser diese Seiten mit restlos unscharfen Bildern überblätterten, ohne sie bewußt wahrzunehmen, wirkten sie auf Insider wie ein Geheimcode aus der Business-Welt, mit dem man sich als jung und trendy ausweisen konnte.

Auf die Spitze trieben die Werbeagenturen das Spiel mit Unschärfen, wenn sie Kampagnen für den Börsengang ihrer Kunden entwarfen. Dann mochte die für Börsen-Bilder typische Ikonographie der Bewegungsunschärfe als Inspiration dienen, wurde aber regelmäßig noch überboten, um der hektisch-optimistischen Aufbruchsstimmung allen Nachdruck zu verleihen. Sollte eine solche Inszenierung von Tempo und Vitalität Anleger zur Zeichnung von Aktien animieren, war das Verschwinden klar identifizierbarer Sujets aber zugleich Ausdruck einer Verlegenheit. Die meisten Internet-Startups, die hier erstmals öffentlich in Erscheinung traten, konnten nämlich mit keinen anschaulichen Produkten aufwarten und waren meist irgendwo – im virtuellen Raum – zwischen High-Tech, Dienstleistung und Bluff angesiedelt. Eine Vielzahl kryptischer Namen und Begriffe wurde von ebenso rätselhaft-unentschlüsselbaren Bildern untermalt, was es der New Economy leicht machte, Eindruck zu schinden, schien sie doch nicht bloß nacktes Profitstreben zu sein, sondern eine eigene Welt – eine geradezu esoterische Veranstaltung mit aufregendem Lifestyle.

Allerdings übertrieb man die Unschärfe zum Teil so sehr, daß die Grenze zur Ungegenständlichkeit überschritten wurde, womit es, genau genommen, auch inadäquat wird, überhaupt noch ›Unschärfe‹ zu konstatieren, können doch nur Gegenstände verschwimmend, überbelichtet oder in Sfumato abgebildet sein, während man sonst lieber von fließenden Übergängen zwischen einzelnen Farbpartien sprechen sollte [**Farbabb. S. 143 oben**]. Sobald sich jedoch der illusionistische Bildraum vollständig in ein abstraktes Gebilde verwandelt, gibt es auch kein Sujet mehr, das auratisiert werden könnte. Eine Steigerung der Unschärfe bewirkt also nicht, daß sich ein Bild immer weiter mit Stimmung oder Verheißung auflädt; vielmehr löst sich das Surplus an Bedeutung plötzlich auf, und was bleibt, ist ein ontologisch armes und stumpfes Bild: Zwischen Dramatisierung und Ikonoklasmus liegt nur eine Nuance.

Doch obwohl diese Nuance viel ausmacht, ist die daraus resultierende Differenz merkwürdigerweise meist gleichgültig: Keine Agentur und kein Unternehmen scheint darauf zu achten, denn es gibt immer wieder Kampagnen, bei denen einige Anzeigenmotive in stimmungsvoller Unschärfe gehalten sind, während andere bloß als abstrakte Schlieren wirken. Auch der Rezipient macht sich keine Gedanken darüber, da er, überflutet von Bildern, diese ohnehin kaum bewußt wahrnimmt. Vielmehr fungieren sie für den Leser einer Zeitung oder Zeitschrift als eine Art von Kaufhausmusik (Muzak), als ein ziemlich homogener Hintergrund. Selbst die Bilder der Werbeanzeigen und die der Bildredaktion werden nicht auseinander gehalten, und erst recht ist es, nicht nur innerhalb der Lomographie, unüblich geworden, ein Bild im Singular zu betrachten. Jedes Bild ist heutzutage von vornherein – zunehmend übrigens auch in der Kunst – eines unter vielen, es ragt nicht als Solitär in die Welt der Texte und Meinungen, sondern hat sich zusammen mit anderen in Parallelwelten und zu eigenen Zusammenhängen formiert. Auch deshalb ist es nicht mehr nötig, daß ein Bild genau an einen Text anschließt, ihn illustriert oder ergänzt. Wichtiger ist, daß es zu anderen Bildern paßt und mit ihnen zusammen ein Lebensgefühl vermittelt oder einem Blatt eine bestimmte Tonlage verleiht.

Wer es negativ formuliert, spricht hier von einer Inflation der Bilder und bedauert, daß das einzelne in der Masse untergeht. Doch auf diese Weise zu urteilen heißt, an einer hohen Erwartung gegenüber Bildern – genauer: gegenüber dem einzelnen Bild – festzuhalten und Bedeutung darin so verdichtet vorfinden zu wollen, daß die Bildfläche zum Ort eines Ausnahmezustands wird. Die Sehnsucht nach dem radikal Anderen sollte sich tatsächlich immer in ›dem‹ Bild, nie in Bildern im Plural erfüllen, denn nur so konnte es hinreichend klar – wie eine Insel – von allem übrigen abgegrenzt werden. Die Kategorie des ›Meisterwerks‹ als absolutem Singular ist bester

Ausdruck dieser Ansprüche gegenüber dem einzelnen und einmaligen, durch keine Nachbarschaft relativierten Bild, ja dokumentiert einen geradezu monotheistischen Glauben.[169]

Nichts zeugt daher deutlicher vom Ende jener Sehnsucht nach einem Ausnahmezustand als die Pluralisierung der Bilder. Daß sie als einzelne kaum noch Aufmerksamkeit finden, sondern ›immer schon‹ als Ensemble wahrgenommen werden, ist Zeichen einer gewissen Gleichgültigkeit – zumindest dann, wenn man nach tradierten Vorstellungen urteilt und von Bildern eigentlich eine spezifische und starke Wirkung erwartet. Während es in der Kunst etwa darum ging, das Bewußtsein des Rezipienten aufzuklären oder zu läutern, hatten Bilder in Lehrbüchern oder Magazinen die Aufgabe, einen Sachverhalt zu veranschaulichen oder Wissen zu transportieren. Von solchen Pflichten sind die meisten Bilder heutzutage entlastet, und indem sie nichts zu zeigen – zu gestalten – brauchen, können sie auch gleichförmig, flach und lapidar werden, sich darin erschöpfen, Anmutung zu sein, sich anderen Bildern anschließen, geradezu mit ihnen verschmelzen. Anders formuliert: Was liegt näher als ubiquitäre Unschärfe, wenn das Bild selbst nicht mehr bildend zu sein hat?

Wen es stört, daß Bilder beliebig geworden sind und als einzelne keinem Leistungsdruck mehr unterliegen, den quält vielleicht ein protestantisch schlechtes Gewissen, hervorgerufen durch den – meist uneingestandenen – Anspruch, ein Bild müsse etwas Einzigartiges auslösen – leisten –, um überhaupt gerechtfertigt zu sein. Zumal den Jüngeren ist ein solches Denken aber fremd, sind sie doch mit Bildern so selbstverständlich aufgewachsen, daß sie gar nicht darauf kämen, ihnen – noch dazu einzeln – eine Legitimation abzuverlangen. Je mehr Bilder im Umlauf sind, desto weniger bedürfen sie also der Rechtfertigung – und desto weniger werden sie auch zeigen (freilich nicht aus ›Anspruchslosigkeit‹ oder Sehnsucht nach dem Ausnahmezustand, sondern weil man nicht mehr viel von ihnen erwartet). Die große Menge unscharfer Bilder ist das Zeichen ihrer Befreiung von hohen – oft verstiegenen – Ansprüchen: Nie zuvor in ihrer Geschichte mußten sie so wenig bieten wie heute, da es auch kaum noch Aufwand kostet, sie zu machen und zu reproduzieren.

Wie die von vornherein im Plural geborenen Bilder keinen Vergleich mit einem ›Meisterwerk‹ auszuhalten brauchen, ist darüberhinaus sogar zweifelhaft geworden, ob die klassische Ikonographie und herkömmliche Kompositionsprinzipien noch als Referenz fungieren. Immerhin besitzen die statischen Bilder aus Kunst und Fotografie nicht länger eine Mehrheit – sie sind im Zeitalter von Fernsehen, Film, Video und Internet zu einem Bildtyp nachgeordneten Rangs geworden. Das Gros der rezipierten Bilder ist also in Bewegung, und dabei handelt es sich ebenfalls nicht um Einzelbilder, sondern um größere Bildzusammenhänge – um einen langen Strom an Bildern. In ihrer Übermacht nehmen die neuen Medien aber Einfluß auf die Gestaltung der – verbliebenen – statischen Bilder in Zeitungen, Magazinen oder in der Kunst. In Ästhetik wie Rezeptionsbedingungen orientiert sich fast alles an ihnen, was wiederum erklärt, warum die Unschärfe so beliebt geworden ist: Da sie Details auslöscht und Informationen reduziert, erlaubt sie einen Bildkonsum, der sich ähnlich flüchtig-rasch vollzieht wie bei Videoclips oder Werbefilmen. Die Unschärfe bringt Bilder gleichsam in Stromlinienform – schmirgelt ihre Oberfläche so weit ab, daß das Auge des Betrachters an nichts mehr hängenbleiben kann. Dazu kommt, daß alle Varianten von Bewegungsunschärfe Schwung und Dynamik suggerieren, was die statischen Bilder Film und Fernsehen annähert und das Rezeptionstempo nochmals erhöht. Gerade in Lifestyle-Zeitschriften geht das Bestreben der Bildredakteure dahin, die Ausstrahlung von Videoclips nachzustellen; die Bilder muten entsprechend wie Stills an – wie Ausschnitte aus etwas Größerem und damit einmal mehr nicht als etwas, das für sich allein stehen könnte.

Ein weiterer Grund für die vielen verwischten, hastig oder exaltiert wirkenden Bilder ist in der Popularität der Lomographie zu suchen. Auf das – vor allem bei Jüngeren verbreitete – Verlangen nach unmittelbarem Wirklichkeitskontakt haben die meisten Magazine reagiert und entscheiden sich damit oft gegen perfekt gestylte und idealisierte Bilder. So ist es auch zu einseitig, wenn man Bildredaktionen argwöhnisch vorhält, sie würden die Digitalisierung der Bilder ausschließlich zur Inszenierung von Makellosigkeit nutzen; vielmehr wird wohl ebenso oft etwas nachträglich verzerrt oder überbelichtet, nur um den Charme des Spontanen und Authentischen zu erzeugen. Dies stellt sogar eine größere Manipulation dar, ist doch ein nachträglich zur Lomographie umformatiertes Foto von einer ›echten‹ Momentaufnahme nicht zu unterscheiden, während die Differenz zwischen einem idealisierten Bild und der Realität fast jedem auffällt.

Wie die einflußreichsten Manipulationen andere als die üblicherweise inkriminierten sind, ist auch der Medienüberdruß, den man für das Phänomen ›Lomographie‹ verantwortlich macht, anderen Ursprungs als meist angenommen. Falsch wäre es nämlich, als Folge von Enttäuschungen ein grundsätzliches Mißtrauen – oder auch Gleichgültigkeit – gegenüber den Bildmedien zu unterstellen; vielmehr resultiert die Idee, das Mediale zu überwinden und Bilder als Spuren des realen Lebens zu genießen, eher aus einer Zufriedenheit mit den bestehenden Verhältnissen: Diese müssen nicht erst medial manipuliert werden, um erträglich zu sein, ja es bedarf keiner Vermittlung, keiner Differenz zur Wirklichkeit, um sich mit dieser zu arrangieren. Dafür herrscht so viel Einverständnis mit der Welt, wie sie ist, daß man – erstmals? – glaubt, sich sein Leben ohne Hilfe der Medien einrichten zu können.

Also ist nicht nur die Sehnsucht nach dem radikalen Ausnahmezustand – das Dementi der Normalität – verschwunden, sondern – im Gegenteil – sogar eine Lust am

Alltäglichen entstanden. Wieder spielt die Unschärfe dabei eine entscheidende Rolle – und begleitet damit einen Mentalitätswandel, der zu den aufregendsten und wichtigsten gehören dürfte, die die letzten Jahrhunderte zu bieten haben: Ist sie zuerst Symptom für eine Überforderung des Bilds, das als nichts Geringeres denn Fluchthelfer aus der Wirklichkeit fungieren und entsprechend alle Spuren verwischen soll, zeugt sie mittlerweile von einer ähnlich extremen Entlastung der Bilder, von denen nicht mehr viel verlangt wird, die alles dürfen und sich meist damit zufriedengeben, als kleines Quantum positiver Energie empfunden zu werden. Wie die Unschärfe in ihren Anfängen einer Ausblendung der Gegenwart Vorschub leistete und – als Sfumato und Weichzeichnung – Harmonie und bessere Welten suggerierte, ist sie heutzutage – nun eher als Verwischung und Fehlbelichtung – zum Signum purer Gegenwart geworden und fungiert als wohlig-entspanntes Hintergrundrauschen eines gut gewordenen Lebens.

12. IKONOGRAPHIE DES GUTEN LEBENS

Nie zuvor konnten so viele Menschen scharf sehen wie in der westlichen Wohlstandskultur. Brillen oder Kontaktlinsen werden, anders als früher, selbst bei geringen Sehschwächen schon verwendet und sind kein Privileg der Reichen. Dadurch sind zugleich die Ansprüche an die visuelle Qualität der Dinge gestiegen, deren Oberflächen man sich makellos-glatt und präzis gearbeitet wünscht und die enttäuschen oder gar abstoßen, sobald sie kein schönes Äußeres haben. Vor allem aber nützt die Werbung den hohen Standard der Sehfähigkeit zur Verführung: Die Warenästhetik umschmeichelt mit Bildern, Mustern und gedruckten Slogans; Fortschritt, Neuheit oder Wert eines Produkts werden bevorzugt über eine blitzblanke und cleane Erscheinung inszeniert. Jemandem mit eingeschränkter Sehkraft könnten diese differenzierten Gestaltungsleistungen kaum imponieren, da die materielle Präsenz der Gegenstände dann lediglich ein weiches, flockiges, ziemlich eintöniges Irgendwie ist.

In einer weitgehend kommerzialisierten Welt, in der jede Oberfläche eigens als eindrucksvolles visuelles Erlebnis gestaltet wird, haben die Augen viel mehr zu tun als früher. Fordernder denn je bindet die jeweilige Umgebung mit ihren vielen, immer wieder neuartigen und oft auch starken Reizen einen Großteil der Aufmerksamkeit. Daher wundert es nicht, wenn andererseits unscharfe Bilder an Attraktivität gewinnen und Effekte wie Weichzeichnung eine Renaissance erleben, die bereits im 19. Jahrhundert als Mittel gegen Reizüberflutung eingesetzt wurden: Einen Ruheraum für Reflexion – Entlastung – zu bieten, gehört nach wie vor zu den Aufgaben von Bildern.

Vor allem in der Werbeästhetik wird häufig mit Spielarten der Weichzeichnung gearbeitet. Dort folgte man selbst in früheren Jahrzehnten nicht nur dem Prinzip, daß eine Botschaft möglichst schrill und aggressiv sein muß, um Erfolg zu haben; vielmehr nutzte man gerade die Möglichkeiten des Sfumato – oft freilich nur, um eine romantisch-sanfte Atmosphäre oder synästhetische Effekte zu erzeugen: Die Eigenschaften von Parfüms, Deos, Duschlotions oder anderen Produkten, die insbesondere wegen ihres Geruchs attraktiv sind, sollten durch weichgezeichnete Szenen nachempfindbar werden. Von Odol bis zu Chanel reicht eine lange Liste von Artikeln, die mit Unschärfe beworben wurden [**Farbabb. S. 143 unten**]; das endete freilich nicht selten bei kitschig-schwülen Bildern im Stile der Jungmädchen-Erotik eines

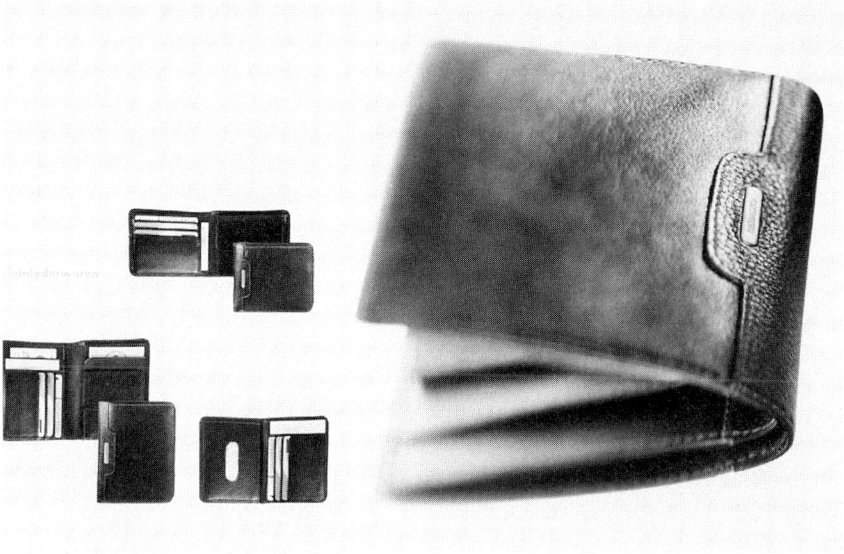

David Hamilton. Tatsächlich bediente sich die Werbung mit Vorliebe immer wieder der künstlerischen Konvention, Weiblichkeit durch Sfumato auszudrücken; zumal für spezifisch weibliche Produkte wie Damenbinden und Tampons empfiehlt sich offenbar sogar bis heute Weichzeichnung, will man der Intimität des Themas gerecht werden und Reklame machen, die gleichsam nur dezent flüstert.

Doch auch abgesehen von solchen Sonderfällen finden viele es sympathisch, wenn eine Anzeige nicht laut daherkommt und man die Chance hat, seinen Blick zu entspannen und nichts fokussieren zu müssen. Die Werbung bietet dies freilich weniger aus Philanthropie denn mit Kalkül: Je ›anspruchsloser‹ und weicher gezeichnet ein Bild ist, desto mehr eignet es sich auch als Projektionsfläche für die Gedanken und Wünsche des Betrachters, den es dann dazu verleitet, ein wenig zu träumen. Unversehens ist man bereit, einem unscharf abgebildeten Artikel viele vorteilhafte Eigenschaften zu attestieren. Dabei wird in der Anzeige konkret nichts versprochen, es wird nicht einmal übertrieben – und im Fall späterer Desillusionierung kann der Kunde keine Mängelrüge geltend machen, sondern müßte die Schuld bei sich selbst suchen: Die Unschärfe ließ ihn zum Idealisten werden, der mehr in eine Abbildung hineinphantasierte, als von irgendeinem Produkt gehalten werden konnte.

Zumal in Branchen, in denen Marken zu kultischen Größen aufgestiegen sind, spielt diese Wirkung der Unschärfe – der Weichzeichnung – eine große Rolle. Ein Artikel wird dort nämlich nicht nur wegen seines Gebrauchswerts oder des in ihm verarbeiteten Know-How gekauft, sondern er bezieht seine Attraktivität auch daraus,

Repräsentant der Marke zu sein. Da das einzelne Stück freilich jeweils nur ein kleiner Ausschnitt aus der Gesamtmarke ist, wird es ähnlich einer Reliquie – als materielle Spur – behandelt, die zugleich auf das ideelle Ganze verweist. Diesem Doppelcharakter von Markenartikeln entspricht es, wenn man sie in einer kleinen Zone scharf abbildet, sonst aber pastellig auflöst oder in Unschärfe verfließen läßt. Während die scharfe Stelle die reale Existenz der Marke beglaubigt und Auskunft über die irdische Verfaßtheit des Produkts gibt, suggeriert die Weichzeichnung, das Abgebildete gehöre der kostbaren Klasse spiritueller Güter an.

Es scheint sogar, als gebe die Ware nur ein Gastspiel in der materiellen Welt und sei eigentlich, mit all ihrem Fluidum, in einer höheren Dimension zuhause. Man könnte sich einbilden, der Markenartikel steige erst im Moment der Fotografie aus jener Dimension herab und sei noch nicht ganz angekommen – fremd in einer profanen Umgebung. Einen solchen Artikel zu kaufen, mutet dann ähnlich faszinierend an wie ehedem der Erwerb von Objekten aus fernen Kulturen. Vermittelten sie dem Konsumenten die Illusion weiter, phantastischer Reisen, so sind es heute exquisite Markenartikel, die die Aura einer exotischen Frucht besitzen. Werden sie unscharf fotografiert, erscheinen sie angemessen geheimnisvoll – dem Alltäglichen enthoben, da es keine Details zu sehen gibt, die an die bekannte Welt erinnern.

Besonders routiniert wird der Fetischcharakter der Ware – der Mythos der Marke – in der Modebranche zelebriert. So ist auf einer Anzeige des Cashmere-Labels Aida Barni ebenfalls nur eine Partie relativ scharf fotografiert, um einen Eindruck von der Faktur zu vermitteln, während die Unschärfe den Pullover ins Weiche und Wohlige auflöst. Wer ihn trägt, wird also offenbar selbst weich und sanft, verschmilzt geradezu mit der warmen Wolle. Zugleich jedoch entzieht sich das Fotografierte dem Betrachter, und die Unschärfe erzeugt eine Distanz, die aber nicht als Abstand meßbar ist, sondern durch den (vermeintlich) geringeren Grad an Materialität entsteht. Die Wirkung dieser Distanz ist vergleichbar der Wirkung einer klassischen Skulptur, die, weiß und blicklos, in sich ruht, sich von anderem absetzt und ebenso still wie unzugänglich, von Gewöhnlichem unberührbar und damit ideal erscheint. Die der Unschärfe zu verdankende Exklusivität wird bei der Anzeige noch dadurch gesteigert, daß das Model sich selbst im Spiegel betrachtet. Da die Atmosphäre aber trotz aller Entrücktheit warm und mild ist, entsteht beim Betrachter der Wunsch nach Teilhabe. Und was wenn nicht der Kauf eines Cashmere-Pullovers sollte als Eintrittsbillet in eine bessere und höhere Lebensform fungieren?

Doch die Unschärfe leistet noch mehr. Wie nämlich eine solche Anzeige inmitten eines informationshypertrophen, bunten Umfelds als angenehm dezent und leise auffällt, stellt sie zugleich in Aussicht, die werbende Marke produziere ebenfalls nur ›anspruchslose‹ Artikel. Dies gilt gerade in Zeiten einer entwickelten Wohlstandskul-

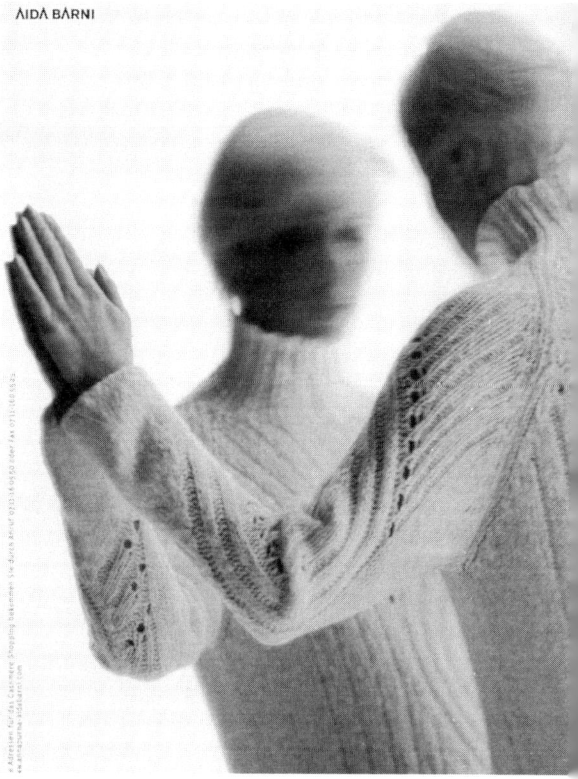

tur viel, wissen doch die meisten Menschen gar nicht mehr, wohin mit den zahllosen Sachen, die sie besitzen; fast jeden quälen Aufräumsorgen, und der Blick in überfüllte Räume der eigenen Wohnung läßt das Gefühl aufkommen, etwas versäumt oder nicht bewältigt zu haben. Zudem fordern die attraktiven und designten Dinge nicht nur Platz, sondern verlangen auch, daß man sich ihnen widmet und in gewisser Weise auf sie einstellt: Man ist ihrem Formklima ausgesetzt, und sie können das Lebensumfeld ähnlich stark prägen wie eine Person oder der Ort, an dem man wohnt. Im schlimmsten Fall bedrohen die vielen Dinge sogar die eigene Individualität, man fühlt sich plötzlich fremdbestimmt durch sie und sehnt sich dann nach Sachen, die keine zu große Eigenheit ausstrahlen, möglichst unauffällig zu Diensten sind und nicht ›ins Gewicht fallen‹.

Eine plastische und scharfe Abbildung ist daher von Nachteil, präsentiert sie die Ware doch in ihrer materiellen Wucht und läßt sie gar aufdringlich erscheinen; schlimmstenfalls nimmt man sie bereits als mögliche Belastung – und sei es nur als verstaubenden Raumfüller – wahr. Dank der Unschärfe wirkt sie hingegen zurückhaltend und steht von vornherein im Einklang mit den Wünschen ihres Besitzers, den sie so vor Entfremdungsängsten bewahrt. (Hier ist nochmals an Goethes Unbehagen gegenüber ›zu‹ scharfem Sehen zu erinnern, durch das die Umgebung so präsent zur Geltung kommt, daß man »ein anderer Mensch« wird und sich selbst nicht mehr gefällt.)

Selbst um ökologische Folgen braucht man sich nicht länger zu sorgen: Wer denkt schon an die zur Produktion benötigten Ressourcen oder daran, wie rasch Gekauftes alt oder zu Müll werden kann, wenn es in seiner Unschärfe luftig und fast immateriell auftritt? Diese verspricht dem Konsumenten also eine Entlastung von negativen Begleitumständen des Materiellen und verwandelt jedes Produkt in ein duftig-leichtes, unkompliziertes Etwas, löst es in eine Dosis guten Gefühls auf.

Auch sonst verfolgt die an der Wende vom 20. zum 21. Jahrhundert vorherrschende Bild- und vor allem Werbeästhetik das Ziel, das Leben als eine Reihe entspannt zu genießender Höhepunkte darzustellen. Nicht zuletzt die Dienstleistungs-

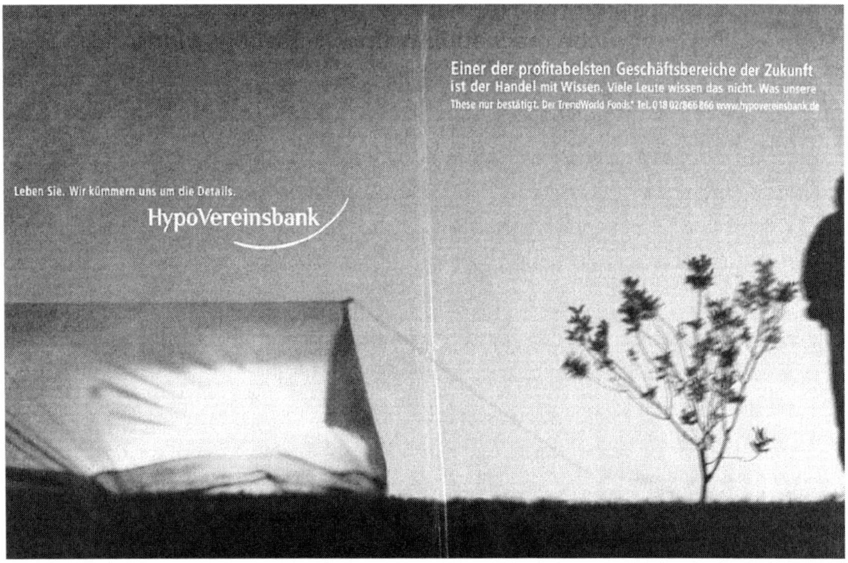

branche setzt darauf, ihren (potentiellen) Kunden immer wieder neue Bilder aus einer solchen ›easy living‹-Kultur zu offerieren. Der passendste Slogan hierzu stammt von der HypoVereinsbank: »Leben Sie. Wir kümmern uns um die Details«. Und natürlich wird dieser Slogan am liebsten mit Fotos illustriert, die vorführen, wie harmonisch und unbeschwert es sich in einer weichgezeichneten Umgebung leben läßt, in der nichts mehr an Alltag oder Pflichten erinnert.

Der schöne Schein der Unschärfe läßt aber auch den Konsum als ein Vergnügen ohne (unangenehme) Konsequenzen erscheinen; suggeriert wird, es gebe nichts anderes mehr als ›light products‹. Diese Entwicklung folgt dem bekannten Wohlstandsphänomen, wonach es vielen mittlerweile eher um das Kauferlebnis – den Spaß beim Konsum – als um den Kaufnutzen geht. Und was könnte ein solches Erlebnis verlockender in Aussicht stellen als weichgezeichnete, ins Imaginäre verschwebende Produkte? Sie wirken, als könne man mit ihnen eine Portion Energie oder Emotion kaufen, sich mit positiven Kräften auftanken, ohne eine Verpflichtung eingehen oder sich auf etwas festlegen zu müssen.

Erstaunlich ist die Veränderung, die sich in der Fotografie von Speisen und Gerichten in den 1990er Jahren ereignet hat. Die Rezept-Seiten in Frauen- und Lifestyle-Zeitschriften, aber auch etliche Kochbücher sind nicht mehr mit scharf fotografiertem Essen bebildert, sondern zeigen dieses teils bis zur Unkenntlichkeit überbelichtet, verwischt und weichgezeichnet [**Farbabb. S. 144 oben links**]. Unnatürlich helle, oft gelbstichige Farben und Lichtreflexe signalisieren Power und Frische, das Sfumato läßt die Kalorien wegschmelzen und alles schwerelos erscheinen, Bewegungsunschärfe schließlich verleiht der Abbildung den Anstrich von Spritzigkeit.

Die lange Zeit noch vorherrschende Ästhetik des Wirtschaftswunders, als jede Pore des Sonntagsbratens und der Glanz des Fetts so scharf wie möglich abgelichtet wurden, ja als zu sehen sein sollte, wie üppig und solide eine Mahlzeit war, hat sich somit endgültig überlebt. Statt des Nährwerts wird mittlerweile lieber der Erlebnischarakter des Essens inszeniert; man zeigt keine Portionen mehr, sondern eine wohlige Atmosphäre, meidet das Handfeste und sucht die Verfremdung. Das weckt die Erwartung, beim Essen nehme man vor allem eine interessante, so noch nie erlebte Stimmung zu sich und komme in den Genuß eines emotionalen Kicks. Dickwerden ist hier ausgeschlossen.

In den internen Corporate-Identity-Richtlinien von Gräfe & Unzer, dem größten deutschsprachigen Kochbuchverlag, wurden 1998 »ungewöhnliche, neue Inszenierungen« ausdrücklich zum Programm erhoben. Weiter heißt es über die Abbildungen: »Um sie unverwechselbar zu machen, nutzen wir eine ganz besondere Bildsprache: Durch Bewegungsunschärfe wirken die handelnden Personen noch dynamischer. Sie agieren im Gegenlicht, inmitten sanfter, überstrahlter Farben. [...] So entsteht der Eindruck und Anspruch von Leichtigkeit und Lebensfreude.« Tatsächlich sieht man auf vielen Bildern junge Leute, die offenbar Spaß beim Kochen oder Essen haben und die ebenso locker-leicht wirken wie das, was sie verzehren [**Farbabb. S. 144 oben rechts**]. Das jeweilige Gericht ist, ähnlich wie bei den Werbeanzeigen für Markenprodukte, höchstens an einer Stelle scharf fotografiert – und dies vielleicht nur, um als Illustration eines bestimmten Rezepts identifizierbar zu sein. Sonst schaffen Unschärfen ein harmonisches Kontinuum zwischen allen Sujets; sie vermitteln ein beschwingtes Lebensgefühl, gesteigert noch dadurch, daß die Fotos gerne eine schiefe Ebene zeigen und damit Ausgelassenheit und Abwechslung signalisieren. Diese Bildsprache hat sich mittlerweile so erfolgreich durchgesetzt, daß sie bereits alles andere als ›unverwechselbar‹ geworden ist.

Dabei wird die Kombination verschiedener Unschärfe-Effekte hier besonders professionell gehandhabt. So gelingen Bilder, die – meist durch die Verbindung von Weichzeichnung und Bewegungsunschärfe – sanft und dynamisch, harmonisch und energisch zugleich erscheinen. Die ursprünglich gegensätzlichen Bildtraditionen angehörenden Effekte werden dadurch zwar einerseits reduziert – das Weichgezeichnete verliert an Milde und Melancholie, das Bewegungsunscharfe gibt sich weniger schroff –, andererseits jedoch erhalten sie neue Dimensionen: Das Sfumato wirkt auf einmal kräftiger und beinahe etwas ausgelassen, während das flüchtig in Bewegung Aufgenommene an Eleganz gewinnt und schwebend leicht auftritt.

Besitzt die Bewegungsunschärfe zudem das Flair des Echten und Unmittelbaren – gleichsam eine lomographische Dimension –, ergibt sich ein noch erstaunlicherer Charakter, wirkt das Bild dann doch authentisch, bietet sich aber, aufgrund weich gezeichneter Konturen, zugleich als Ort von Träumen an. Vielleicht nie zuvor konnte eine schöngefärbte Welt daher so real und überzeugend erscheinen, ungetrübte Harmonie wie selbstverständlich – und nicht bloß als Utopie – formuliert sein. Daß Wünsche auf einmal verwirklicht zu sein scheinen, verleiht solchen synthetisch unscharfen Bildern einen überaus optimistischen Charakter. Sie suggerieren dem Betrachter, das Leben sei leicht und flott, bestehe aus einer langen Serie von Wohlfühl-Erlebnissen und lasse sich ohne Widerstände meistern.

Neben Unschärfe-Effekten drückt oft auch gleißendes Licht Lebensfreude und Kraft aus; wie das obligate Lächeln überstrahlt es Grenzen und läßt sie damit überwindbar erscheinen [**Farbabb. S. 144 mitte**]. Der Optimismus dieser Bilder paßt zur postmodernen Wohlstands- und Eventkultur, in der Spaß, Action und Flexibilität – Tugenden extrovertierten Lebens – ganz oben stehen. Diese Kultur hat ohnehin einen negativen Begriff von Grenzen und tendiert dazu, Arbeit und Freizeit, Wohnraum und Büro miteinander zu vermischen und ein flächendeckendes Terrain guter Laune und dynamischer Selbstverwirklichung auszurufen.

Spätestens zum Höhepunkt der Startup-Euphorie in den späten 1990er Jahren wandelte sich entsprechend auch der Stil, in dem Wirtschaftsmagazine Berichte über die Arbeitswelt illustrierten – abgesehen davon daß es seither Zeitschriften wie *BIZZ* gibt, die den Job von vornherein als Teil des Lifestyle auffassen. Immer wieder wird vorgeführt, wie locker und flott die Arbeit in der New Economy geworden ist. Die Fotos beeindrucken auch hier damit, daß sie sowohl Harmonie als auch Power vermitteln: Mit ihrem Elan und ihrer Energie lösen sich die Angestellten in Bewegungsunschärfe auf, während die Büroräume pastellig-weich, freundlich überbelichtet oder in Bonbonfarben leuchten [**Farbabb. S. 144 unten**]. In einem solchen Ambiente ist nichts eingefahren, bieder, verstaubt, sondern der Arbeitsplatz wird zum Ort großer Abwechslung und kleiner Abenteuer. Jeder – so die Botschaft – kann hier eins werden mit seiner Umgebung; Hierarchien, Ausbeutung und Trott sind abgeschafft.

Um ein so verlockendes Bild von der Welt zeichnen zu können, werden noch zusätzliche Effekte zum Einsatz gebracht – teils nachträglich digital geschaffen, teils bereits beim Fotografieren selbst erzeugt. Zur Verfremdung der Farbigkeit benützt man etwa gerne Filter; ferner ist es beliebt, Konturen mit bläulichem Schimmer zu versehen oder gegen strahlend-helle Hintergründe zu fotografieren, damit sie sich weiter auflösen. Zu erleben ist somit eine weitgehend dematerialisierte und fluide Welt, in der alles in Licht und Bewegung übersetzt ist (so als sei Beamen bereits möglich). Dabei fehlt diesen Kategorien – anders als im Futurismus – jegliche metaphysische Untermauerung, wie es sich überhaupt um eher ›diesseitige‹ Unschärfe-Effekte handelt. Sie sind Teil einer Ikonographie ungebundener Lebensart und unterstützen sogar ein Bekenntnis zu gewisser Oberflächlichkeit: Es ist nicht alles ernst und schwer, sondern man genießt das Jungsein und die Möglichkeit, sich fit und relaxed zu geben.

Damit wird auch der Unterschied gegenüber der Unschärfe um 1900 offenbar. So sehr es den Vertretern der ›unscharfen Richtung‹ ebenfalls darum ging, mit Weichzeichnung Harmonie zu schaffen, so wichtig war ihnen doch gleichzeitig eine Aura des Geheimnisvollen und Verwunschenen; vor allem legten sie gerne einen Hauch von Nostalgie und Weltschmerz über ihre Bilder. Düstere Hintergründe schluckten ihre Sujets, während diese heute von hellstem Gegenlicht überblendet werden. Bot ein Bild ehedem Asyl in einer als feindlich, laut und entfremdend empfundenen Welt und schuf es Vertrauen, indem unangenehme Details sowie profane Dinge aufgelöst oder abgedunkelt wurden, stimuliert es mittlerweile – ganz im Gegenteil – zu noch mehr Lebensbejahung, als ohnehin schon vorhanden ist. Die Flottheit als Hauptcharakteristikum zeitgenössischer Bildregie macht aus vielen Fotos in Journalen und Werbung geradezu Motivationsbilder: Auf ihnen wird immer wieder Einverständnis mit dem Zeitgeist zelebriert.

Zwar ist aus den Aussichten auf eine freundlich-offene Welt ebenfalls vieles ausgeblendet, was die Harmonie stören könnte, doch geschieht dies aus einer anderen Position als ehedem. Es ist nicht Ressentiment und Xenophobie, romantisches Bedürfnis nach Abgeschiedenheit, weshalb man am liebsten vieles in Unschärfe verschwinden läßt, sondern es belegt gerade Stärke, daß man der Welt begegnet, als sei diese rundum locker zu managen – eine freie Spielweise unbeschwerten Spaßes. Man hat genügend Power und lebt seinen Optimismus so selbstbewußt aus, daß tatsächlich kaum Grenzen und Widerstände zu existieren scheinen; alles ist leicht und war nie leichter.

Es ist freilich allein der Blickwinkel der Gesunden und Leistungsfähigen, der sich hier manifestiert. Nur sie glauben daran, alles sei machbar, wenn man bloß wolle. Ihre Umwelt erleben sie als Gestaltungsfeld grenzenloser Selbstverwirklichung, Leistung und Wettbewerb setzen sie mit Spaß und Event gleich. Insofern liefert der Unschärfe-Boom der letzten Jahre das ästhetische Pendant zu Neoliberalismus, Körperkult und Fun-Sport, und die vielen neuen Kombinationen von Unschärfe-Effekten formieren sich insgesamt zu einer Ästhetik der Sieger der Gesellschaft.

Umgekehrt werden all die weichgezeichneten, überbelichteten, verwischten, zerfließenden Bilder von denjenigen als nichtssagend oder – schlimmer – aggressiv empfunden, die nicht zu jenen Siegern gehören. Alte, Kranke und Behinderte, alle Menschen, die einen Schicksalsschlag erlitten haben oder die depressiv sind, werden von der demonstrativen Fröhlichkeit der Lifestyle-Unschärfe abgeschreckt. So sehr gibt diese rein die Mentalität der Bessergestellten wieder, daß sich von ihrer Lebensfreude auch nichts auf die weniger Glücklichen überträgt. Sie finden in den Bildern der Magazine weniger ihre Träume und Ideale als vielmehr Zeichen einer fremden, ihnen überlegenen Welt, an die sich nicht herankommen läßt. Gerade ihre Extrovertiertheit macht diese Welt abweisend. Daher spenden die vielen Fotos und Anzeigen keinerlei Trost – im Gegenteil: Sie machen den Verlierern nur jedesmal bewußt, wie schlecht es ihnen im Verhältnis zu anderen geht.[170]

Die Differenz könnte größer kaum sein: Waren die Fotos der ›unscharfen Richtung‹ ein Hort für die Augen der Unzufriedenen und Modernisierungsverlierer, so dienen die unscharfen Bilder inzwischen der – durchaus aggressiv-mächtigen – Selbstinszenierung der Glücklichen und wirken auf die übrigen gar demütigend, zumindest aber kalt und gleichgültig. Obwohl sie Szenen der Ausgelassenheit und sorglosen Lebens zeigen, sind sie doch nicht Bilder eines Ideals – dazu zeigen sie ihre Sujets zu ›lebensecht‹ und unmittelbar, und die eingesetzte Unschärfe verwischt gerade jedes utopische Moment. Sonst könnte sich mit den Bildern ebenso identifizieren, wer selbst keine Chance hat, je den Kriterien des ›fit for fun‹-Lifestyle zu entsprechen. Idealisierungen sind nämlich an sich nichts Exklusives; vielmehr beziehen sie gerade auch die weniger Glücklichen ein.

Um Bilder eines Ideals handelt es sich schließlich deshalb nicht, weil diejenigen, die sie machen, dabei ihrerseits keine Ideale ausphantasieren. Vielmehr verleihen sie einfach dem angesagten Lebensgefühl Ausdruck und setzen Äußerungen guter Laune direkt um, dabei der Losung »Fotografieren muß Spaß machen« folgend.[171] Da sich Bilder – Fotografien – schneller als früher fabrizieren und verändern lassen und da mit dem einzelnen Bild keine so hohen Erwartungen mehr verbunden sind, fallen solche Gesten der Spontaneität ohnehin leichter. Die Extrovertiertheit hat also auch die Ästhetik erfaßt, so daß darin beinahe eine neue Variante des Expressionismus erkannt werden könnte: Wie dieser innerste und intensivste Stimmungslagen mit existenziellem Pathos nach außen kehren wollte, überträgt man heute den Spaß am Leben ins Bild, das man damit selbst zum Event macht.

Als Ausdruck eines Lebensgefühls sind die Fotos in den Magazinen – aber kaum minder viele Bilder der Kunst und des Journalismus – ziemlich selbstbezüglich; sie zelebrieren den Luxus der Oberflächlichkeit, den man sich nur in Wohlstandszeiten leisten kann. Daß die – durchaus nicht wenigen – Sieger der Gesellschaft hier ausschließlich ihre eigene Welt illustrieren, bedeutet historisch im übrigen eine neue Situation. In der höfischen Welt ließen sich die Privilegierten nämlich noch von ihren Malern und Hofkünstlern feiern; es gab keine Identität zwischen denen, die in Wohlstand lebten, und denen, die ihn darstellten, weshalb die Bilder auch meist mit gewissem Staunen oder gar Bewunderung gemalt wurden, was ihren Prunk freilich nur noch steigerte.

In der bürgerlichen Gesellschaft der Moderne hatten die Künstler dann zwar selbst die Hoheit über die Bilder, gehörten aber innerhalb der Gesellschaft keineswegs zu den Mächtigen und Privilegierten. Entsprechend malten oder fotografierten sie ihre Hoffnungen oder ihre Ressentiments, schufen in jedem Fall aber Bilder, die ihre Unzufriedenheit mit den bestehenden Verhältnissen dokumentierten und die denen Identifikation boten, die sich ebenfalls entfremdet fühlten. Nur langsam schwand, mit zunehmender Demokratisierung des Wohlstands, dieses – pauschale – Gefühl der Entfremdung, und so stehen nun erstmals diejenigen, die für die Bilder verantwortlich sind, selbst auf der Seite derer, denen es gut geht: Noch nie zuvor gab es so viele Bilder, die nicht nur Szenen schönen Lebens zeigen, sondern die damit zugleich genau das Lebensgefühl der Fotografen, Künstler und Bildredakteure wiedergeben.

Das heißt nicht, daß nicht vieles überhöht würde, und im Einzelfall läßt sich nie entscheiden, ob ein Bild impulsiv entstanden ist oder ob es eher einer bereits etablierten Ästhetik folgt und die Rhetorik guter Laune lediglich reproduziert. Immerhin ist es für viele bereits Teil der Etikette, möglichst durchgängig Fitness und Lebensfreude zu demonstrieren. Es gehört sich nicht, Schwäche zu zeigen oder auch nur nachdenklich zu sein. Folglich droht die Ästhetik der Extrovertiertheit zu einem neuen Dogma und damit unehrlich zu werden. Zugleich kann man ihr wegen der Einseitigkeit, mit der sie eine heile Welt vorführt und Schattenseiten, Probleme oder Zwischentöne ausspart, den Vorwurf des Kitschs kaum ersparen. Dieser ist dank der Dynamik, die die Lifestyle-Fotos kennzeichnet, allerdings ebenso gut kaschiert wie die exklusive Macht, die hinter den weichgezeichneten, freundlichfarbigen Kompositionen steckt.

Da sie jedoch lediglich ein – oft vielleicht auch nur postuliertes – momentanes Lebensgefühl ausdrücken, sind die Bilder immerhin davon entlastet, überzeitlich oder ›anders‹ sein zu müssen. Die Eventkultur unterhält die Mehrheit der Menschen so gut, daß sie sich Abwechslung und Kontrast ganz nach Belieben verschaffen – einkaufen – können und weder Bedürfnisse nach Revolution oder irgendetwas wirklich Extremem haben, noch nach einem festen Halt – etwas Allgemeingültigem – suchen. Vielmehr ist jede Differenz zum Bekannten unerwünscht oder gar bedrohlich, sofern sie nicht selbst die Form einer Ware – und damit das Signum der Beherrschbarkeit – besitzt: Den Ausnahmezustand mag man nur noch als vorab bezahlte Pauschalreise mit Regressansprüchen.

Die Geschichte der Unschärfe ist also nicht zuletzt die Geschichte eines Machtwechsels. Sie führt von einer Ästhetik des Ressentiments und der Defensive zu einer

Ästhetik der Sieger, beweist sich dabei aber immer wieder in Techniken des Ausschließens. Vom Ausblenden des Profanen und dem Dementi des Normalen, vom Mißtrauen gegen das Sichtbare bis zur Abwehr der Abbildhaftigkeit, von der Informationsverweigerung über die Reizminimierung bis zur Verbannung all dessen, was nicht perfekt ist, reicht das Spektrum an Exklusionen. Damit liefert eine Geschichte der Unschärfe eine Übersicht über zentrale Ängste und Affekte, die teils typisch für die Zeit der beiden letzten Jahrhunderte sind, teils aber auch – so wenn es um ikonoklastische Dimensionen geht – allgemeinerer Natur sein dürften.

Die gegenwärtige Kultur der Unschärfe erscheint zugleich wie eine Bilanz, versammelt sie doch das rhetorische und ikonographische Potential verschiedener Unschärfe-Formen, die sich innerhalb von mehr als einem Jahrhundert entwickelt haben. Aus vielerlei Unschärfen mit ganz unterschiedlichen Genesen, Funktionen und Wirkungen ist dabei überhaupt erst ›die‹ Unschärfe geworden – ein vielschichtiges und vielfältig einsetzbares Stilmittel, eine variable Mischung von Effekten und so ein maßgeblicher und mittlerweile selbstverständlicher Faktor visueller Gestaltung. Erstmals in der Geschichte der Bilder ist sogar eine Mehrheit für die Unschärfe möglich geworden. – »Aber wer möchte solchen Bemerkungen irgendeinen Einfluß auf den öffentlichen Kunstgeschmack zutrauen [...]: auf dem Markte werden Porträts und Prospekte begehrt; das übrige läßt man sich gefallen, rezensiert es und geht vorüber«.[172] Damit endet Adam Müllers kleiner Text über Landschaftsmalerei und den bescheidenen Wunsch nach unscharfen Horizonten.

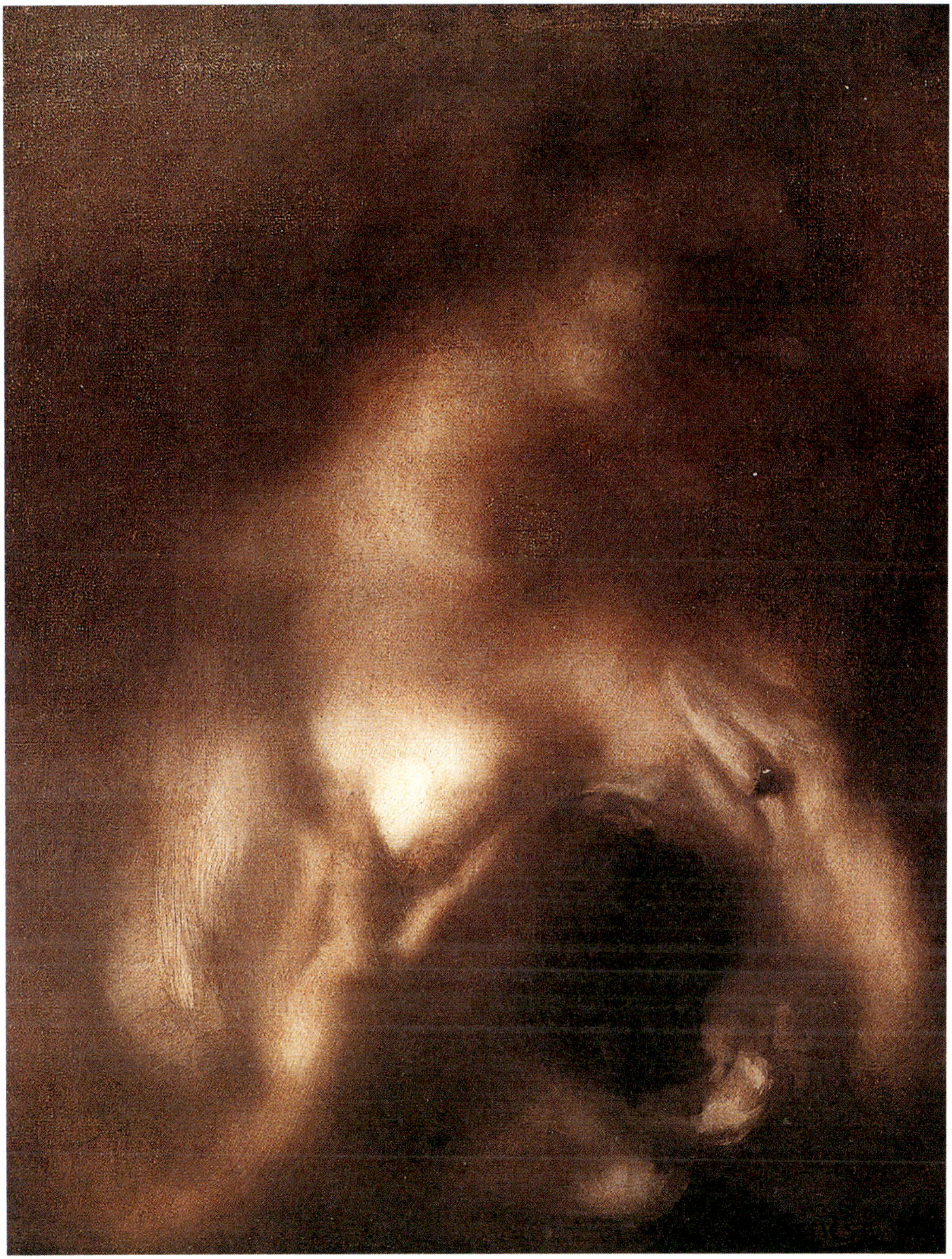

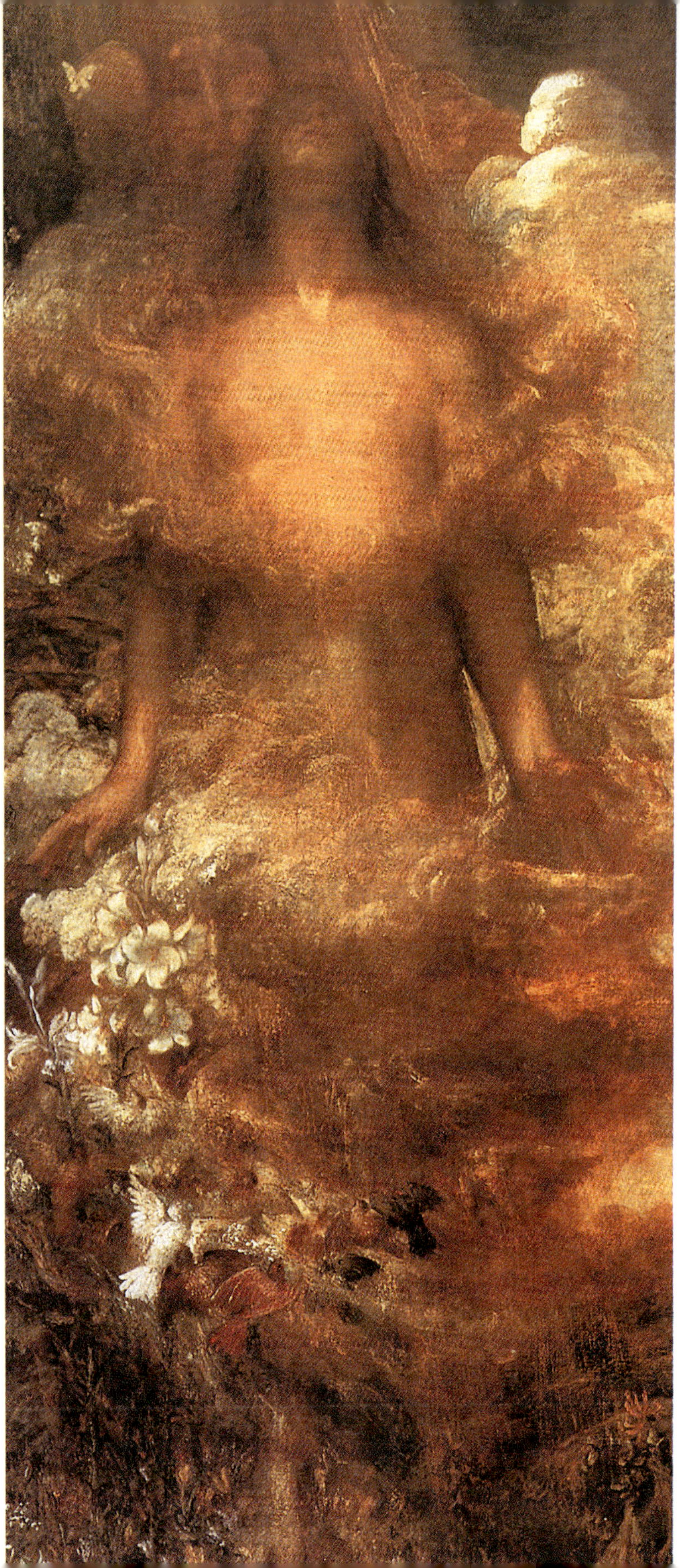

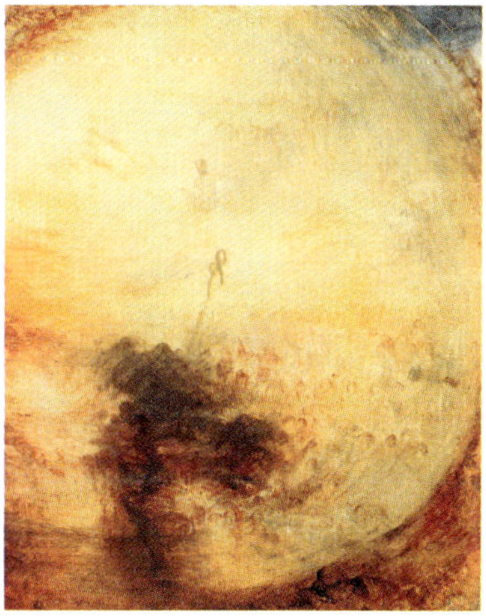

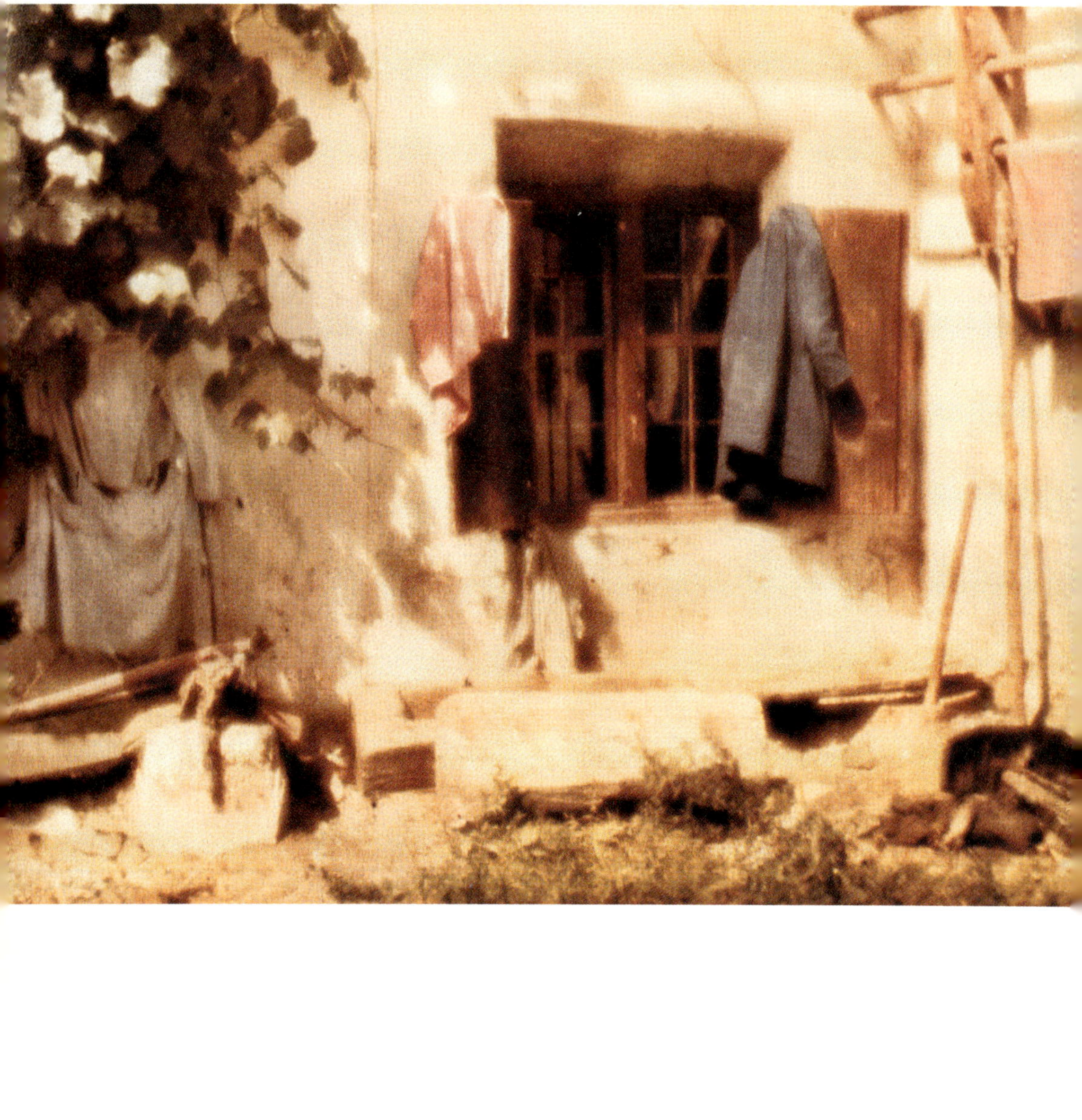

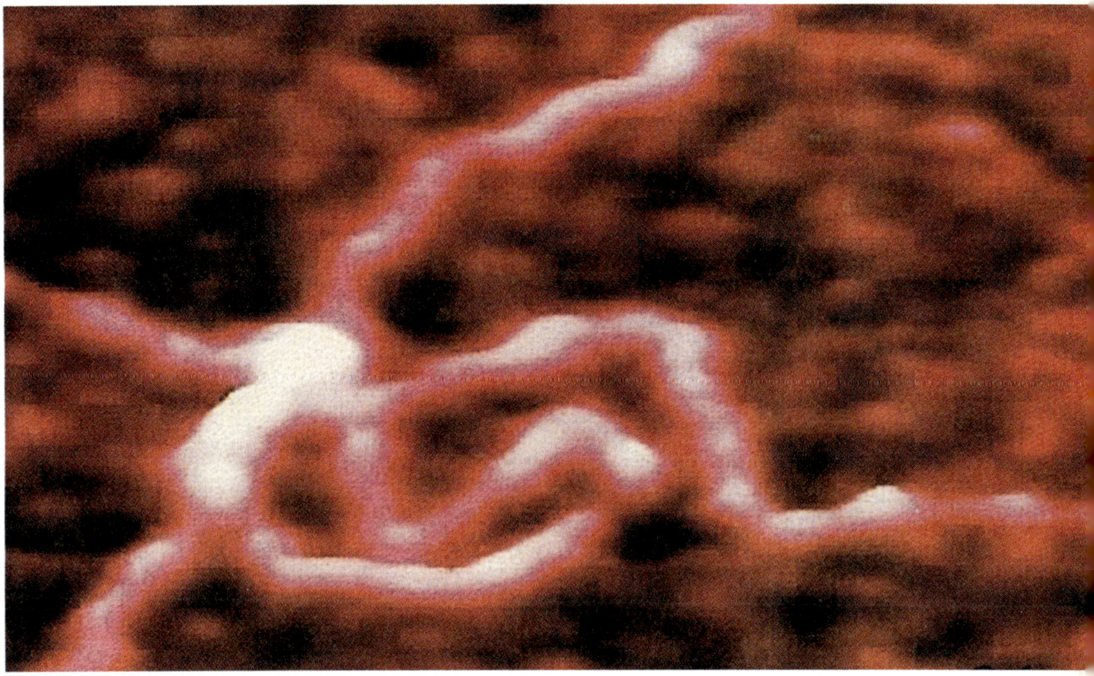

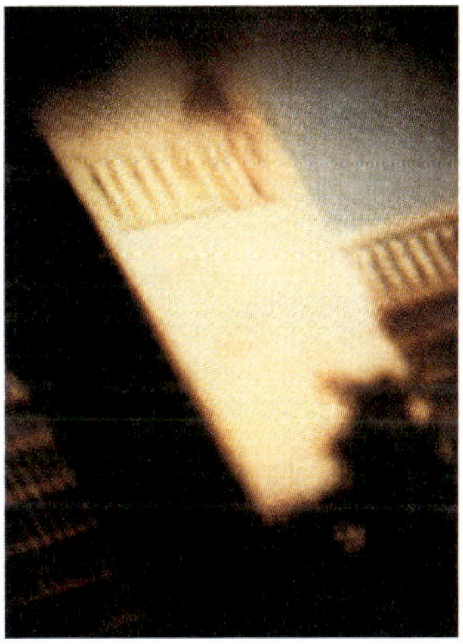

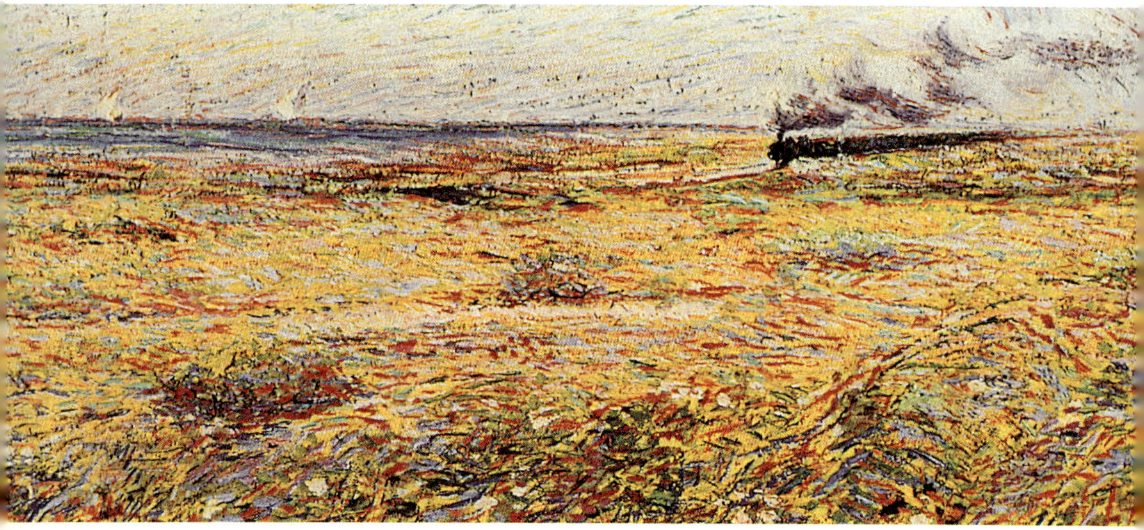

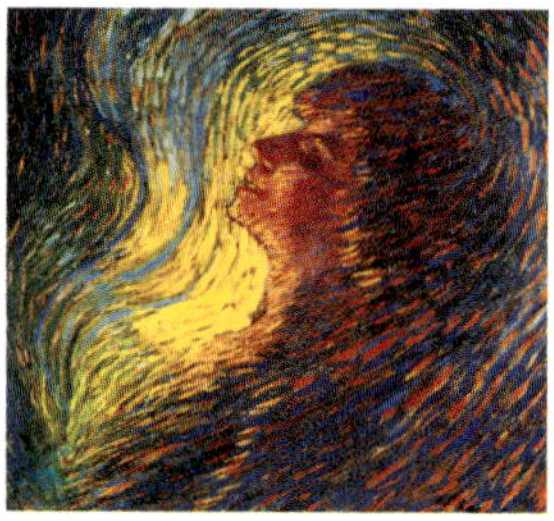

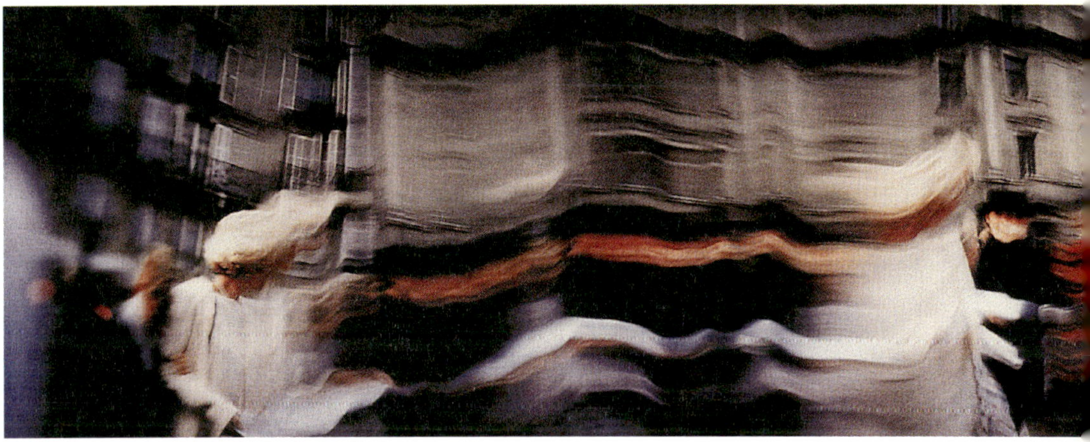

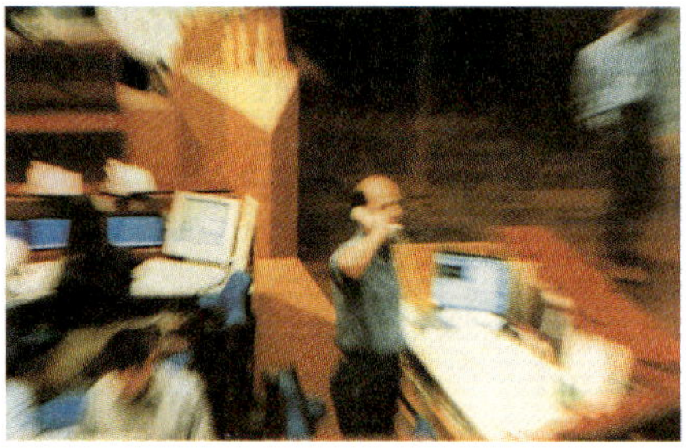

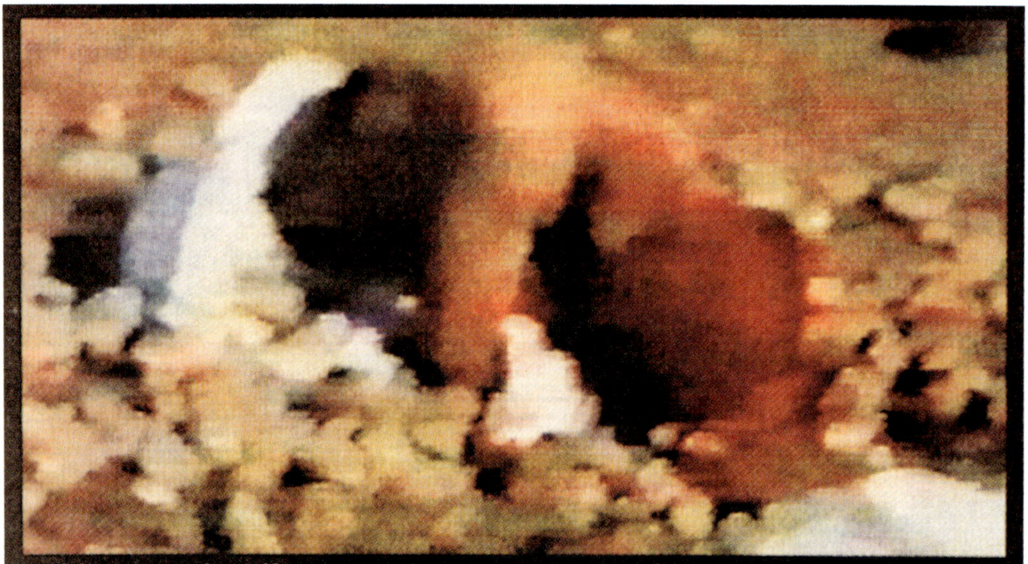

Mit versteckter Kamera aufgenommen: eine Steinigung bei Teheran.
Foto: TELEPRESS

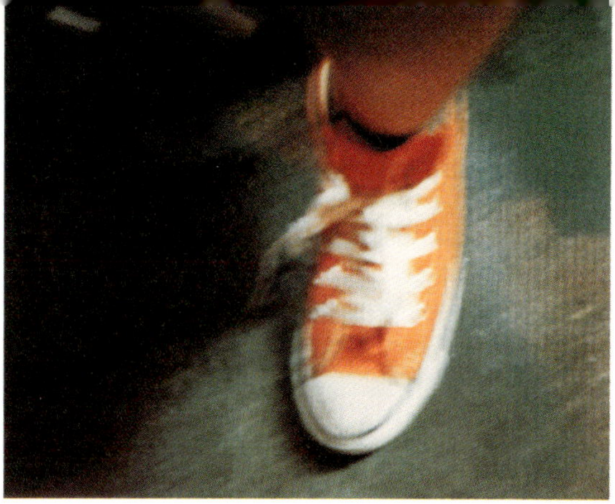

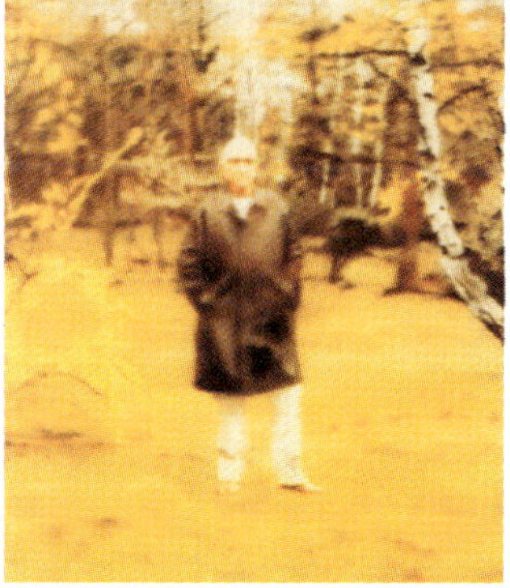

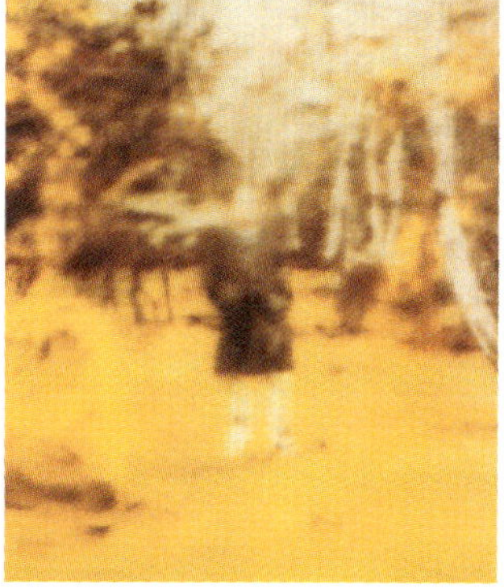

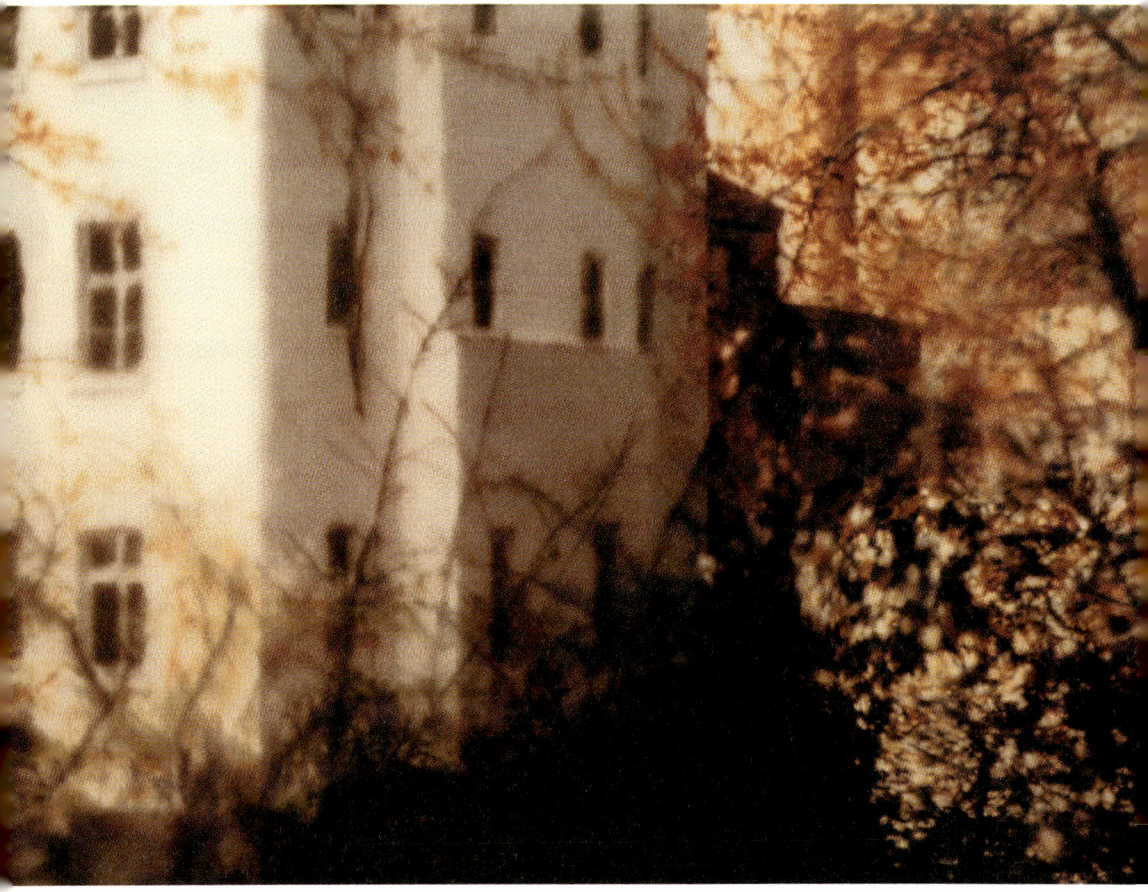

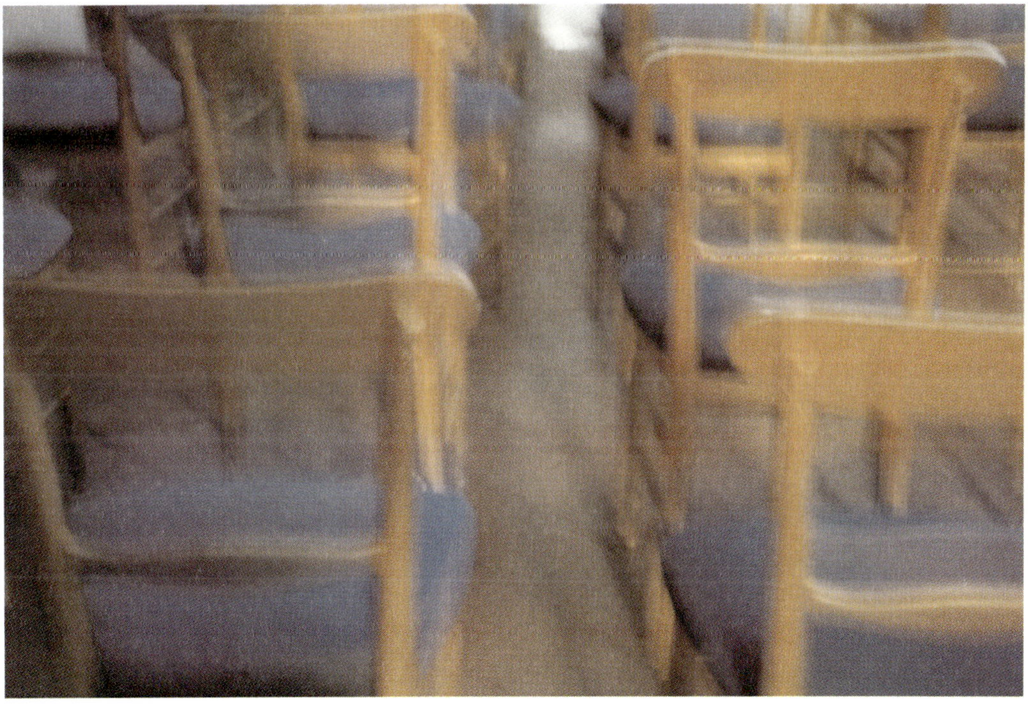

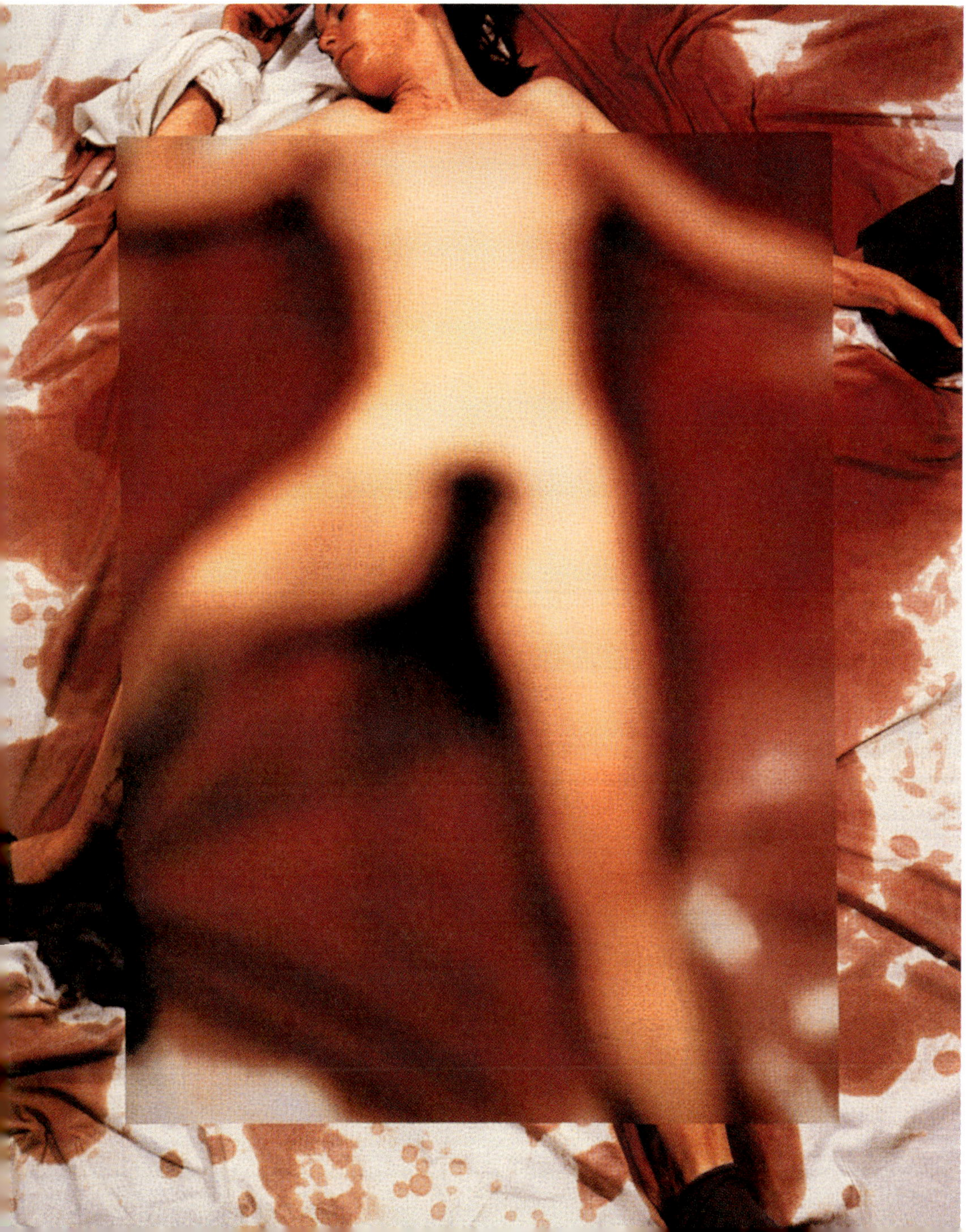

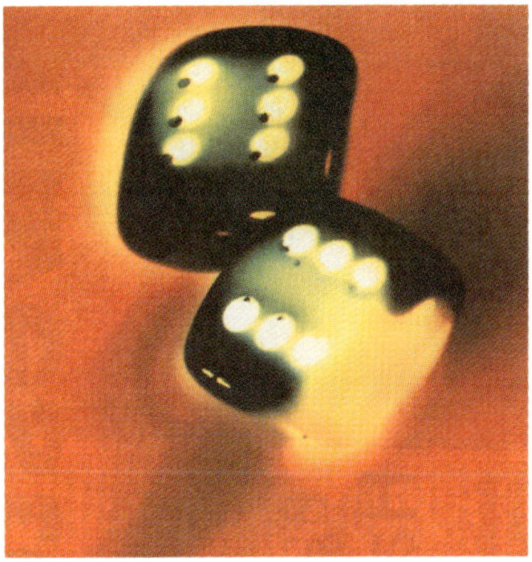

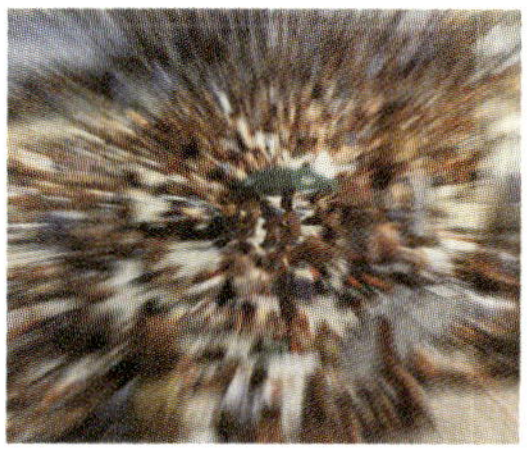

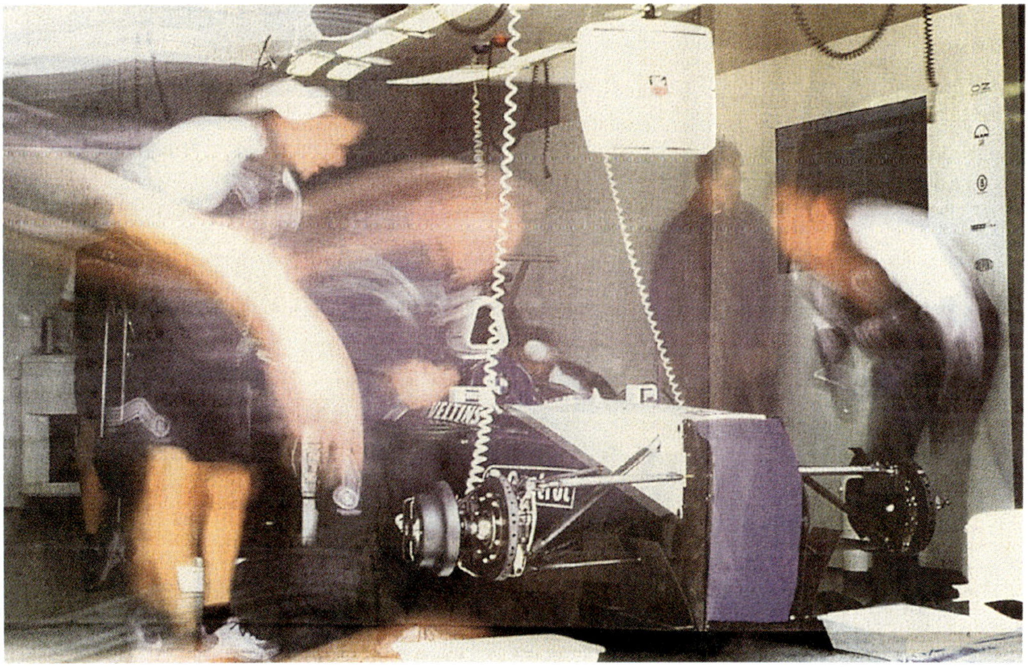

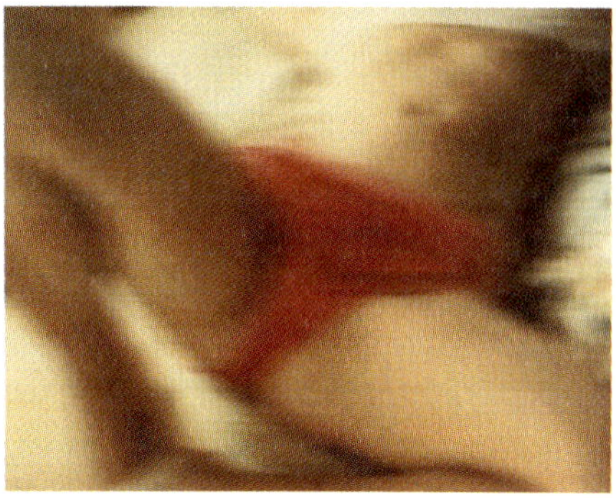

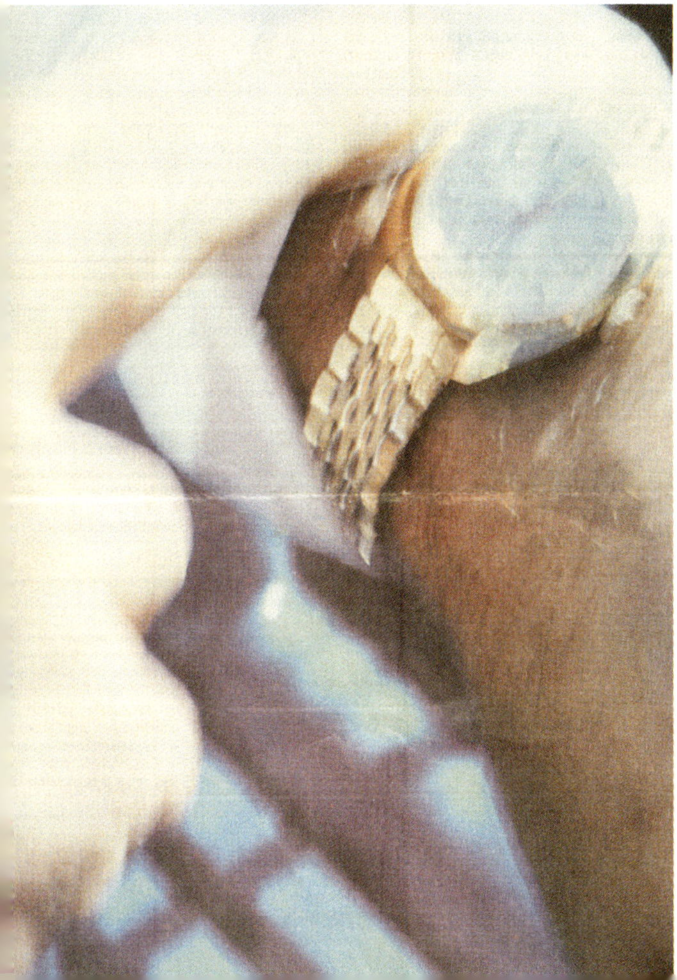

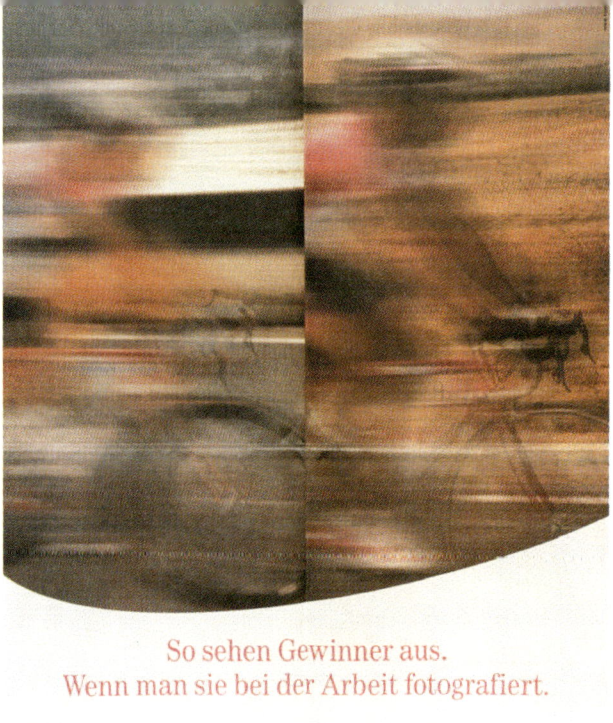
So sehen Gewinner aus.
Wenn man sie bei der Arbeit fotografiert.

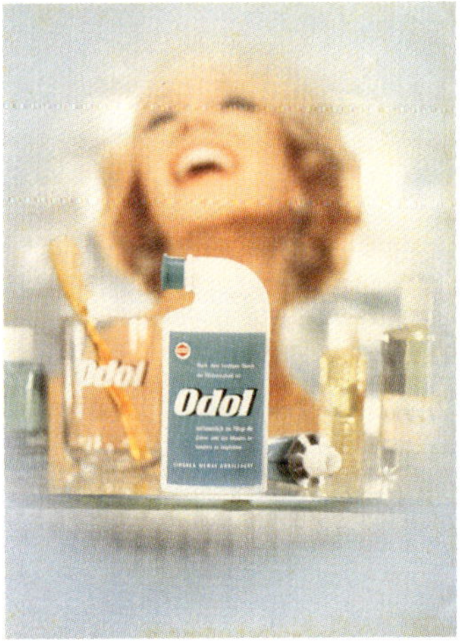
Odol
Odol

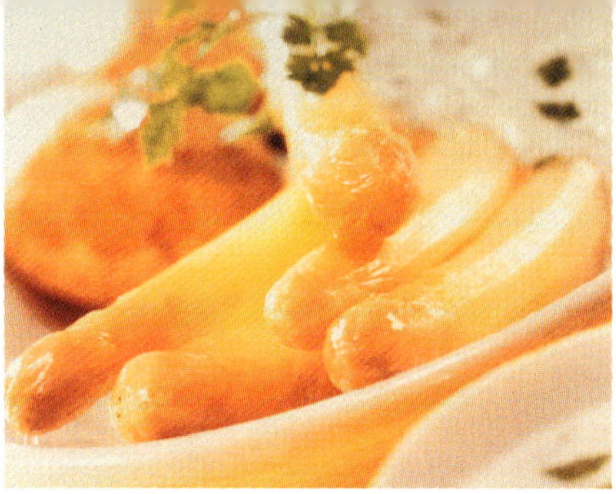

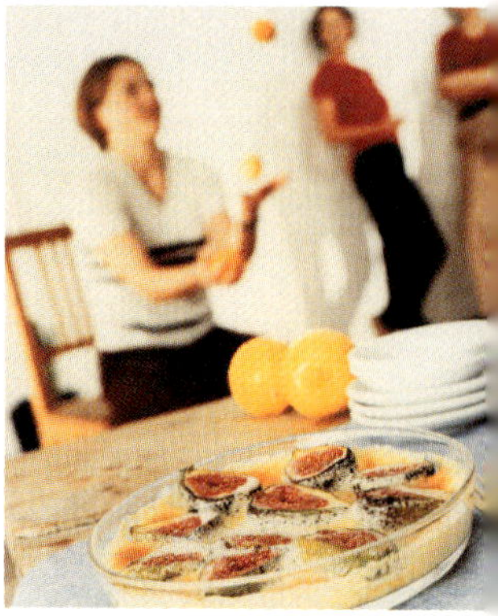

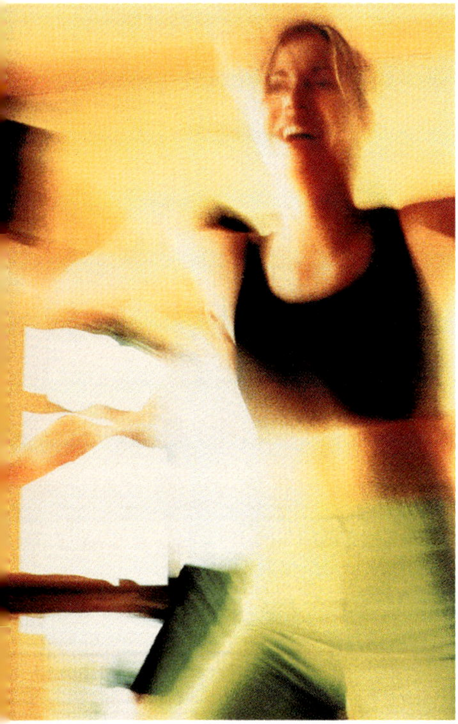

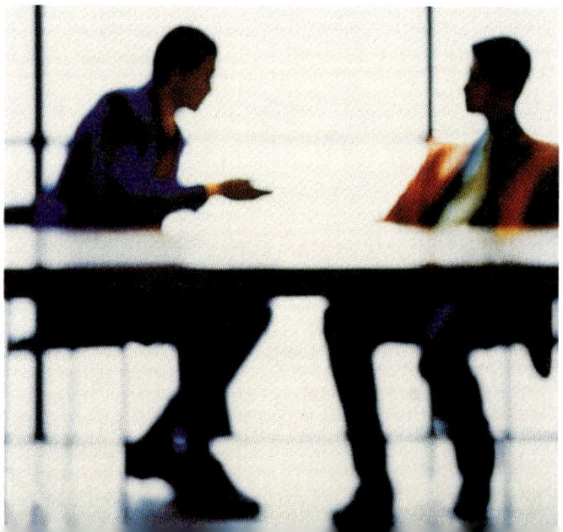

ANMERKUNGEN

1 Adam Müller: »Etwas über Landschaftsmalerei«, in: Ders.: *Kritische, ästhetische und philosophische Schriften Bd. 2* (hgg. von Walter Schroeder und Werner Siebert), Neuwied/Berlin 1967, S. 188–190

2 Vgl. Michael Baxandall: *Die Wirklichkeit der Bilder*, Frankfurt/Main 1984, S. 139

3 Francis Bacon: *Neu-Atlantis*, Stuttgart 1982, S. 51

4 Zum Verhältnis von Macht und Sichtbarkeit am Beispiel der Überwachung von Strafgefangenen vgl. Michel Foucault: *Überwachen und Strafen*, Frankfurt/Main 1976, S. 256ff.

5 Johann Wolfgang von Goethe: *Novelle*, in: *Goethes Werke Bd. VI* (Hamburger Ausgabe), S. 499

6 Adalbert Stifter: *Die Mappe meines Urgroßvaters*, in: Ders.: *Erzählungen*, Frankfurt/Main 1990, S. 273

7 Zu Leonardo vgl.: Luba Freedman: »The ›Blurred‹ Horizon in Leonardo's Paintings«, in: Gazette des Beaux Arts 139 (1997), S. 181–194; S. 185: »Leonardo seems to imply that just as in nature, where everyone is awed by the vastness of the universe, in painting, too, we should marvel at the immeasurable scope of creation. In aiming to achieve this goal, Leonardo blurred the horizon.«

8 Vgl. Helmut Börsch-Supan: »Bemerkungen zu Caspar David Friedrichs ›Mönch am Meer‹«, in: Zeitschrift des deutschen Vereins für Kunstwissenschaft XIX (1965), S. 63–76

9 Zur Eliminierung von Figuren in der Landschaftsmalerei des 19. Jahrhunderts vgl. Oskar Bätschmann: *Entfernung der Natur. Landschaftsmalerei 1750–1920*, Köln 1989, v. a. S. 136ff.

10 Zum Vergleich der Landschaftsmalerei mit Musik vgl. z. B. Friedrich Schiller: »Über Matthisons Gedichte« (1794), in: *Nationalausgabe Bd. 22*, Weimar 1958, S. 271f.; Carl Gustav Carus: *Neun Briefe über Landschaftsmalerei* (1815–1824), in: Ders.: *Briefe und Aufsätze über Landschaftsmalerei*, Leipzig 1982, S. 75 (8. Brief); Franz Ficker: *Ästhetik oder Lehre vom Schönen und der Kunst*, Wien 1830, S. 151; Moriz Carriere: *Ästhetik Bd. 2* (1859), Leipzig 1885, S. 287f.

11 Vgl. Carl Dahlhaus: *Die Idee der absoluten Musik*, Kassel 1978, v. a. S. 7–23

12 Wilhelm Heinrich Wackenroder: *Herzensergießungen eines kunstliebenden Klosterbruders* (1797), Stuttgart 1997, S. 106. – Schon ein Jahrzehnt zuvor hatte Karl Philipp Moritz fast wörtlich dasselbe formuliert, dabei aber zudem vermerkt, welche Bedeutung es hat, einen Ton »in der Ferne« zu hören, der gerade weil er nicht laut und aufdringlich ist, um so mehr Erinnerungen weckt (vgl. Karl Philipp Moritz: *Andreas Hartknopf* (1786), Stuttgart 1968, S. 131).

13 Carus, a. a. O. (s. Anm. 10), S. 69 (7. Brief)

14 Vgl. z. B. Karl Schnaase: *Niederländische Briefe*, Stuttgart/Tübingen 1834, S. 41. – Friedrich Theodor Vischer: »Zustand der jetzigen Malerei« (1842), in: Ders.: *Kritische Gänge Bd. 5*, München ²1922, S. 47. – Schon Friedrich Schlegel verlangte von »reiner Schönheit«, »anspruchslos« zu sein, d. h. an nichts Spezielles mehr zu erinnern (vgl. Friedrich Schlegel: *Über das Studium der griechischen Poesie* (1797), Paderborn 1981, S. 298)

15 Wackenroder, a. a. O. (s. Anm. 12), S. 72, 75

16 Zit. nach: Daniel Arasse: *Le Détail*, Paris 1992, S. 17

17 Ebd., S. 18

18 Vgl. Baudelaire: »Salon de 1859«, in: Ders.: *Œuvres complètes*, hg. v. C. Pichois, Paris 1975 f., Bd. 2, S. 619

19 Zit. nach: Arasse, a. a. O. (s. Anm. 16), S. 22

20 Ludwig Richter: *Lebenserinnerungen eines deutschen Malers* (1862), Würzburg 1985, S. 99

21 Vgl. Arasse, a. a. O. (s. Anm. 19), S. 21: »L'élimination du détail est un dénominateur commun, le plus petit sans doute mais peut-être aussi l'un des plus sûrs, autour duquel se retrouvent artistes et théoriciens ou critiques ›modernes‹.«

22 Johann Wolfgang von Goethe: *Wilhelm Meisters Wanderjahre*, in: Goethes Werke Bd. VIII (Hamburger Ausgabe), S. 120 f.

23 Achim von Arnim: *Isabella von Egypten. Kaiser Karl des Fünften erste Jugendliebe* (1812), Leipzig 1911, S. 22

24 Vgl. Gerhard Plumpe: *Der tote Blick. Zum Diskurs der Photographie in der Zeit des Realismus*, München 1990

25 Oliver Wendell Holmes: *Das Stereoskop und der Stereograph* (1859), zit. nach: Wolfgang Kemp (Hg.): *Theorie der Fotografie I*, München 1980, S. 116

26 Alexander von Humboldt: *Brief an die Herzogin Friederike von Anhalt-Dessau vom 7. Februar 1839*, zit. nach: Erwin Koppen: *Literatur und Photographie*, Stuttgart 1987, S. 37

27 Allgemeine Zeitung (München) vom 20. August 1839, zit. nach: Erich Stenger: *Die Photographie in München 1839–1860*, Berlin 1939, S. 20

28 Eduard Schreiner: *Offenes Sendschreiben*, München 1864, zit. nach: Plumpe, a. a. O. (s. Anm. 24), S. 139 f.

29 Charles Baudelaire: *Brief an die Mutter vom 23. Dezember 1865*, zit. nach: Koppen, a. a. O., S. 79

30 Zu Cajals Erzählung vgl.: Laura Otis: *Membrances. Metaphers of Invasion in Nineteenth-Century Literature, Science, and Politics*, Baltimore 1999, S. 81 ff.

31 Zu Wall, Newton und der frühen Debatte über fotografische Unschärfe vgl.:

Franz Schiffner: »Zur Geschichte der künstlerischen Photographie«, in: Photographisches Centralblatt 1898, S. 434–441, 451–456

32 Vgl. Ph. Remelé: »Über Landschaftsphotographie«, in: Photographische Mittheilungen 2 (1865), S. 125

33 Vgl. Carl Zamboni: »Die Retouche von Landschafts-Negativen«, in: Photographische Rundschau 2 (1888), S. 163

34 Photographische Rundschau 7 (1893), S. 29

35 Fr. Behrens: »Abendstimmungen«, in: Photographische Mitteilungen 34 (1897/98), S. 76

36 Wie Anm. 34

37 R. Neuhauss: »Die internationale Ausstellung für Amateurphotographie Berlin 1896«, in: Photographische Rundschau 9 (1896), S. 260

38 Vgl. Fritz Matthies-Masuren: *Künstlerische Photographie*, Leipzig 1907, S. 33 ff.

39 Der Terminus »fuzzyography« tauchte wohl erstmals in einer Rezension des Philadelphia Photographic Salon im Jahr 1900 auf (zit. nach William Innes Homer: *Alfred Stieglitz and the Photo-Secession*, Boston 1983, S. 47)

40 Willi Warstat: *Die künstlerische Photographie* (1913), Leipzig ^{2}1919, S. 27

41 Vgl. Friedrich Behrens: »Der Gummidruck als künstlerisches Ausdrucksmittel«, in: Photographische Mitteilungen 34 (1897/98), S. 302–305

42 Vgl. Rhenanus: »Die Lochkamera«, in: Photographische Rundschau 11 (1897), S. 209–211

43 Alfred Lichtwark: »Über die Bedeutung der Amateurphotographie«, in: Photographische Mitteilungen 30 (1893/94), S. 235 ff.

44 Zit. nach: Matthies-Masuren, a. a. O. (s. Anm. 38), S. 94

45 Zit. nach: Hugo Müller: »Ausländische Rundschau«, in: Photographische Rundschau 13 (1899), S. 220

46 Zum früheren Gebrauch vgl. *Deutsches Wörterbuch von Jacob und Wilhelm Grimm*, Band 24, Leipzig 1936, Sp. 1317 f.

47 Heinrich Wölfflin: *Kunstgeschichtliche Grundbegriffe* (1915), München ^{7}1929, S. 22, 28

48 Allerdings vertritt Wölfflin die Ansicht, durch fotografische Reproduktion würden Gemälde fast immer malerischer erscheinen denn im Original, d. h. er sieht die Leistung der Fotografie in der Betonung von Licht- und Schatten- bzw. Hell-Dunkel-Verhältnissen, weniger in der Wiedergabe der Konturen (vgl. ebd., S. 45).

49 Vgl. David Hockney: *Geheimes Wissen. Verlorene Techniken der Alten Meister*, München 2001

50 Thomas Mann: *Bekenntnisse des Hochstaplers Felix Krull* (1954), Frankfurt/Main 1975, S. 200

51 Auch Wölfflin sieht darin typische Themen des malerischen Stils (vgl. a. a. O. (s. Anm. 47), S. 28)

52 Wie die Fotografen ihre Experimente mit Unschärfe ausgehend von der Landschaftsfotografie sukzessive auf andere Bereiche wie das Porträt ausdehnten, beschreibt Fritz Matthies-Masuren (vgl. a. a. O. (s. Anm. 38), S. 55 ff.)

53 Wölfflin trifft analog die Unterscheidung zwischen »Tastbild« (beim linearen Stil) und »Sehbild« (beim malerischen, auf Valeurs orientierten Stil) (vgl. a. a. O. (s. Anm. 47), S. 23).

54 Alois Riegl: »Die Stimmung als Inhalt der modernen Kunst« (1899), in: Ders.: *Gesammelte Aufsätze*, Augsburg/Wien 1929, S. 29 f., 34 f.

55 Medardo Rosso: »Entretien avec Luigi Ambrosini« (1923), in: Ders.: *La Sculpture impressionniste. Textes et chronologie établis par Giovanni Lista*, Paris 1994, S. 155 ff.

56 Rosso: »On ne peut pas tourner autour« (1919), in: Ders., a. a. O. (s. Anm. 55), S. 131

57 Ebd. (»Si la lumière était quatre fois plus forte, tout serait mangé, sauf une ou deux variantes. Cette dominante, cette pensée, ce qui survit, c'est ça qu'il faut sculper.«)

58 Eugène Carrière: *Ecrits et Lettres choisies*, Paris 1907, S. 249

59 »Je continuerai donc à me passer de premiers plans« (ebd., S. 162)

60 »La ligne (…) n'existe (…) pas positivement dans la nature« (Carrière in: L'Artiste (1897), S. 177, zit.nach: Katalog *Eugène Carrière*, Saint-Cloud 1996, S. 128)

61 Walter Pater: *The Renaissance* (1873), zit. nach der deutschen Ausgabe Jena 1906, S. 147

62 Karl Heinrich Heydenreich: *Ästhetisches Wörterbuch über die bildenden Künste nach Watelet und Levesque*, Leipzig 1793, Bd. I, S. 649

63 Walther Heering: *Meine Foto-Praxis. Ein Foto-Privatissimum*, Seebruck/Chiemsee 1946, S. 167

64 Vgl. Astrid Kury: *»Heiligenscheine eines elektrischen Jahrhundertendes sehen anders aus …«. Okkultismus und die Kunst der Wiener Moderne*, Wien 2000

65 *Okkultismus und Avantgarde*, Katalog Schirn Kunsthalle Frankfurt, Ostfildern 1995, S. 156

66 Wölfflin, a. a. O. (s. Anm. 47), S. 21

67 Julius Langbehn: *Rembrandt als Erzieher* (1890), Leipzig [46]1903, S. 9

68 Georg Simmel: *Rembrandt* (1916), München 1985, S. 61

69 »Le *flou* est justement au *net* ce que l'espoir est à la satiété.« – Robert de la Sizeranne: »La Photographie est-elle un art?«, in: Revue des Deux Mondes IV, 144 (1897), S. 574

70 Vgl. hierzu Joachim Radkau: *Das Zeitalter der Nervosität*, München 1998, v. a. S. 270 f.

71 »Ils [= die Fotografen] ont choisi, non des heures ensoleillées où tout se voit, mais celles voisines du crépuscule où quelque chose se laisse deviner.« (de la Sizeranne, a. a. O. (s. Anm. 69), S. 571)

72 »L'indéfini est le chemin de l'infini.« (de la Sizeranne, a. a. O. (s. Anm. 69), S. 571)

73 Charles H. Caffin: *Photography as a Fine Art* (1901), repr. New York 1972, S. 160, 154

74 Willi Warstat: *Allgemeine Ästhetik der photographischen Kunst auf psychologischer Grundlage*, Halle / Saale 1909, S. 98

75 Ralph Waldo Emerson: *Nature* (1836), New York 1995, S. 11

76 Steichen: *The American School* (1901), repr. in: Ronald J. Gedrim (Hg.): *Edward Steichen. Selected Texts and Bibliography*, New York 1996, S. 56

77 Vgl. Edward Steichen: *Ein Leben für die Fotografie*, Wien 1965, Kap. 1, o. S.

78 Vgl. ebd.

79 Vgl. Katalog *Rodin Photographien*, Stuttgart 1986

80 Friedrich Schiller: *Über die ästhetische Erziehung des Menschen* (1795) (22. Brief), in: NA 20, Weimar 1962, S. 381

81 »Clouds were there for everyone – no tax as yet on them – free« (Alfred Stieglitz: »How I came to photograph clouds«, in: Amateur Photographer and Photography 56 (1923), zit. nach: Richard Whelan (Hg.): *Stieglitz on Photography. His selected essays and notes*, New York 2000, S. 237)

82 »And when finally I had my series of ten photographs printed, and Bloch saw them – what I said I wanted to happen happened *verbatim*« (Ebd.)

83 Klinische Monatsblätter für Augenheilkunde 58 (1917), S. 601

84 A. Patry: »Welchen Einfluss hat die Refraktion auf das Werk des Malers?«, in: Ebd., S. 597 ff.

85 Vgl. George Heard Hamilton: »The dying of the light: the late work of Degas, Monet, and Cézanne«, in: John Rewald / Frances Weitzenhoffer (Hgg.): *Aspects of Monet*, New York 1984, S. 218–241. – Vgl. ferner Patrick Trevor-Roper: *Der veränderte Blick*, München 2001, S. 37

86 Thomas Couture: *Méthode et entretiens d'atelier*, Paris 1867, S. 168 (zit. nach: Michael Zimmermann: *Seurat. Sein Werk und die kunsttheoretische Debatte seiner Zeit*, Weinheim 1991, S. 49 f.)

87 Warstat (1913), a. a. O. (s. Anm. 40), S. 34, 27

88 Heinrich Kühn: *Technik der Lichtbildnerei*, Halle / Saale 1921, S. 118

89 James McNeill Whistler: *Ten O'Clock* (1885), in: Ders.: *Selected Letters and Writings* (hg. von Nigel Thorp), Washington 1994, S. 85

90 Ebd., S. 51f.

91 »Ce que je rêve, c'est un art d'équilibre, de pureté, de tranquillité, sans sujet inquiétant ou préoccupant [...], un lénifiant, un calmant cérébral, quelque chose d'analogue à un bon fauteuil ...« (Henri Matisse: *Notes d'un peintre* (1908), in: Ders.: *Écrits et propos sur l'art*, Paris 1972, S. 50; dt. Henri Matisse: *Über Kunst*, Zürich 1982, S. 75)

92 Ebd., S. 46f.

93 »Tout détail superflu prendait, dans l'esprit du spectateur, la place d'un autre détail essentiel« (ebd., S. 43; dt. S. 70)

94 »Les détails diminuent la pureté des lignes, ils nuisent à l'intensité émotive« (Matisse: *Entretien avec Charles Estienne* (1909), in: Ebd., S. 60, dt. S. 92)

95 Ebd., S. 61

96 »the synthetic expression of his emotions« (Marius de Zayas: »Pablo Picasso«, in: Camera Work 33/34 (1911), repr. in: Alfred Stieglitz: *Camera Work*, Köln 1997, S. 578)

97 »... in expressing the perfect fusion of the subject and the object« (Ders.: »Photography and Artistic-Photography«, in: Camera Work 42/43 (1913), repr. in: Stieglitz, a.a.O. (s. Anm. 96), S. 710)

98 Piet Mondrian: *Natürliche und abstrakte Realität* (1919/20), in: Michel Seuphor: *Piet Mondrian*, Köln 1957, S. 308, 310

99 Ders.: *Die neue Gestaltung in der Malerei* (1917/18), in: Hans L.C. Jaffé: *Mondrian und De Stijl*, Köln 1967, S. 43, 80

100 Boris Groys: *Unter Verdacht. Eine Phänomenologie der Medien*, München 2000, S. 103

101 Vgl. Barbara Eschenburg: *Landschaft in der deutschen Malerei*, München 1987, S. 124

102 Zur Entwicklung des Modells vom aktiven Wahrnehmen im Zeitraum zwischen 1810 und 1840 vgl.: Jonathan Crary: *Techniken des Betrachters. Sehen und Moderne im 19. Jahrhundert*, Dresden 1996

103 Hermann Helmholtz: *Die neueren Fortschritte in der Theorie des Sehens* (1868), in: Ders.: *Vorträge und Reden, Bd. 1*, Braunschweig 1884, S. 249

104 Helmholtz: *Die Thatsachen in der Wahrnehmung*, Berlin 1879, S. 23

105 John Ruskin: *The Elements of Drawing* (1856), Anm. zu § 5; dt. zitiert nach: Ernst Gombrich: *Kunst und Illusion*, Köln 1967, S. 330f.

106 Bezogen auf den Impressionismus spricht Andreas Haus sogar von einer »Industrialisierung des Sehens«: »Was dem Impressionismus seinen ›industriellen‹ Charakter gibt, ist eben jener Pragmatismus, welcher ohne Rücksicht auf den substantiellen oder wesenhaften Eigencharakter der Materie alle sensualistisch ver-

wertbaren Erscheinungen der Wirklichkeit systematisch auf ein einheitliches Schema reduziert« (Andreas Haus: »Impressionismus – Industrialisierung des Sehens«, in: *Forma et Subtilitas. Festschrift für Wolfgang Schöne zum 75. Geburtstag*, Berlin 1986, S. 254–268, hier S. 261).

107 Vgl. J. Isaacson: *Claude Monet. Observation et Reflexion*, Neuchâtel 1978, S. 111 f.

108 de la Sizeranne, a. a. O. (s. Anm. 69), S. 569

109 »Le génie simplifie, élimine, sacrifice« (Paul Signac, »Le sujet en peinture« (1935), in: Ders.: *D'Eugène Delacroix au néo-impressionnisme*, Paris 1978, S. 177 f.)

110 Zum zeitgenössischen wissenschaftlichen Kontext des Pointillismus vgl.: Zimmermann, a. a. O. (s. Anm. 86)

111 Richard Neuhauss: »Die künstlerische Photographie«, in: Photographische Rundschau 10 (1896), S. 364 ff.

112 Warstat (1913), a. a. O. (s. Anm. 40), S. 10

113 Warstat (1909), a. a. O. (s. Anm. 74), S. 58

114 »Die Perspektive des Photographen und des Künstlers«, in: Photographische Mitteilungen 28 (1890/91), S. 253

115 Fotozeitschriften – und insbesondere Rezensenten internationaler Fotoausstellungen – beurteilten die Fotografie oft vor der Folie des Nationalen. – Vgl. z. B. Julius Stadler: »Die nationale Note in unserer Kunst«, in: Photographische Rundschau und photographisches Centralblatt 22 (1908), S. 185–189

116 Heinrich Kühn: »Beitrag zur Frage der weichzeichnenden Objektive«, in: Photographische Rundschau und Mitteilungen 61 (1924), S. 193 ff.

117 Heinrich Kühn: »Wie man sicher zu guten Bildern gelangt«, repr. in: Camera 56/6 (1977), S. 39

118 Vgl. Ute Eskildsen: »Heinrich Kühns Arbeiten nach dem 1. Weltkrieg bis 1944«, in: Katalog ›Heinrich Kühn 1866–1944. 110 Bilder aus der Fotografischen Sammlung Museum Folkwang Essen‹, Essen 1978, S. 10

119 Vgl. z. B. Fritz Schmidt: *Kompendium der praktischen Photographie*, Leipzig ^{13}1916, S. 73. – Artur Ranft: *Die Heimphotographie*, Halle/Saale $^{3/4}$1921, S. 50 ff. – Ludwig David: *Ratgeber im Photographieren*, Halle/Saale $^{256–270}$1931, S. 155, 166. – Dagegen vgl. z. B. Ernst Vogel (bearb. v. Karl Weiss): *Taschenbuch der Photographie*, Berlin ^{37}1922, S. 153 ff.

120 Vgl. Heinrich Kühn: »Beitrag zur Frage der weichzeichnenden Objektive«, in: Photographische Rundschau und Mitteilungen 62 (1925), S. 97 f.

121 Kühn: *Technik der Lichtbildnerei*, Halle/Saale 1921, S. 15

122 Paul Pichier: »Die neue Kunst«, in: Photographische Rundschau 11 (1897), S. 113

123 Warstat (1913), a. a. O. (s. Anm. 74), S. 11

124 Kühn: »Klarheit!«, in: Das Lichtbild 1937, S. T12

125 Kühn (1925), a. a. O. (s. Anm. 120), S. 97ff.
126 Kühn (1921), a. a. O. (s. Anm. 121), S. 15
127 Adalbert Stifter, zit. nach: Urban Roedl: *Adalbert Stifter*, Reinbek 1965, S. 11
128 Marcel Proust: *Auf der Suche nach der verlorenen Zeit. In Swanns Welt* (1913), Frankfurt/Main 1981, S. 65
129 Vgl. z. B. Gertrud Kolmar: »Doch auf die innere Wand der Lider war klein und unscharf dein Bild gemalt« (aus: Sehnsucht [zuerst veröffentlicht 1947], in: Dies: *Weibliches Bildnis. Sämtliche Gedichte*, München 1987, S. 506). – Hans Magnus Enzensberger: »Die Frauen von früher / zerfließen langsam, / immer bleicher werdend / in der Emulsion der Jahre« (aus: Polaroid, zerfließend, in: Ders.: *Kiosk*, Frankfurt/Main 1995, S. 50)
130 Ludwig Wittgenstein: *Philosophische Bemerkungen* (1930), Frankfurt/Main 1984, S. 271
131 Einen Überblick über Versuche der Gedankenfotografie bietet Rolf H. Krauss: *Jenseits von Licht und Schatten. Die Rolle der Photographie bei bestimmten paranormalen Phänomenen – ein historischer Abriß*, Marburg 1992
132 Friedrich Feerhow: *Die Photographie des Gedankens oder Psychographie*, Leipzig 1913, S. 51 (zit. nach: Krauss, a. a. O. (s. Anm. 131), S. 60)
133 Vgl. Jule Eisenbud: *Gedankenfotografie. Die PSI-Aufnahmen des Ted Serios* (1966), Freiburg/Br. 1975
134 Anton Giulio Bragaglia: *Fotodinamismo futurista* (1913), Turin 1970, S. 16 (§7) (»Vogliamo rendere ciò che superficialmente non si vede.«)
135 Zweites (= Technisches) Futuristisches Manifest vom 11. April 1910, zitiert nach: José Pierre: *Futurismus und Dadaismus*, Lausanne 1967, S. 103
136 Zit. nach: Giovanni Lista: »Futurismus und Okkultismus«, in: *Okkultismus und Avantgarde*, a. a. O. (s. Anm. 65), S. 440
137 Bragaglia, a. a. O., (s. Anm. 134), S. 35 (§28) (»Noi ricerchiamo la essenza interiore delle chose: il puro movimento ...«)
138 Zweites (= Technisches) Futuristisches Manifest vom 11. April 1910, a. a. O. (s. Anm. 135), S. 103
139 Ebd., S. 101
140 Ebd., S. 103
141 Zweites (= Technisches) Futuristisches Manifest vom 11. April 1910, a. a. O. (s. Anm. 138), S. 101
142 Wilhelm Hausenstein: *Licht unter dem Horizont. Tagebücher 1942–46*, München 1967, S. 273, vgl. auch S. 188f.
143 Zit. nach: Wolfgang Schivelbusch: *Geschichte der Eisenbahnreise. Zur Industrialisierung von Raum und Zeit im 19. Jahrhundert*, Frankfurt/Main 1989, S. 54

144 Ebd., S. 61

145 Andreas Feininger: *Fotografische Gestaltung*, Harzburg 1937, S. 87

146 Ebd., S. 50

147 Vgl. als ironische Kommentierung dieses Phänomens: Benedikt Erenz/Ralf Kreuels: »Bilder, die alles zeigen«, in: DIE ZEIT Nr. 22 vom 26. Mai 1995, S. 80

148 Susan Sontag: *Über Fotografie*, Frankfurt/Main 1980, S. 146f.

149 Christian Boltanski: *Inventar*, Hamburg 1991, S. 73

150 Vgl. Wolfgang Ullrich: »Digitaler Nominalismus. Zum Status der Computerfotografie«, in: Fotogeschichte 64 (1997), S. 63–73

151 ›Lomo‹ steht für das Fabrikat ›Leningradskoe Optiko-Mechanitscheskoe Objedinjenije‹ (= ›Leningrader optisch-mechanische Vereinigung‹)

152 Vgl. Irene Albers: »Knipsen, Knipsen, Knipsen. Das Projekt Lomographie: ein ›Fingerabdruck der Erde im auslaufenden zweiten Jahrtausend‹«, in: Fotogeschichte 64 (1997), S. 35–44, hier S. 36

153 Matthias Fiegl: »Lomographie«, in: Lomographie 1992/1993, Wien 1993, S. 4

154 Broschüre *Lomo kompakt* (ca. 1998)

155 Interview zwischen Anthony Twaites und Gerhard Richter, von Sigmar Polke im Oktober 1964 verfaßt, in: Gerhard Richter: *Text*, Frankfurt/Main 1993, S. 21f.

156 Ders.: »Notizen 1964/65«, in: Ebd., S. 25

157 Ders.: »Interview mit Dieter Hülsmanns und Fridolin Reske 1966«, in: Ebd., S. 52

158 Ders.: »Notizen 1964/65«, in: Ebd., S. 25

159 Ders.: »Interview mit Peter Sager 1972«, in: Ebd., S. 62

160 Clement Greenberg: »Towards a Newer Laokoon« (1940), in: Ders.: *Perceptions and Judgments 1939–1944. The Collected Essays and Criticism*, Bd. 1, Chicago 1986, S. 34f. (»The history of avant-garde painting is that of a progressive surrender to the resistance of its medium [...]. But most important of all, the picture plane itself grows shallower and shallower ...«)

161 Richter: »Interview mit Benjamin Buchloh 1986«, in: Ders., a.a.O. (s. Anm. 155), S. 153

162 Walter Grasskamp: »Gerhard Richter – Verkündigung nach Tizian«, in: Ders.: *Der vergeßliche Engel*, München 1986, S. 55

163 Vgl. Richter: »Gespräch mit Jan Thorn Prikker (1989)«, in: Ders., a.a.O. (s. Anm. 155), S. 179

164 Rudolf Schlichter: *Das Abenteuer der Kunst* (1949), München 1998, S. 103

165 Ottomar Domnick, in: Hans Gerhard Evers (Hg.): *Das Menschenbild in unserer Zeit*, Darmstadt 1951, S. 133

166 Herbert Kühn: »Moderne Kunst und Kunst der Vorzeit«, in: Das Kunstwerk 8/9 (1950), S. 6

167 Anna und Bernhard Blume: »Gegen eine Ästhetik der Dingfestmachung«, in: Florian Rötzer / Sara Rogenhofer (Hgg.): *Kunst machen?*, München 1990, S. 28

168 John Hilliard: »Die Lust des Eliminierens«, in: Ders.: *Arbeiten/Works 1990–1996*, Wien 1997, S. 16 ff. (»... fogs of unfocused uncertainty, mobility blurred into oblivition, all in turn collude in a rebuttal of the aspiring transparency of photography.«)

169 Zur Idee des ›Meisterwerks‹ vgl. Hans Belting: *Das unsichtbare Meisterwerk. Die modernen Mythen der Kunst*, München, 1998

170 Vgl. Wolfgang Ullrich: »11. September – Ausnahmezustand – Spaßgesellschaft – Kunst. Eine Reizwortgeschichte«, in: Heinz Peter Schwerfel (Hg.): *Kunst nach Ground Zero*, Köln 2002, S. 159–176

171 Manfred Zollner: *Out of Focus statt Autofocus. Fototrends der 90er Jahre*, Augsburg 1997, S. 7

172 Müller, a. a. O. (s. Anm. 1), S. 190

ABBILDUNGSNACHWEISE

Abb. S. 2: Robert Storr: *Gerhard Richter – 18. Oktober 1977*, New York 2000

Abb. S. 6 oben, 68, 132: *Katalog Heinrich Kühn (1866–1944) Photographien*, Frankfurt / Main 1981

Abb. S. 6 unten, 133 unten: Jule Eisenbud: *Gedankenfotografie. Die PSI-Aufnahmen des Ted Serios* (1966), Freiburg / Br. 1975

Abb. S. 12, 131 unten: Wieland Schmid (Hg.): *Museum der Malerei*, Dortmund 1999

Abb. S. 15: Jürgen Glaesemer (Hg.): *Traum und Wirklichkeit*, Stuttgart o.J.

Abb. S. 20: Jutta Reinke, Wolfgang Stemmer (Hgg.): *Pioniere der Kamera*, Bremen 1987

Abb. S. 31: Elda Fezzi: *Medardo Rosso. Scritti e pensieri 1889–1927*, Cremona 1994

Abb. S. 25, 32, 35: Alfred Stieglitz: *Camera Work*, Köln 1997

Abb. S. 36: Arne Eggum: *Munch und die Photographie*, Bern 1991

Abb. S. 37: Fred Gettings: *Ghosts in Photographs*, New York 1978

Abb. S. 41, 43, 47, 56: Joel Smith: *Edward Streichen. The Early Years*, Princeton 1999

Abb. S. 49, 105: Thomas Kellein, Angela Lampe (Hgg.): *Abstrakte Fotografie*, Stuttgart 2000

Abb. S. 58 oben: Robert P. Welsh: *Piet Monrian. Catalogue Raisonée of the Naturalistic Works*, München 1998

Abb. S. 58 unten: Charles Home (Hg.): *The Brothers Maris*, London 1907

Abb. S. 67: Erich Franz, Bernd Growe (Hgg.): *Georges Seurat. Zeichnungen*, München 1983

Abb. S. 76: Rolf H. Krauss: *Jenseits von Licht und Schatten*, Marburg 1992

Abb. S. 80: Jonathan Brown: *Velazquez. Maler und Höfling*, München 1988

Abb. S. 81 oben: Marta Braun: *Picturing Time*, Chicago 1992

Abb. S. 81 unten, 83: Anton Giulio Bragaglia: *Fotodinamismo Futurista*, Turin 1980
Abb. S. 82 oben: Katalog *Okkultismus und Avantgarde*, Frankfurt/Main 1995
Abb. S. 82 unten: Giovanni Lista: *Balla*, Modena 1982
Abb. S. 88: Katalog *Anton Stankowski*, Stuttgart 1992
Abb. S. 90: BILD-Zeitung vom 21. Juli 1969
Abb. S. 91: Roger Boar: *Die größten Ufo-Geheimnisse der Welt*, München 1993
Abb. S. 92: Richart Whelan: *Robert Capa. Die Sammlung*, Berlin 2001
Abb. S. 93: Christian Boltanski: *Gymnasium Chases*, Nürnberg 1995
Abb. S. 99, 137 unten: Katalog *Gerhard Richter*, Astrup 1998
Abb. S. 106: Anna & Bernhard Blume: *Großfotoserien 1985–1990*, Köln 1992
Abb. S. 107: Duane Michals: *Photography and Reality*, Winterswijk 1992
Abb. S. 113: Handelsblatt vom 28. März 2000
Abb. S. 119: Katalog *Volkswagen Accessoires* (2000)
Abb. S. 121: DER SPIEGEL vom 14. August 2000
Abb. S. 122: Süddeutsche Zeitung vom 25. Januar 2000
Abb. S. 129: Katalog *Eugène Carriere*, Strasbourg 1996
Abb. S. 130, 131 oben: Andrew Wilson, Robert Upstone: *Der Symbolismus in England 1860–1910*, München 1998
Abb. S. 133 oben: Abendzeitung vom 23. März 2000
Abb. S. 134 oben: Ester Cohen: *Umberto Boccioni*, New York 1988
Abb. S. 134 unten: José Pierre: *Futurismus und Dadaismus*, Lausanne 1967
Abb. S. 135: Katalog *John Chamberlain*, Baden-Baden 1991
Abb. S. 136 oben: Süddeutsche Zeitung vom 28./29. März 2002 (Fotografin: Ute Grabowsky)
Abb. S. 136 unten: BILD-Zeitung vom 24. Februar 2001
Abb. S. 137 oben: Lomographic Society: *Moscow und New York*, Wien o.J.
Abb. S. 138: Katalog *Gerhard Richter. Landschaften*, Hannover 1998
Abb. S. 139: Sabine Schirdewahn
Abb. S. 140: Uta Nusser (Hg.): *John Hilliard*, Heidelberg 1999
Abb. S. 141 oben: Handelsblatt vom 1./2. Juni 2001 (Foto: Zefa)
Abb. S. 141 mitte: Abendzeitung vom 31. März 2000
Abb. S. 141 unten: tz vom 23./24. Juni 2001
Abb. S. 142 oben: Matthias Winzen (Hg.): *Thomas Ruff*, Köln 2001
Abb. S. 142 unten: Handelsblatt vom 3./4. August 2001 (Foto: Bavaria)
Abb. S. 143 oben: Süddeutsche Zeitung vom 20. März 2000
Abb. S. 143 unten: FÜR SIE vom Mai 1966
Abb. S. 144 oben links: fit for fun vom November 2001
Abb. S. 144 oben rechts: Christa Schmedes: *Alles, was süß ist*, München 2000 (Fotograf: Alexander Walter)
Abb. S. 144 mitte: BRIGITTE vom Oktober 2000
Abb. S. 144 unten: FUTURE-Magazin (Aventis) 1/2000

NACHBEMERKUNG

Das Buch geht auf eine Vorlesungsreihe zurück, die ich im Sommersemester 2000 an der Akademie der Bildenden Künste in München gehalten habe. Eine Vorstufe der ersten Kapitel wurde unter dem Titel »Unschärfe, Antimodernismus und Avantgarde« veröffentlicht in: Peter Geimer (Hg.): *Ordnungen der Sichtbarkeit. Fotografie in Wissenschaft, Kunst und Technologie*, Frankfurt/Main 2002, S. 381–412. – Einige Überlegungen der beiden letzten Kapitel wurden unter dem Titel »Hauptsache unscharf? – Die fotografische Inszenierung von Markenprodukten« am 28. April 2001 auf der Tagung »Aus der neuen Warenwelt« in der Evangelischen Akademie Tutzing vorgetragen und finden sich auch in: Frank Höselbarth, Rupert Lay, Jean-Christophe Ammann (Hgg.): *Branding für Unternehmensberatungen*, Frankfurt/Main 2001, S. 54–74.

Für Anregungen, Material und Wohlwollen danke ich sehr herzlich Karl-Heinz Brodbeck, Burghard Damerau (†), Benedikt Erenz, Christian Esch, Hans-Georg Füger, Peter Geimer, Walter Grasskamp, Simone Keller, Rolf Liese, Helmut Mayer, Sabine Muske, Oliver Rätzel, Ingrid Röder, Raphael Rosenberg, Stephanie Senge, Barbara Strunk-Jehl (†), Harry Walter sowie den Studentinnen und Studenten der Kunstakademie München.

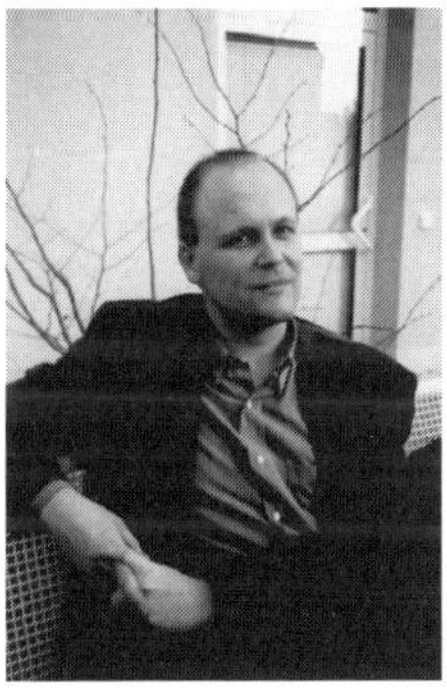

Wolfgang Ullrich, geboren 1967, studierte Philosophie und Kunstgeschichte. Seit der Promotion 1994 arbeitet er als Dozent, freier Autor und Unternehmensberater. 1998 erschien im Verlag Klaus Wagenbach *Uta von Naumburg. Eine deutsche Ikone*, 2000 *Mit dem Rücken zur Kunst. Die neuen Statussymbole der Macht*.
Weiteres zur Geschichte der Unschärfe unter: www.unschaerfe.info

Von Wolfgang Ullrich bisher erschienen:

Mit dem Rücken zur Kunst
Die neuen Statussymbole der Macht
Moderne Kunst im Umfeld von Geld und Macht: Wie konnte sie zu einem der wichtigsten Statussymbole unserer Zeit werden? Und was sagt dies über die Kunst selbst aus – sowie über diejenigen, die sich ihrer bedienen? Wolfgang Ullrich gibt überraschende Antworten.
»Ullrichs Buch ist eine provokante Lektüre, nicht nur für jene Machtelite, die sich bislang ungeschoren der Aura abstrakter Macht bediente.« Nicola Kuhn, Der Tagesspiegel
»Was an der Kommentierung Ullrichs am meisten beeindruckt, sind die reinen Bildbeschreibungen. Detailliert und ikonographisch genau entsteht eine Phänomenologie jener Welt, die ihre Unternehmungen als Kunst versteht.« Mark Siemons, Frankfurter Allg. Zeitung
KKB 64. Gebunden. 120 Seiten mit zahlreichen vierfarbigen Abbildungen

Uta von Naumburg
Eine deutsche Ikone
Die Naumburger Stifterfiguren: Vergessene Meisterwerke der frühen Gotik, die im zwanzigsten Jahrhundert plötzlich zur nationalen Ikone wurden – vor allem Uta wurde ein Opfer der weihevollen Sinnsucher. Wolfgang Ullrich beschreibt Gründe und Hintergründe dieser Verehrung.
»Uta, Heilige und Namenspatronin, Traumfrau und Inbegriff der deutschen Frau (...) – Wolfgang Ullrich ist ein glänzendes und kenntnisreiches Stück kultureller Rezeptionsgeschichte gelungen.« Karen Lütge, Neue Zürcher Zeitung
KKB 59. 144 Seiten mit zahlreichen Abbildungen

Lesen Sie weiter ...

Ulrich K. Preuß
Krieg, Verbrechen, Blasphemie
Zum Wandel bewaffneter Gewalt
Mit hoher analytischer Kraft beschreibt Ulrich K. Preuß, wie sich zum Ende des 20. Jahrhunderts eine noch nicht begriffene Dimension von Krieg und Verbrechen herausgebildet hat, für die die Weltgemeinschaft erst noch Wege zur Lösung finden muß.
KKB 68. Gebunden. 160 Seiten

Vittorio Magnago Lampugnani
Verhaltene Geschwindigkeit
Die Zukunft der telematischen Stadt
Werden wir künftig noch in Städten leben? Und wenn wir in Städten leben, wie werden sie aussehen?
KKB 66. Gebunden. 112 Seiten mit Abbildungen

Katherine Stroczan
Der schlafende DAX
oder das Behagen in der Unkultur
Anleger und Investoren auf der Couch: Mit diesem Buch erscheint zum ersten Mal eine psychoanalytische Untersuchung des Börsenfiebers und der begleitenden Propaganda.
Eine Polemik über eine ehemals vornehme Spezialistenbeschäftigung, die zu einem Brennpunkt öffentlicher Hysterie geworden ist.
KKB 67. Gebunden. 112 Seiten

Horst Bredekamp
Sankt Peter in Rom und das Prinzip der produktiven Zerstörung
Bau und Abbau von Bramante bis Bernini
Der erstmalige minutiöse, auch die neuesten Forschungen umgreifende Bericht über einen Abriß als Neubau.
»Der Kunsthistoriker Horst Bredekamp erzählt diese abenteuerliche und faszinierende Geschichte des Petersdoms in einem Band der sehr schön neu gewandeten ›Kleinen Kulturwissenschaftlichen Bibliothek‹ des Wagenbach Verlags.« Karena Lütge, Süddeutsche Zeitung
KKB 63. Gebunden. 160 Seiten mit über 50 Abbildungen

Wenn Sie mehr über den Verlag und seine Bücher wissen möchten, schreiben Sie uns eine Postkarte (mit Anschrift und ggf. e-mail). Wir schicken Ihnen gern die *Zwiebel*, unseren Westentaschenalmanach mit Lesetexten aus unseren Büchern, Photos und Nachrichten aus dem Verlagskontor. Kostenlos auf Lebenszeit!

Verlag Klaus Wagenbach Emser Straße 40/41 10719 Berlin

Die Geschichte der Unschärfe erschien 2002 als Band 69
in der Reihe KLEINE KULTURWISSENSCHAFTLICHE BIBLIOTHEK

Der Umschlag verwendet die Abbildung »Tempo« von John Hilliard
Gesetzt aus der Dante von Greiner & Reichel, Köln
Gedruckt auf chlor- und säurefreiem Papier
und gebunden durch Clausen & Bosse, Leck
Bucheinbandstoffe von Schabert in Strullendorf

ISBN 3 8031 5169 4